财务精英进阶指南

企业会计准则
实务难点处理

案例+讲解+应用

胡 俊◎著

中国铁道出版社有限公司
CHINA RAILWAY PUBLISHING HOUSE CO., LTD.

图书在版编目（CIP）数据

财务精英进阶指南：企业会计准则实务难点处理：案例＋讲解＋应用 /
胡俊著 . —北京：中国铁道出版社有限公司，2022.1
ISBN 978-7-113-28359-9

Ⅰ.①财… Ⅱ.①胡… Ⅲ.①企业会计－会计准则－中国
Ⅳ.① F279.23

中国版本图书馆 CIP 数据核字(2021)第 180668 号

书　　名：**财务精英进阶指南：企业会计准则实务难点处理（案例＋讲解＋应用）**
CAIWU JINGYING JINJIE ZHINAN:QIYE KUAIJI ZHUNZE SHIWU NANDIAN
CHULI (ANLI+JIANGJIE+YINGYONG)
作　　者：胡　俊

责任编辑：王淑艳　　　　　编辑部电话：（010）51873022　　　　邮箱：554890432@qq.com
封面设计：末末美书
责任校对：孙　玫
责任印制：赵星辰

出版发行：中国铁道出版社有限公司（100054，北京市西城区右安门西街 8 号）
网　　址：http://www.tdpress.com
印　　刷：国铁印务有限公司
版　　次：2022 年 1 月第 1 版　　2022 年 1 月第 1 次印刷
开　　本：787 mm×1 092 mm　1/16　印张：16.75　字数：271 千
书　　号：ISBN 978-7-113-28359-9
定　　价：69.80 元

自　序

我写作本书的初心，首先，希望运用化繁为简的方法，让复杂枯燥的《企业会计准则》化为通俗易懂的财务工作法，这正是我多年在制造业、互联网企业走过的弯路和遇到的难题，这些丰富的经历提高了我解决问题的能力；其次，将实战经验写成文字，帮助读者真正解决企业会计难题，并一起创造价值；最后，无论是投资者、债权人或者是《企业会计准则》的制定机构以及企业的管理层等，都能通过本书切实了解真实的财务场景，一起努力解决财务人员的困惑。

我写了十二章内容：第一章到第十章详细论述了困扰会计的"十大实务难题"产生的原因以及解决的方法；第十一章通过案例的综合运用，给出解决实务难题的思维与方法；第十二章是我从实战角度，结合 26 年财务工作经验，为解决会计实务难题提供可以落地的可用工具。对新经济企业的会计处理提出建设性的意见，尤其是对 App 用户、虚拟线上运营平台的投入与产出等均要在报表中真实地反映出来，其中，数字资产负债报表很有创新性，能够充分体现新经济企业在传统会计报表之外隐藏的资产或负债，避免报表的失真，同时保持企业的活力。

这本书能将读者带入会计实务复杂的情景世界，读懂《企业会计准则》背后的实务难题有助于掌握商业会计的语言，透过"十大实务难题"穿透迷雾，读懂资本市场或者商业中错综复杂的资本故事。各章都可以独立阅读，读者可以从头看起，也可以按兴趣从喜欢的章节开始阅读，能快速提升实务会计工作的专业水平，适合会计实务工作者、股票投资者以及有志于从事会计和投资的高校学生、企业管理者、会计师事务所的从业者，可以收获解决实务问题的思路。

开卷有益，希望能为读者带来书香，借用会计的语言送上对读者祝福！

1. 读者阅读，编制会计分录。

借：研发支出—资本化支出

　　贷：您的阅读时间

2. 读者升职加薪，编制会计分录。

借：银行存款

　　　贷：主营业务收入

最后，感谢出版社的编辑对本书的支持和帮助。我的微信公众号为"会计老兵"，欢迎读者关注，并提出意见。

会计视野网站会说个人专栏（http://shuo.news.esnai.com/hujun）　胡俊

目　录

第 3 章　第三大难题：关联交易

第 4 章　第四大难题：合并报表

第 5 章　第五大难题：所得税和增值税会计

第6章 第六大难题：外币计量会计

第7章 第七大难题：收入确认

第 8 章　第八大难题：是费用还是成本

第 9 章　第九大难题：现金流量表

第1章
第一大难题：会计实物盘点

《企业会计准则》虽然取消了实物盘存制，但它实际上并没有消失，一直在实务工作中通过各种各样的方式存在。

▶▶　企业不进行实物盘点怎么办

在会计实务中，关于存货的管理，会计上原来是存在两种方式：一种是永续盘存制；另一种是实物盘存制。后来，我国《企业会计准则》与《国际会计准则》在趋同过程中取消了实物盘存制。但在实务中，我们看到的情况是上市公司獐子岛集团股份有限公司（以下简称"獐子岛"）的扇贝陆续"跑路"，最后，证监会通过调用北斗定位的数据，才查实公司的盘点船没有到过扇贝们生活的海洋牧场的事实。会计师面对海洋牧场中存货的盘点只能对天祷告保证抽盘的结果。相信这样的事过去存在、现在还在上演，并且未来都会一直发生。

从根源来说，对于公司实务中的很多资产，限于投入产出或者客观环境，公司的财务是没有能力按永续盘存制进行管理的，就比如獐子岛的海产品，或者是实践中按合同约定由第三方管理的公司资产。随着经济的发展，现在大量的金融产品或者股权、虚拟资产在公司账面上都有巨大的价值，但在实务中，对这些资产的盘点管理实际上投入的资源很少或者基本不进行盘点，这可能是我们在取笑獐子岛的扇贝时，需要好好反思的。

比如瑞幸咖啡，它的最大资产实际上是 App 中的用户，它巨额的开店成本、IT 投入、品牌宣传，以及用免费咖啡送给用户的方式，让老用户帮助拉到新用户，以上投入的目的都是在获取自己的新用户，后续通过用户复购咖啡产生的收入，先达成盈亏平衡再进行盈利。但在实务中，我相信很少有互联网公司会每月对 App 用户数进行盘点管理，财务与审计人员一样不太会关注到这一点。

再如商誉，在实务中占企业资产比例较大的，并且是大多数上市企业上市融资后，都需要通过巨额并购进行上亿元起步的同业或者跨业的扩张，在收购时会花费巨资进行法律、投资、财务等专业的尽调和管理，但收购完成后企业财务估计对商誉的管理只是限于年度审计时的一次减值测试，对于长期股权投资产生上亿元的商誉。实际上，《企业会计准则》或者实务都没有实物盘存的管理规定。同样，如银行存款、第三方支付机构（比如支付宝）等金融机构的金融资产，实际上都存在同样的问题。我们在实务中与獐子岛的财务差不多，对于企业存在其他方控制之下的资产都没有十足的把握说它真的是在这个时点存在的，只是基于合同条款的约定权力来推定。近期看到中国台湾北部某砂石厂女会计偷走上亿元台币，以及温氏股份子公司出纳侵占1 200万元人民币等舞弊案例，还有"康得新事件"，通过资金池对账的现金造假案例，真应了一句老话："假亦真时，真亦假"。

总之，会计实务中的盘点难题，在《企业会计准则》层面通过实物盘点制的取消理论上解决了，但并没有真的让会计实务变成永续盘存制，反而通过资产减值等其他会计手法的运用使"实物盘存制"复活了。

相信回到会计的计量上来看，以上实务盘点的难题是有可能解决的，关键是回到资产计量的第一属性数量上来，数量是一定不会对不上的。货币计量会因为存在历史成本或者公允价值等计量方法的不同引发金额变动，但资产的数量是不变的，企业财务或者会计师最终还是要把握好最简单的会计计数的本源，才能让会计行业存续下去。

知识解读

实物盘存制也称实地盘存制，无须通过账面连续记录得出期末存货，并假定除期末库存以外的存货均已出售，通过这种方法倒轧出销货成本。因此，在实地盘存制下，日常经营中因销售而减少的存货不予记录，只登记增加存货，即"存货"账户平时保持不变。另外，设"购货"账户反映当期购入的存货，同时设立"运杂费"、"购货退回与折让"和"购货折扣"账户。期末，通过调整分录将"存货"账户调整为期末数和本期的销货成本。

永续盘存制也称"账面盘存制"，是平时对企业单位各项财产、物资分别设立明细账，根据会计凭证连续记载其增减变化并随时结出余额的一种管理制度。这种盘存制，能从账簿资料中及时反映企业各项财产、物资的结存数额，为及时掌握企业单位财产增减变动情况和余额提供可靠依据，以便加强单位财产物资的管理。

实物盘存制通俗地讲，就是通过会计期末实物盘点的实际资产情况倒算当期的成本费用，计算当期企业的会计盈亏。永续盘存制就是目前《企业会计准则》规定的方法，需要按账面的会计记录中当期使用的实物进行记账，并计算出账面期末的资产，并且要求企业对账面资产负保管责任，期末盘点时要账实相符。通俗地讲，永续盘存制就如同合伙企业中的无限责任，需要每天对实物的管理负责；实物盘存制就是只承担有限责任，只需要在会计期末盘点实物。

►► 会计实物盘点的规定

会计实物盘点是指对企业所有的资产中有实物形态、可以盘点数量的实物，按永续盘存制的要求定期和不定期地盘点核对账实，并保证账实相符的会计管理工作。当然，实际上还有负债中有实物形态的或者说企业账上已入费用的资产，比如，负债中的"合同负债"，需要企业交付一定数量的产品或者劳务的义务，或者说负债中需要交付一定企业数量股份的可转债等欠债务人的有数量的实物或者票据。当然还有很多通过费用化已经在资产中没有余额的实物。比如，企业的低值易耗品或者赠送的画作、古董等，以及无形资产中有实物形态的网站、互联网域名或者微信公众号等。

会计实务盘点的法规规定：

第二十七条 各单位应当建立、健全本单位内部会计监督制度。单位内部会计监督制度应当符合下列要求：

……

（三）财产清查的范围、期限和组织程序应当明确。

——摘自《中华人民共和国会计法》

（2017年11月4日第十二届全国人大常委会第二十三次会议修订通过）

……

第九十四条 各单位应当建立财产清查制度。主要内容包括：财产清查的范围；财产清查的组织；财产清查的期限和方法；对财产清查中发现问题的处理办法；对财产管理人员的奖惩办法。

——摘自《会计基础工作规范》（财会字〔1996〕19号）

账实核对是财务的基础工作，盘点是账实核对的重要工作。实务中盘点工作就如同百花齐放，在各种不同类型的企业发生各种精彩的故事。比如扇贝逃了几次的獐子岛，让盘点工作带上一份传奇的色彩。盘点被大多数财务或者管理层认为是一项简单工作，因此没有高度的重视。无论是盘点难度高的农产品公司，还是存货易于盘点的中小企业，顺利完成盘点工作，与账簿对平，还真不是简单和轻松的事儿。

盘点可能涉及的会计科目包括：现金、银行存款、其他货币资金、应收账款、其他应收款、存货等实物资产类科目，当然重点就是存货类科目。随着新经济、新商业模式的不断出现，现在可能会越来越多地涉及无形资产等虚拟经济相关的资产的盘点。比如，企业在线上开设网站虚拟用户的资产、新产品投入巨资的品牌资产、企业巨额研发费用产生新产品技术资产等。资产盘点的定义和实务管理必须结合企业实际业务情况和商业模式等不断的迭代，不能僵化固守于传统的会计理念。

►► 如何解决会计实务盘点难题

解决实务盘点的难题需要从企业管理、审计以及会计制度三个层面共同努力才能从源头上解决。

1. 企业管理层面解决实务盘点的难题

第一，盘点工作是需要企业对实物资产管理有扎实的基础。

实物资产是企业的重要资产，重要性仅次于现金。因为实物资产的可变现性比较强，所以产生实物资产舞弊的可能性就比较高。定期和不定期的盘点工作是一项控制实物资产损失的重要工作，保证账实相符的主要责任在公司的管理层，是盘点工作的成败决定因素，体现企业对实物资产的管理水平。盘点工作是一项跨部门的工作，不是财务部门可以独立完成的。企业的实物资产管理的基础决定了盘点工作的基础。

可以试想，如果你是獐子岛公司负责盘点工作的财务人员，如何进行盘点工作呢？相信你就无法轻松一笑了。对于放在海洋中的鲜活海产品情况，还是需要明确业务部门由谁来负责保管公司的资产，由谁来监管，并且通过什么手段来核实资产的存在？要解决獐子岛的扇贝未来逃走问题，还需要结合獐子岛业务的实际情况提高管理的水平。方法还是有的，但需要执行到位，管理制度通过一项项工作的落实，让实物资产的管理达到一定的水平，才能保证不再发生獐子岛扇贝多次出逃事件。

第二，盘点工作需要财务对实物资产的账务处理有全生命周期的账务流程管理制度。

做好盘点工作，需要财务事前制定，从实物资产的购入、使用到最后耗费的全生命周期的管理体系。从管理的角度，先要给定实物资产的范围，需要按企业的实际情况进行界定。

比如，实务中最常见的低值易耗品与费用的区别，低值易耗品与固定资产的区别，看上去是简单的问题，但实务中还是很少有企业能区分得清清楚楚。

主要的原因还在于以下几点：

（1）财务对存货范围的区别没有制定出清晰的标准；

（2）实物资产管理部门从采购入库到领用等相关人员没有得到有效的相关培训；

（3）实务中存在大量的新情况、新问题，需要不断地进行优化区分；

（4）盘点工作需要财务定期分析并不断地提出改进建议。

盘点工作中最重要的是盘点差异的分析和处理。在实务中，大多数的财务人员在差异分析上投入的时间不足，也不够重视，实际上差异的处理是提高盘点工作最重要的一环。通过盘点发现的差异，需要逐条分析原因，针对涉及部门提出管理改进建议的同时给出处理方案。结合以上分析后，向公司管理层写出一份盘点分析报告，并给出结论，以及需要管理层优化方案的建议，管理层采纳后再执行。

2. 审计层面解决实务盘点的难题

注册会计师以抽样和内控，特别是基于制造业之下的销售与收款循环、采购与付款循环、生产与存货循环为主线的审计方法，对于特殊行业或者新经济企业已经比较落后。随着企业实务中不断出现的存货盘点难题的出现，中国注册会计师协会还是出台了一些补丁式的审计准则进行修补，比如《中国注册会计师审计准则第1311号——对存货、诉讼和索赔、分部信息等特定项目获取审计证据的具体考虑》《中国注册会计师审计准则问题解答第3号——存货监盘》，即是应对实务中出现的一些重大的资本市场的舞弊案例，以明确审计师的审计责任，打上了补丁，以及针对行业性的审计实务，如《房地产行业存货审计提示》（北京注册会计师协会专家委员会专家提示〔2015〕第 5 号）、《生物资产监盘中对专家工作的利用》（北京注册会计师协会专家委员会专家提示〔2014〕第 1 号）等。

要提前订制好完整规范审计准则才能让审计实务有预见性地穿上新衣，补丁式的修修补补永远只能是有洞的破衣。审计准则需要将实务盘点上升为正常的一项准则，并运用新技术改变抽盘式的监盘变为全面盘点，才有可能解决实务盘点的难题。

3. 会计制度层面解决实务盘点的难题

《中华人民共和国会计法》（以下简称《会计法》)《会计基础工作规范》《企业内部控制制度》对实务盘点的规定实际上是明确的，但企业实务中出现了大量实务盘点的负面案例。个人认为根源还在于利益方出于自身利益的博弈和计算，认为违反《会计法》等会计法律和制度的处罚基本可以忽略不计，收益在资本市场上是巨大的，才产生了实务中普遍存在的实务盘点难题的各种乱象。要解决此问题，需要从三个方面入手进行规范，才有可能解决。

第一，需要有奖有罚。加强处罚，特别是对企业管理层的处罚要落到实处，需要学习财政部对瑞幸咖啡从严处罚案例为代表的加强执法。奖励方法一样要对严格执行《会计法》等会计法律的人员进行保护和奖励，建立全社会的会计诚信文化。

第二，需要从会计法律层面入手，强化企业管理层对盘点工作的具体责任和资源投入的保证。通过规范和细化制度达到盘点工作可以落实到企业的具体管理工作中。

第三，需要建立各行业实务盘点最佳实践的案例库，并结合技术变成标准化的产品，提供给企业。

▶▶ 如何盘点商誉

商誉会计政策一直是中国资本市场的热点话题。每当有一起资本泡沫破灭事件，都会有一个叫商誉的会计魔盒（理论上只出现在并购后的合并报表中）。

1. 商誉的本质

在资产负债表中，商誉被确认为购买对价与企业合并中收到的可辨认资产和负债的公允价值之间的差额。但是，存在商誉的企业合并中，所转移的购买对价是一项相关的信息，因为它通常代表特定时点的价值转移。商誉定义为"一项资产，表示因企业合并或非营利性主体收购获得的、不能单独识别和独立确认的其他资产的未来经济利益"。毫不奇怪的是，利益相关者经常对商誉到底表示何物表示不同的看法。实际上，公告的结论基础描述了商誉的几个可能组成部分，并将部分内容归为"核心商誉"。商誉的一些主要组成部分包括：①因合并各主体的净资产和业务而产生的预期协同效应的公允价值和其他利益；②"持续经营"因素与将购买的净资产单纯集合相比，合并后企业获得较高回报率的能力的公允价值以及被收购主体未确认的其他净资产的公允价值。会计准则制定者意识到也理解关于商誉到底为何物的概念性争论。由于观点不同，加之区分商誉并不切实可行，多年来利益相关者经常挑战会计准则制定者，要求确定最有代表性的商誉后续会计处理。（摘自《美国重新考量商誉后续会计处理 ——商誉减值与摊销论争总汇》，作者：乔元芳）

2. 商誉会计处理的历史

长期以来，国际上对商誉的会计处理，美国公司都在抱怨有关商誉摊销的会计规定使得它们在寻找合并伙伴时，与外国公司相比处于不利的竞争地位。比如，一些国家允许从股东权益中立即冲销商誉。尽管合并后公司的资产负债表可能列示负的股东权益，公司却能立即反映来自被合并经营活动的收益，新准则应该减少这些不利的竞争影响。

历史上，大多数工业国家的公司都将企业合并中获得的商誉资本化并进行摊销，摊销期的长短不尽相同。比如：澳大利亚和瑞典规定，商誉的最长摊销期限为20年，而日本规定为5年。由于在某些国家商誉摊销可以税前扣除，因而短的摊销期限更受欢迎。

《北美自由贸易协定》(The North American Free Trade Agreement，简称NAFTA) 促进了加拿大、墨西哥和美国之间的贸易和投资，也对会计准则的协调提出了更高的要求。三个贸易伙伴的准则制定机构也在积极寻找减少会计准则差异的方式。加拿大的公司不再摊销商誉。目前，加拿大公认会计原则中与商誉有关的规定同修正后的美国《企业会计准则》一致。墨西哥公司在不超过 20 年的受益期内摊销无形资产。在墨西哥，企业合并的负商誉作为股东权益的组成部分而不进行摊销。（摘自《高级会计学》第 10 版第 15 页，作者：弗洛伊德·A·比姆斯等著，储一昀译，中国人民大学出版社）

3. 对商誉的三点思考

按以上对商誉的定义以及会计处理历史，个人理解实质上是收购的溢价产生了商誉，是由并购资产结合未来的超额现金流现值对应的收购溢价。

思考一：如果取消了合并报表，是否就让这个问题消失了呢？

如果商誉是合并报表带来的，我们取消合并报表商誉问题是否就消失了呢？个人认为在实务中还真没有这么简单，有三个可能：

一是商誉回到个别报表中，成为无形资产或者金融资产（含长期投资）。个人认为取消合并报表只是限制了商誉溢价给集团带来的协同效应——并购支付高溢价的部分。比如，在 A 股中比较常见的上市公司并购非上市公司标的资产，来赚取注入上市公司后，上市与非上市资产之间的估值差的部分。但非上市公司的估值一样存在与资产的价差，这部分还会存在于收购方个别报表的无形资产或者金融资产（股权资产）中。

二是只要有股权的存在，无论有无公开市场价格，实际上都会存在商誉。股权只要运用公允价值计量都会存在广义上的商誉。有公开市场的，股权比如上市公司的股票价格波动就更加明显地体现商誉价值波动，一般是无法预测和控制的。

三是取消了合并报表后，实际上还是需要来看运用摊销或减值的会计方法，哪个更能反映商誉的价值。如果是有公开市场的股票投资，实际上还是减值的会计处理能更加快速的反映商誉的价值变动。没有公开市场的股票投资就如同固定资产的折旧，个人认为摊销可能是比较优的选择，因为评估可能不会及时进行并且不一定能公允地反映资产价值或者会计处理成本过高。

总之，高溢价收购带来了高商誉，当然一样可以带来企业的高价值。比如，深圳交易所为提高上市公司的质量，发布了一个针对上市公司的评级规定，就有关于商誉摊销比例的规定，商誉占净资产高于一定比例，被作为一项指标来限制上市公司取得高评级。当然，个人认为不一定合理，比如看了阿里巴巴的商誉占净资产的比例达到了34.24%，微软为36.64%，甲骨文高达432.61%。在新经济之下，还需要细分行业和具体情况来看，商誉是一项资本利器，用好了就如微软等世界一流企业一样，通过并购达到1+1大于2或者更多，关键还在于未来可以创造更多的长期价值和现金流，并不能认为会计报表上的硬资产就一定比软资产好，特别是现在，我们看到字节跳动等新经济公司的出现，带来的虚拟资产与现有财务报表的冲突，就如同制造业从美国汽车业兴起时一样，现在可能是数字经济和文化产业在中国新经济企业的带领下在全球兴起的时代，我们相对古老的会计遇到了数字经济计量的挑战和机会，可能商誉这个古老的会计科目可以创造出新生，特别是在数字经济之下。数字资产是否可以通过商誉进行计量，如有公开市场是否可以以公允价值计量计入负债或者权益。当然，还有很多可以创新和思考的地方。

思考二：商誉是否能为负数？商誉减值到零就可以吗？

现实与《企业会计准则》的差别可能是一种类似于幸存者偏差式的存在。我们可以从现实的商业经营中看到，有很多企业并购失败后，都成为负债累累的失信企业，实际控制人都从富翁变为了"负翁"，但我们会计上的商誉无论是减值还是摊销，实际上都将价值最低回到零就会结束了。但真实的商业中的原因并非如此，并购产生的商誉可能给并购企业带来的是负商誉。早期收购法国汤姆逊公司电视机业务的TCL集团股份有限公司用真金白银，实际上是并购所带的负商誉需要TCL集团股份有限公司长期消化。

从理论上看，商誉减值为零的规定实际源于投资主体的有限责任，但商业模式和实务的创新，让有限责任实际上是无法有限的，特别是在认缴资本之下。实际上你只要认缴了资本，投资者还是存在资不抵债后未缴资本部分的出资补偿义务。当然，还有新经济下所有的新概念式的合伙人制出资、VIE（协议控制框架）架构、信托式出资、非营利机构出资等不断创新，虽然通过股权创新可以解决资金不足、监管套利、避税或者是隐名股东等各种企业的问题。但如果资本的光环退却后，用法律的视角来解决资不抵债背后投资者问题时，就会产生P2P行业从股东有限责任变为无限责任的追责式的还债问题。

总之，个人认为商誉可以为负数，是一项金融资产和负债，就如同石油价格为负数一样，只要属于金融性质，就存在风险敞口，就有可能从正变负。

思考三：商誉是否可以自创？

我认为商誉是可以自创的，无论是国企分拆产生的商誉向投资者融资，还是民营企业分拆案例，如某企业将业务分拆，成立公司，再一轮轮出让股权引入投资者。假如某企业如果上市成功就可以达到 2 000 亿美元。按上市前记账的投资成本为 907 亿元人民币。假设上市后，通过改变对股权的持有意图，可以将权益法转为按公允价值计量的金融资产，将会产生巨额的投资收益。

两者的差额按企业预估增发 10% 的股份公开发行后的预计 2 000 亿美元，如果当日汇率为 6.8 元人民币，计算结果为 3 132.2 亿元人民币 [2 000×（1−10%）×33%×6.8−907]。

按最后一轮估值 1 500 亿美元计算，结果为 2 459 亿元人民币（1 500×33%×6.8−907）。增发 10% 股份前持有新公司 33% 的股份。

所以，此案例说明分拆上市，实际上是可以自创商誉。

总之，会计是商业语言，商誉可能是一个古老的词，现在需要按新经济的商业模式，让商誉生出新义来。

实务案例

案例一 獐子岛是否进行实务盘点

2018 年 8 月 3 日，獐子岛发布《关于高温天气公司养殖产品生长状态的公告》："辽宁海参养殖，将有 90% 的参池绝收。"公司却未发现异常。在獐子岛海洋牧场模式下，2018 年 2 月 22 日，獐子岛集团突然宣布扇贝大面积绝收，导致上市公司巨额亏损。2014 年，獐子岛的扇贝就出过一次类似的问题，给公司造成了将近 12 亿元的巨额亏损。当时公司给出的解释是"冷水团"异动导致的自然灾害。但为什么一再出现此类事件，不断地重演历史呢？从会计角度有以下几点疑问。

疑问一：关于海洋牧场模式会计核算上是否可以记入存货？资本化还是费用化要看天意了。

反反复复出现的都是在海洋中养殖的海产品存货管理问题带来的巨大损失。

我们都知道海洋巨大无比,在海洋中养殖的扇贝、海参等如何保证存货的控制权,需要花费多大的投入才能保证存货的安全性、完整性呢?如何在广大无边的海洋中盘点公司的海产品这类资产呢?存货是公司拥有或者控制的可以为公司带来未来现金流入的资产。但从獐子岛海产品从反复出现出逃事件来看,至少公司对海产品投入时的数量与产出的数量是无法用个别计价法进行数量和金额的核算。原因是没有在放苗时就有物理标记,比如可识别可定位设备,对投入的幼苗进行管理,对死亡的海产品进行报废,可能是考虑到成本效益原则。但从另一个角度来看,公司对海洋中养殖的海产品实际上是没有完全控制的,不比在陆地上的池塘养殖的水产品。在海洋牧场模式下实际上投入是固定的,产出与收入是不确定的。基于对牧场模式投入的海产品无法控制,费用化投入应该可以让会计报告质量更高。海洋捕捞本来就是一场冒险游戏,只有收网的时候才能知道最终的收益是多少,其他都要看运气了。

疑问二:獐子岛到底如何创造了海洋牧场模式?

獐子岛海洋牧场模式相信是人类历史上对自然挑战的一项奇迹。到底獐子岛有什么样的独特之处呢?从财务角度看,是否在海洋牧场模式上进行了高额的研发投入呢?是否用海洋牧场模式的成功进行加盟等扩大商业收益呢?是否有其他国家的成功案例呢?

总之,我对獐子岛海洋牧场模式还是有很多疑问,相信时间会给出答案。

案例二　两次与商誉对视的瞬间

"商誉"应该算是会计科目中的独角兽,是普通财务人一辈子都不太可能与之相遇的会计科目。回顾我的会计职业生涯还是很幸运,有过几次与"商誉"的对视经历。

第一次发生在初入职场时,领导让我去负责处理一家刚收购的菜场的会计工作,记得当时还执行行业会计制度,面对的第一项工作就是如何处理收购菜场所支付的巨额收购款。那时查询了相关会计制度,没有找到标准答案,只能运用职场新人的绝技"问"字当先,向集团公司会计领导请教会计处理的方案,领导让我再去查查会计科目中的"长期待摊费用",并查找收购协议再研究如何处理。回去后就查了相关规定,并找到了待摊期限的估计依据,再次向领导请教并按领导的指示进行账务处理。这是我在不经意间与商誉的第一次对视，现在回味起来还是很有余味，特别是当时非常不能理解集团为什么要花巨资收购一个破菜场，收购后的菜场在投入了经验丰富的新管理人员后，当年就取得了盈利，可以说是一次完美的收购。菜场还持续存在很长时间，远远超过了收购款的摊销期。

第二次是最近一次职业经历中，加入公司时已收购一家持有特种经营牌照的公司，在进行后续相关会计处理时与审计师的沟通，主要是商誉原来按一定期限进行后续摊销处理，但在实际运营后以及对稀有牌照同类公司近期的收购市场价进行对标后，发现从会计处理来看，实际上已收购的公司更加适用期限不确定的无形资产的会计处理方法，对收购商誉部分可以在会计期末进行减值测试，主要是对现金流的预测估计折现以及评估等。沟通后的结果是进行会计处理的调整。后来还收购另一家类似公司，在事前就与会计师进行了全面的沟通和协调，很好地处理在收购环节卖方提出了多种不确定对价等因素的会计处理问题。

从我的理解来看，商誉就是收购价与评估净资产的价差，不论《企业会计准则》如何变迁，实质上还是价差的处理，是按历史成本摊销，还是按公允价值入账，并像存货一样进行减值测试。当然，还有如乐视网信息技术（北京）股份有限公司（以下简称"乐视"）、华谊兄弟影视文化有限公司（以下简称"华谊兄弟"）等公司运用商誉的会计处理进行包装，玩一些资本游戏：通过收购溢价进行融资，对赌业绩协议等，来保证被收购项目的现金流折现现值高于收购溢价并保证投资收益率。当然，谁都不能预知未来，在潮水退却后，就会知道谁在裸泳了。

案例三　商誉与刻舟求剑

商誉的会计处理争论一直是会计实务界的热点议题。无论是中国证监会出台的指导审计机构进行商誉的减值测试和评估的操作细则，还是在各种财经类自媒体上发表的关于中国资本市场商誉减值会计处理的种种问题和漏洞的分析，一时间让人应接不暇。最后的结论都是上市公司的商誉"地雷"是源于商誉会计处理引发的，会计应该为商誉"地雷"背锅。事实的真相真是如此吗？会计要不要背这个锅呢？

让我们一起看看《刻舟求剑》的故事。"刻舟求剑"是由一个寓言故事演化而成的成语。出自《吕氏春秋·察今篇》："楚人有涉江者,其剑自舟中坠于水,遽契其舟曰:'是吾剑之所从坠。'舟止。从其所契者入水求之。"

实际上,商誉的处理可以理解为对收购价高于资产价格的一次"刻舟求剑",在收购时点上的会计处理应该是不存在争议的,就如同故事中的剑坠入水的同时刻下坠入的时点,如果舟不动,永远在这个时间和这个地点,那取剑就没有问题。但问题在于被收购资产的价值随时变化,就如同舟一样离开原来所在的位置,收购资产的价值有可能会高,也有可能会低,影响收购资产的内在价值是它的未来的现金流,所以就如同坠入水中的剑,找不到就一分价值都没有了,也有可能在百年后出土成为价值连城的文物,但在出售时才能看到真实的价值。当然,现实中的收购资产是企业控制下的"剑",还可以通过表演剑术或者出售复制品等收到现金,并产生利润,还有很多潜在买家看上了"剑",有公开市场,但还没有成交记录。所以,商誉的现行会计处理实质上是一种现代版的"刻舟求剑"故事的重新上演。

总之,会计处理不应该为经济下行商誉"暴雷"背锅。

第 2 章
第二大难题：资本化还是费用化

在会计实务工作中，资本化还是费用化？这是每个会计人员日常都要问自己的一个问题，相信每个会计人员都有深刻领悟。

►► 资本化、费用化产生的土壤

资本化还是费用化源于会计的"四大假设"之一——会计分期假设。会计分期产生了权责发生制，权责发生制产生了利润表。

资本化还是费用化，从长期来看，对企业的损益是没有影响的。随着经济发展，特别是所有权与经营权的分离，还有政府税收的需要，会计报表的使用者都需要根据短期可分配的利润表用于各利益相关方的分配决策。管理层需要用于计算短期的经营业绩拿到合理的报酬；投资者需要通过利润表来计算企业的估值并做出投资决策；政府需要通过利润表按企业所得税法计算调整后收取企业所得税；债权人（供应商、银行）需要通过利润表来测算企业的偿债能力并做出信贷的决策。

►► 从《企业会计准则》的发展谈资本化与费用化的处理

在我从事的二十几年会计工作中就有过多次面对同一会计事项是采用资本化核算，还是费用化核算的难题，在此我列举经历的三件事来说明。

第一件事。

在《企业会计准则》与《国际会计准则》接轨时，按新准则规定取消了"预提费用""待摊费用"。背后可能是《国际会计准则》配比原则的淡化以及从利润表观转变为资产负债表观；无论是企业上市对利润的要求，还是税会差别，或者是企业管理层在短期业绩考核压力之下等，我们发现预提费用和待摊费用会计，实务中又回归原准则规定之前，只要有可能资本化的会计事项都采用资本化处理。现在会计科目中"预提费用"和"待摊费用"淡出了历史的舞台，取而代之的是"其他应付款、其他流动负债、其他应收款、其他流动资产"。如果细心的会计同行看看新租赁准则，实际上一样是让"预提费用"和"待摊费用"借用"租赁负债"和"使用权资产"回归了历史舞台。背后是会计实务的创新对《企业会计准则》产生了反向影响。

第二件事。

在我记忆中，《企业会计准则》对企业筹办期的开办费用可以资本化。与《国际会计准则》接轨后，企业开办费只能费用化了。但未来是否有可能又变为资本化呢？新冠肺炎疫情之后，新企业的创立为经济的重启提供了支撑，带来大量的就业机会。开办期资本化的会计处理使企业的会计报表盈利时间缩短，增加了企业融资的机会。

第三件事。

在改革开放初期，中国企业运用的是成本领先战略，促进中国制造业快速发展，但随着中国独生子女政策以及人工成本的快速上涨，企业面临转型升级，华为技术有限公司（以下简称"华为"）等一批先行者让中国的企业家们看到了研发投入的巨大潜力和空间。科创型企业、互联网等新经济企业的高投入，特别是人工费用的投入产生了企业的核心资产，比如专利权或者非专利技术、虚拟资产等。《企业会计准则》层面规定的严格的资本化条件与企业实务产生巨大冲突，特别是在企业上市时，在资本市场审核制下，对于新申请高新技术企业的研发费用资本化与存量已上市企业的二元规定，新申请上市企业一般都是一刀切的费用化。除科创板特例公司外，但已上市企业，比如中兴通讯等可以自主决定选择研发费用资本化。会计的规定倒逼一些中国优秀的企业选择去美国等海外资本市场上市融资，才能与已上市的中国企业在同一起跑线上进行正面的竞争。从案例可以看出《企业会计准则》实际上一样是企业竞争的一部分，《企业会计准则》对轻资产高速成长型的企业可能有生死存亡的影响。目前，我国互联网企业与世界先进企业同台竞争，平台收税模式可能是互联网企业最好的商业模式。

在会计实务工作中，有大量的经济业务中，存在资本化还是费用化处理的问题。背后是会计们如何通过自身的能力或创造力，让股东、管理层、员工、债权人、政府等各方的利益达成平衡，如同在刀尖上舞蹈的艺术家，能让各利益方都可以为会计处理的资本化和费用化喝彩。

▶▶ 如何解决资本化，还是费用化难题

会计是一门商业语言。在《企业会计准则》的框架下，具体业务是资本化还是费用化，是可以按企业的实际商业模式来处理的。根据规定，上市公司的财务年度报告需要注册会计师审计后公开披露，中立、客观的注册会计师是资本化还

是费用化的第一道主力防线；通过财务报告的披露，让社会各方来对企业会计处理中的资本化还是费用化进行透明公开的查询，自然会有新闻媒体等第三方的舆论对此进行监督，公开透明的外部监督就成为第二道防线；最后一道防线就是监管部门对上市公司等的审计质量的检查监督。通过这三道防线的作用使难题变为有解之题。

▶▶ "三问"固定资产折旧

面对每月的计提折旧，你是否问过以下问题：

（1）折旧的依据是什么？

（2）折旧一直都存在吗？

（3）未来折旧会如何处理？

一问：折旧的依据是什么？

相信大多数财务人员会去查企业的固定资产管理制度以及会计核算制度的规定。资深财务人员就会查《企业会计准则》对折旧的规定条款，以及税法对折旧的相关规定，并结合企业的实际情况进行对照；"会计大咖"还会查询同行业上市公司关于固定资产折旧的规定与本企业情况进行对比，并给出适合企业的优化方案。当然还会有比较研究，对各国的会计折旧处理进行比较研究或者对不同行业的上市公司进行比较研究。

关于折旧的依据是什么，我个人的结论是在《企业会计准则》认可的前提下人为的会计估计。估计的方法可以在《企业会计准则》规定的折旧政策的范围内选择，有直线法、加速折旧法、工作量法。实际上是基于人为对于固定资产变化与收入配比的一种估计的简化计算。

二问：折旧一直都存在吗？

答案是否定的。历史上是由于美国西部大开发需要修建铁路，所以产生了美国铁路公司到欧洲去融资，成立铁路股份公司。铁路股份公司早期等投入的巨额资产——铁轨不计提折旧，产生了利润超额分配问题。倒逼政府出台固定资产折旧的处理规定。在企业所得税方面，可以用固定资产折旧费用进行抵税，是企业选择计提固定资产折旧的动力。相信固定资产折旧的历史一定会带给你新的思考与启发，有兴趣的读者可以再多想想以上固定资产折旧历史在中国的演进，以及对企业的影响。

三问：未来折旧会如何处理？

这是一个开放性的问题，一定是没有标准答案的。说说我的一些想法，伴随计算机和人工智能的出现，人工会计核算逐渐智能化。通过数据模型对单个固定资产与未来收入等产生指标的函数关系进行单项固定资产折旧费用的计算。

实务案例

案例 京东集团二次上市花 20 万元买锣如何入账

2020 年 6 月 18 日，京东集团（以下简称"京东"）在香港二次上市是一次成功的融资！相信背后有一批京东人的付出，以及投资人用真金白银提供的支持。

但看到在上市时花了 20 多万元买一面定制手工锣，并在北京"云敲锣"，出于财务的职业习惯就会思考后续的会计处理。

因为疫情防控的原因，就无法赴港敲锣，因此在北京的京东总部搞了个"云敲锣"仪式。

为了这次"云敲锣"，这个锣是专门找给港交所定制锣的老艺人手工定做的。河北的老艺人一锤锤敲出来的，重 200.618 公斤，花费 20 多万元。

在这之前，网易上市敲的锣，才花了 3 000 元。

从投资人角度看，刚向京东集团投入巨资，京东就买个面一次性的锣，我不知道投资人会如何想？

从财务预算管控角度存在两个问题：

一是对于已经批准的总预算下的明细项目的变化，还是需要重新审批的，不知道此项预算有没有重新审批？

二是对于大额单项费用是否需要对标进行成本控制？不知道审批此项预算的财务有没有指出过同类公司，如网易的标准是 3 000 元？

另外，有必要讨论关于锣如何入账的问题。让我想起了若干年前的关于工厂中建佛堂的入账科目之争的段子，具体是计入固定资产还是产品的成本或者费用？或者无形资产？当年在网上发生了激烈的论战。相信这次京东买锣又可以让会计们放松一下心情了！

京东二次上市花了 20 万元买锣的会计处理引发了会计朋友们的讨论，观点如下：

观点一：计入无形资产

敲锣主要用于上市庆祝，是京东宣传自己品牌的一部分投入，应该按使用实质计入无形资产。当然计入无形资产还存在后续计量的会计规定，需要至少每年年底进行减值测试。当然，还存在其他内部的争论：锣的使用寿命是不确定的，还是有确定的使用寿命。个人理解因为锣是用来敲的，所以应该有使用寿命。

观点二：计入固定资产

正方：锣是有实物形态，并且可以敲，还是老工匠手工制作，用料足，成本都要 20 多万元，符合固定资产的定义，未来会产生经济利益的流入。"6·18"锣声一响，京东商城销量大涨，让京东通过锣声新增线上自然注册购买用户。你看一个锣带来的品牌价值有多高啊！"6·18"线上拉新注册用户的预算一般都至少投入上千万元人民币起步。网上带货主播和明星入职带货都是至少上百万元一次的加盟费，再加上每次直播保底提成和超额销量奖励的提成。用一个锣只花 20 多万元来代言实在是太超值了！

当然，在后续计量上，会计们内部就又炸开锅了！预计残值是多少？折旧方法是什么？真是有一千个会计就有一千零一种会计处理想法，做账真难啊！是直线法折旧还是工作量法折旧，或者是加速折旧法？残值是按收旧货老人的估价记账，还是按公司的会计制度规定的残值率来记账？反正，热闹的讨论让人感觉原来会计还会这么有趣！

观点三：费用化处理

对于京东这样规模体量的商业巨头，按重要性原则，预估 20 万元的金额不产生重要性影响，可以直接计入费用，并且一般上市时公司都会外包此类事项给第三方的广告公司。第三方的广告公司一般是按打包收费，并开具服务费内容的发票。

观点四：作为商品或者计入产品成本中

到底什么是产品的成本？在电商等互联网企业还真是老会计遇到了新问题。互联网企业实际上注册用户，特别购买产品的注册用户的取得，已经成为互联网企业核心的竞争力的体现。无论是早期的明星天价代言还是天价直播带货，实际都是可以直接为互联网电商企业的销量带来的巨大增长，但传统会计都只能将此类支出记入销售费用中。

互联网企业等新经济企业的成本核算需要创新的实践，需要我们的会计理论界去总结和上升到会计理论。中国的互联网企业已经走在了时代的前沿，但并没产生中国特色的成本会计理论。在美国经济崛起时，美国会计界创造了标准成本法超越了英国等传统的实际成本法，后续又有日本制造的目标成本法让日本经济横扫世界。不知道现在中国的互联网经济是否是基于中国企业家们的管理创新下，可以用什么样的成本管理方法，成长为能够挑战美国数字企业巨头们？相信一定已经有了大量的实践，需要我国的会计学术界去提升中国新经济下的会计理论。

第3章
第三大难题：关联交易

　　从会计实务上来看，关联交易是会计处理争议的难点和重点。从会计理论角度，只要存在会计主体假设，就会引发关于关联交易的问题。从交易的实质上看，关联交易的公允性、真实性以及交易是否存在商业实质是关联交易会计处理的关键争议点。

►► 关联交易难题产生的原因

在会计实务中关联交易是难题，关联交易实际上是谜一样的存在。国内的案例，比如小米科技有限责任公司（以下简称"小米"）的供应链公司，就是实务中关联交易之谜。供应链公司到底是小米的供应商，还是小米的客户，或者是小米控制下的 VIE 架构①公司呢？当然，看上去简单的会计主观判断会对小米的报表产生翻天覆地的变化。有兴趣的读者可以深入研究小米的供应链的商业模式会计处理，估计可以写出 n 篇的会计学博士论文来。

国外多元化经营的美国通用电气公司（General Electric Company，简称 GE）运用关联交易更是出神入化，很多学者进行过深入的研究，相信是所有多元化经营的投资集团都可以从 GE 公司多元化并购上，学习到最好的实战案例。近期 GE 公司一样陷入低谷，相信这与之前"会计魔术"中的关联交易的运用是有一定关系。

会计实务中存在关联交易的难题有三方面原因：

第一，关联交易认定判断是一项法律判断。关联方关系的定义涉及法律层面的问题，应该是依据法律的判断来认定的，实务层面只是识别和记录并进行关联交易的披露。所以，引发了会计实务中操作层面上只是一些会计技术上的记录，并没有让财务来进行全面关联交易的管控。所以，在实务中关联交易披露质量不高。

第二，理论上关联交易的准则规定没有取得实质性进步，都还是基于企业内控理论进行内部审计控制的，并没有从高层次的公司治理角度进行规定和研究。

第三，关联交易的会计实务上没有专门的（如成本会计式的）创新式的实践，实务工作还处在初级阶段，远远落后于经济的发展。随着大数据等技术的进步，反倒是证监会等监管机构比在审计一线的会计师和企业的财务掌握更多的关联交易的查证工具，从而倒逼企业的关联交易实务的进步。

---

① "VIE 架构"即可变利益实体 (Variable Interest Entities，VIEs)。也称为"协议控制"，是指不通过股权而是通过协议来实现对运营公司的控制。在 VIE 架构模式下，一般由境内公司的股东在境外离岸时常开立一家公司，境外离岸公司不直接收购境内经营实体，而是在境内投资设立一家外商投资企业，为国内实体企业提供垄断性咨询、管理等服务，国内实体企业将其利润，以"服务费"的方式支付给外商独资企业。VIE 架构搭建完成后。内资公司所代表的境内权益注入境外控股公司，境外控股公司就变得有价值，因此就可以在境外进行上市。

▶▶ 关联交易是容易发生舞弊的地带

关联交易（Connected transaction）就是企业关联方之间的交易。关联交易是公司运作中经常出现的而又易于发生不公平结果的交易。关联交易在市场经济条件下广为存在，从有利的方面讲，交易双方因存在关联关系，可以节约大量商业谈判等方面的交易成本，并可运用行政的力量保证商业合同的优先执行，从而提高交易效率。从不利的方面讲，由于关联交易方可以运用行政力量撮合交易的进行，从而有可能使交易的价格、方式等在非竞争的条件下出现不公正的情况，形成对股东或部分股东权益的侵犯，也易导致债权人利益受到损害。

——摘自百度百科：关联交易

一方控制、共同控制另一方或对另一方施加重大影响，以及两方或两方以上同受一方控制、共同控制或重大影响的，构成关联方。

关联方交易，是指关联方之间转移资源、劳务或义务的行为，而不论是否收取价款。

——摘自《企业会计准则第 36 号——关联方披露》

从理论上来看，关联交易源于会计主体假设。会计主体假设区分了企业与企业主或者关联方的资产和负债，用于解决会计计量和确认的范围问题。从历史上看，由于资本市场的出现，产生了利益相关方，特别是公司的股东或者实际控制人，他们为自己的利益运用各种形式的交易，通过非公允的价格来达到操纵上市或者拟上市公司财务报表的目的。从资本市场的股价上涨带来的溢价中获取自己的收益，并产生了大量的财务丑闻，给投资者带来了信任危机，使资本市场的信用基础产生了动摇。为应对信任危机，相关部门从会计准则制定到资本市场上市监管规则上都对关联交易进行了大量严格的规定和制度。通过严格披露制度，即从关联交易的企业内控识别关联方、记录或者决策关联交易的事前批准到财务报表的关联交易信息披露等，关联交易是否公允以及具体的交易事项对财务报表影响等信息的公开，进而对关联交易各方进行监督。

源于历史以及法律不同，各国的资本市场对关联交易的规定是不同的。无论从会计的理论研究上，还是实践上，可以说关联交易还处于不断尝试的阶段。对中国资本市场而言，从财务舞弊的处罚统计数据来看，关联交易还是财务舞弊的高发地带。当然，从另一个方面也说明关联交易的重要性。

同一家公司的收入舞弊可能采用多种手法，见下表。

2010—2019 年上市公司收入舞弊具体次数

收入舞弊具体手法	舞弊次数	占比
第一类：会计操纵类		
提前确认收入	28	22.40%
净额法按总额法确认收入	3	2.40%
期末销售退回未调减收入	2	1.60%
确认已停或合同取消项目的收入	2	1.60%
确认预计无法回款的客户收入	1	0.80%
通过内部关联交易虚增利润	1	0.80%
会计政策操纵虚增收入 (BT 项目未按公允价值计量)	1	0.80%
第二类：交易造假类		
关联方、隐性关联方客户协助虚构业务及收入	37	29.60%
虚构非关联方协助完成收入造假	25	20.00%
真实非关联方协助虚构业务及收入	16	12.80%
人为调高合同单价虚增收入	7	5.60%
其他	2	1.60%
合计	125*	100.00%

*（摘自《2010—2019 年上市公司财务舞弊分析》作者：黄世忠、叶钦华、徐珊、叶凡）

从以上 2010—2019 年上市公司财务舞弊处罚次数统计可以看出关联造假的占比高达 68%（29.60% + 20% + 12.80% + 5.60%）。

►► 如何解决关联交易难题

从会计实务来看，一方面，关联交易的理论与制度都还处于不断的尝试和探索阶段，另一方面，企业关联交易的实践一直处于不断创新与试错中。无论是技术层面、制度层面，还是理论层面，都缺少完整的解决方案可供企业参考学习。

从技术层面来看，随着大数据、区块链等技术的进步，关联交易识别在技术层面实现了突破，应该会产生新的工具和方法运用到关联交易难题的破解上来。

从制度层面上看，还是需要法律对关联交易不断完善以及全社会的诚信文化理念建设才能来解决。

总之，实践是检验解决关联交易难题成败的重要标准。只有通过企业管理层、审计师、股东、监管层等利益相关方的共同努力，才能一起解开关联交易的难解之题。

实务案例

案例一　中国恒大对赌1 300亿元背后的会计分录

中国恒大集团有限公司（以下简称"中国恒大"）1 300亿元战略投资到底是债还是股？是否到期一定要以现金偿还呢？让我们透过财报来看清真相。

图1是中国恒大综合财务报表附注内容。

综合财务报表附注

……

(i) 该注资导致本集团非控股权益合计增加人民币6 893 800万元及本集团储备增加合计人民币5 904 200万元。

凯隆置业、恒大地产、许家印教授、首轮投资者及第二轮投资者于2017年6月28日进一步订立修订协议。根据首轮投资协议、第二轮投资协议、修订协议及第三轮投资协议，如未能在2020年1月31日（就首轮及第二轮投资者而言）或2021年1月31日（就第三轮投资者而言）之前完成建议重组，投资者有权：

(a) 要求凯隆置业以其原始投资成本购回投资者于恒大地产的权益；凯隆置业可以选择不购回此类股权，在此情况下，许家印教授应以原始投资成本购回投资者的股权；

(b) 要求凯隆置业无偿补偿投资者于恒大地产的额外股份，相当于在补偿前由投资者所持股份的50%。

上述股权补偿安排构成嵌入衍生负债，并确认为财务衍生工具负债。本集团于2017年12月31日按公平值计量的金融衍生工具负债为人民币284 000万元，重估亏损人民币82 000万元于截至该日期止年度的损益中确认。金融衍生工具负债公平值乃参考独立估值师的估值采用二项式格子模式法编制厘定。有关金融衍生工具的公平值估值详情载于附注4(c)。

(ii) 截至2017年12月31日止年度，本集团收购若干中国房地产开发公司的控股权益，总代价约为人民币9 585 600万元。该等公司仅持有地块，并未与本集团收购前开展任何实质经营。因此，董事认为，收购并不构成业务收购，并应视为收购土地使用权。有关收购导致本集团非控股权益增加人民币40 600万元。

(iii) 截至2017年12月31日止年度，本集团向非控股股东收购若干附属公司的若干股权人民币452 000万元，并将所支付代价与所收购股权的账面值之间的差额人民币1 152 800万元确认为储备减少。

图1

（摘自《中国恒大2017年年报》）

根据综合财报表附注，编制会计分录如下。

借：银行存款 130 000 000 000

所有者权益——未分配利润 820 000 000

贷：所有者权益——非控股股东战略投资者权益 68 938 000 000

所有者权益——储备 59 042 000 000

衍生金融工具负债 2 840 000 000

通过以上会计分录，我们可以清楚地从会计角度还原 1 300 亿元战略投资的认定是既有"股"又有"债"。"股"是战略投资人投入公司的股权，"债"是对赌深圳经济特区房地产（集团）股份有限公司（上市后简称"深深房"）上市与否对公司产生的会计影响，"债"的部分已记入费用和衍生金融工具负债。

独立核数师报告

关键审计事项

贵集团主要附属公司策略性投资产生的衍生金融负债的估计公平值。

贵集团主要附属公司恒大地产集团有限公司（恒大地产）年内通过向战略投资者发行新股份的方式筹集三轮资金，合共人民币 1 300 亿元。

根据与战略投资者签订的投资协议，如恒大地产未能在限定日期之前有效地在深圳证券交易所上市（建议重组），投资者有权要求，贵集团补偿战略投资者于恒大地产的权益，相当于在补偿前由战略投资者所持股权的 50%。上述股权补偿安排构成嵌入衍生金融负债，须按公平值计量。

于 2017 年 12 月 31 日，贵集团衍生金融负债的公平值为人民币 2 840 百万元，截至该日止年度的损益表录得重估亏损人民币 820 百万元。为支付管理层估计，已为衍生金融负债取得独立外聘估值。以二项式格子模式法进行估值的衍生金融负债取决于需要重大管理判断的若干主要假设，包括恒大地产可识别资产净值的公平值，主要由开发中物业、持作出售竣工物业、自用物业及投资物业的公平值、估计收入增长率及无法于限定日期前完成建议重组的可能性组成。持作出售竣工物业及自用物业以直接比较法参考公平市价进行估值，而开发中物业则以余值估价法使用公平市价减估计竣工成本、发展商预计利润率及销售费用进行估值。

我们为处理此关键审计事项进行以下程序：

（i）我们评估独立外聘估计师的资历、能力和客观性；

（ii）我们邀请我们的内部估值专家，根据我们的知识，评估外部估计师所使用的二项式格子模式法；

（iii）我们评估二项式格子模式法所使用的主要假设的恰当性，包括：

运用抽样基准，检查持作出售竣工物业、开发中物业、自用物业及投资物业的公平值估值所使用的输入数据的准确性和相关性。就持作出售竣工物业、开发中物业及自用物业而言，我们检查贵集团新近销售交易所使用的公平市价或可比较物业的现行市价。就开发中物业而言，我们亦检查估计竣工成本及发展商预

图 2

（摘自《中国恒大 2017 年年报》）

图 2 为对赌部分认定为衍生金融工具负债的审计师意见和说明。根据与战略投资者签订的投资协议，如恒大地产未能在限定日期之前有效地在深圳证券交易所上市（建议重组），投资者有权要求中国恒大补偿战略投资者于恒大地产的权益，相当于在补偿前由战略投资者所持股权的 50%。上述股权补偿安排构成嵌入衍生金融负债，须按公平值计量。为 2017 年年报中审计师列为了审计报告中的关键审计事项中对 1 300 亿元战略投资的认定并进行了详细的披露以及作为关键审计事项的审计应对。

如果对赌失败，是否要还债呢，由谁来还？图 3 为相关资料。

24 衍生金融负债（续）

2016 年 10 月 3 日，本公司间接全资中国附属公司广州市凯隆置业有限公司（简称"凯隆置业"）及凯隆置业的全资中国附属公司恒大地产集团有限公司（简称"恒大地产"）与深圳证券交易所上市公司深圳经济特区房地产（集团）股份有限公司（简称"深深房"）及深深房的控股股东深圳市投资控股有限公司签订合作协议。根据协议，四方同意签订重组协议。据此，深深房将以发行人民币普通股（A 股）及、或向凯隆置业支付现金代价的方式，向凯隆置业收购恒大地产的 100% 股权，此将导致凯隆置业成为深深房的控股股东，从而使本集团能有效地将房地产相关业务在深圳证券交易所上市（建议重组）。

于 2016 年 12 月 30 日，凯隆置业及恒大地产与若干战略投资者（首轮投资者）签订首轮投资协议，据此，首轮投资者同意向恒大地产注资人民币 300 亿元。注资额随后于 2017 年 3 月 31 日修订为人民币 305 亿元。

于 2017 年 5 月 31 日，凯隆置业及恒大地产与若干战略投资者（"第二轮投资者"）订立第二轮投资协议，据此，第二轮投资者同意向恒大地产注资人民币 395 亿元。截至 2017 年 6 月 1 日，恒大地产已全数收回总注资额人民币 700 亿元。

于 2017 年 11 月 6 日，凯隆置业、恒大地产及许家印教授与若干战略投资者（第三轮投资者）订立第三轮投资协议，据此，第三轮投资者同意向恒大地产注资人民币 600 亿元。恒大地产已于 2017 年 11 月 7 日收回注资额人民币 600 亿元。

凯隆置业、恒大地产、许家印教授、首轮战略投资者及第二轮战略投资者于 2017 年 6 月 28 日进一步订立修订协议。根据首轮投资协议、第二轮投资协议、修订协议、第三轮投资协议以及 2020 年 1 月 13 日之首轮战略投资者及第二轮战略投资者投资补充协议，如未能在 2021 年 1 月 31 日之前完成建议重组，战略投资者有权：

图 3

图 4 列示中国恒大按公平值计量的金融资产及金融负债。

	第一级	第二级	第三级	总计
	（人民币百万元）	（人民币百万元）	（人民币百万元）	（人民币百万元）
于 2019 年 12 月 31 日				
资产				
透过其他综合收益按公平值列账	734	0	853	1 587
选择损益按公平值列账	265	0	8 661	8 926
资产总值	999	0	9 514	10 513
负债				
衍生金融负债	0	2 183	2 483	4 666
于 2018 年 12 月 31 日				
资产				
透过其他综合收益按公平值列账	633	0	937	1 570
选择损益按公平值列账	1 173	0	8 965	10 138
资产总值	1 806	0	9 902	11 708
负债				
衍生金融负债	0	2 807	2 840	5 647

图 4

图 5 列示中国恒大按公平值计量的货币资产。

中国恒大重组上市背后是至少 650 亿元的对赌。中国恒大刷屏的新闻源于借壳上市背后对赌了近 650 亿元人民币。年报资料图 2 至图 5 清楚地告诉我们可以由选择用中国恒大实控人许家印的股权补偿 1 300 亿元的 50% 给战略投资者，所以对上市公司中国恒大来说，可能只是股东的变动，许家印用自己的股份来补偿战略投资者。当然，如果证监会批准重组，借壳上市成功了，许教授可能收益 10 倍即 6 500 亿元人民币，战略投资者也一样如此。

	2019 年 12 月 31 日（人民币百万元）	2018 年 12 月 31 日（人民币百万元）
货币资产		
-港元	19 714	5 145
-美元	13 709	17 819
-欧元	973	14
-其他	632	344
	35 028	23 322
货币资产		
-港元	37 971	37 219
-美元	162 706	112 175
	200 677	149 394

于损益确认的汇兑收益 / 亏损净额总额为：

	2019 年 12 月 31 日（人民币百万元）	2018 年 12 月 31 日（人民币百万元）
计入其他收益的汇兑收益净额	621	585
计入融资成本的外币借款汇兑亏损净额	(4 022)	(6 244)
	(3 401)	(5 659)

图 5

（摘自《中国恒大 2019 年年报》）

只有你掌握会计这门语言才能从财报的密码中，解读你想知道的商业真相。

案例二　中国恒大1 300亿元战略投资变普通股，对战略投资者的影响

中国恒大发布公告，宣布863亿元人民币的战略投资者签订了补充协议，同意不要求回购继续持有恒大地产权益，且在恒大地产的股权比例保持不变。公告如图6所示。当然背后是中国地产行业在监管资产负债率等财务指标之下，对于在《企业会计准则》之下前期永续债或者优先股是债还是股的一种快速反应与应对。这里不对此问题进行实务的讨论，仅从同意将对中国恒大的战略投资转为普通股的角度讨论对投资方带来的巨大利润冲击波。

山东高速在2016年投资50亿元参加了中国恒大的战略投资，2016年是用成本进行计量处理（图6）。

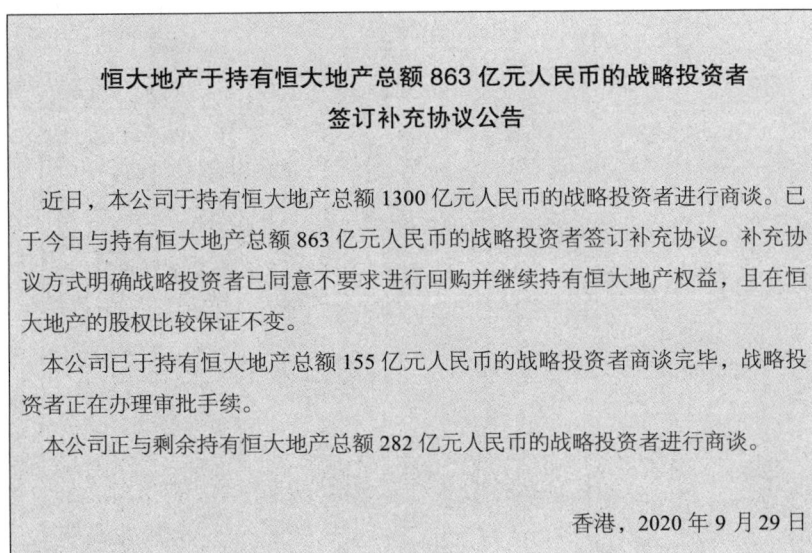

**恒大地产于持有恒大地产总额863亿元人民币的战略投资者
签订补充协议公告**

近日，本公司于持有恒大地产总额1300亿元人民币的战略投资者进行商谈。已于今日与持有恒大地产总额863亿元人民币的战略投资者签订补充协议。补充协议方式明确战略投资者已同意不要求进行回购并继续持有恒大地产权益，且在恒大地产的股权比较保证不变。

本公司已于持有恒大地产总额155亿元人民币的战略投资者商谈完毕，战略投资者正在办理审批手续。

本公司正与剩余持有恒大地产总额282亿元人民币的战略投资者进行商谈。

香港，2020年9月29日

图6
（摘自 https://stockn.xueqiu.com/03333/20200929449382.pdf）

相关新闻报道披露参加中国恒大战略投资的上市公司有"山东高速"，就查了"山东高速"对此战略投资所作的会计处理情况（如图7至图11所示）。

（3）期末按成本计量的可供出售金融资产

口适用 口不适用

金额单位：元

被投资单位	账面余额				减值准备				在初投资单位持股比例（%）	本期现金红利
	期初	本期增加	本期减少	期末	期初	本期增加	本期减少	期末		
天同证券有限责任公司	30 000 000.00			30 000 000.00	30 000 000.00			30 000 000.00		
山东高速绿城莱芜雪野湖开发有限公司	5 182 926.83			5 182 926.83				0.00	10.00	
山东高速文化传媒有限公司		17 614 686.36		17 614 686.36				0.00	3.02	
恒大地产集团有限公司		5 000 000 000.00		5 000 000 000.00				0.00		
《安信创赢53号·百步亭流动资金贷款单位—资金信手合同》受益权		150 000 000.00		150 000 000.00				0.00		
《安信创赢57号·百步亭流动资金贷款单位—资金信手合同》受益权		900 000 000.00		900 000 000.00				0.00		
《安信创赢58号·百步亭流动资金贷款单位—资金信手合同》受益权		450 000 000.00		450 000 000.00				0.00		
合计	35 182 926.83	6 517 614 686.36	0.00	6 552 797 613.19	30 000 000.00	0.00	0.00	30 000 000.00		

图 7

（摘自《山东高速 2017 年年度报告》，网址为 http://www.cninfo.com.cn/new/disclosure/detail？plate=sse&orgId=gssh0600350&stockCode=600350&announcementId=1204556976&announcementTime=2018-03-31）

十一．采用公允价值计量的项目

适用

金额单位：元

项目名称	期初余额	期末余额	当期变动	对当期利润影响金额
恒大地产集团有限公司	**5 000 000 000.00**	**5 000 000 000.00**	—	—
益科大厦投资项目	—	56 893 198.11	—	—
南方水泥资产支持专项计划	—	35 709 250.00	—	—
诚泰租赁资产支持计划	—	68 331 941.10	—	—
平潭盈科投资项目	150 000 000.00		—	—
青岛五道口新能源汽车产业基金项目	—	1 000 000 000.00	—	—
山东高速文化传媒有限公司	17 614 686.36	17 614 686.36	—	—
山东高速绿城莱芜雪野开发有限公司	5 182 926.83	5 182 926.83	—	—
合计	5 172 797 613.19	6 690 732 002.40		

图 8

（摘自《山东高速 2019 年年度报告》，网址为 http://www.cninfo.com.cn/new/disclosure/detail？plate=sse&orgId=gssh0600350&stockCode=600350&announcementId=1207583421&announcementTime=2020-04-24）

19. 其他非流动金融资产

☐适用 ☐不适用

金额单位：元

项目名称	期初余额	期末余额
恒大地产集团有限公司股权投资	**5 000 000 000.00**	**5 000 000 000.00**
益科大厦投资项目	563 893 198.11	563 893 198.11
南方水泥资产支持专项计划	35 709 250.00	35 709 250.00
交银施罗德资产支持专项计划项目	38 563 162.01	68 331 941.10
中建共享 35 号基金项目	150 000 000.00	—
中冶建信壹号私募基金项目	185 980 000.00	—
合计	5 974 145 610.12	5 667 934 389.21

图 9

（摘自《山东高速 2020 年半年度报告》，网址为 http://www.cninfo.com.cn/new/disclosure/detail？plate=sse&orgId=gssh0600350&stockCode=600350&announcementId=1208248690&announcementTime=2020-08-26）

（3）以公允价值计量的金融资产

□适用 □不适用

金额单位：元

项目名称	期末公允价值
恒大地产集团有限公司	**5 000 000 000.00**
益科大厦投资项目	563 893 198.11
南方水泥资产支持专项计划	35 709 250.00
交银施罗德资产支持专项计划项目	38 563 162.01
山东高速文化传媒有限公司	17 614 686.36
中建共享 35 号基金项目	150 000 000.00
中冶建信壹号私募基金项目	185 980 000.00
山东铁路投资控股集团有限公司	300 000 000.00
山东高速新材料科技有限公司	16 000 000.00
山东潍莱高速铁路有限公司	31 626 837.00

图 10

（摘自《山东高速 2020 年半年度报告》，网址为 http://www.cninfo.com.cn/new/disclosure/detail？plate=sse&orgId=gssh0600350&stockCode=600350&announcementId=1208248690&announcementTime=2020-08-26）

应收股利

□适用 □不适用

金额单位：元

项目（或被投资单位）	期末余额	期初余额
恒大地产集团有限公司	—	**524 516 294.16**
济南畅赢交通基础设施投资基金合伙企业	75 037 985.75	
合计	75 037 985.75	524 516 294.16

图 11

（摘自《山东高速 2020 年半年度报告》http://www.cninfo.com.cn/new/disclosure/detail？plate=sse&orgId=gssh0600350&stockCode=600350&announcementId=1208248690&announcementTime=2020-08-26）

我又查了山东高速 2019 年年报（图 7 至图 10），在会计上是记入"以公允价值计量的金融资产"，2020 年半年报一样如此，并且"应收股利"科目收到了 5.24 亿元的分红。

从会计处理来看，如果以公允价值计量，中国恒大的三轮增资完成后，投资者合计向恒大地产投入 1 300 亿元资本金，共将获得恒大地产扩增后的股权，约 36.54% 权益，恒大地产总估值提至 4 252.3 亿元。截至 2020 年 9 月 29 日收盘，中国恒大报收 16.5 港元 / 股，跌幅 0.72%，总市值 2 155.39 亿港元。

对于山东高速如何在中国恒大 H 股股价不断波动之下，按公允价值计量账面价值是投资时的 50 亿元？按 2020 年 9 月 29 日的收盘价计算应该已减值一半。但在 2019 年年报中还是按 50 亿元计量，此次战略投资是否有附加债权的保证让山东高速可以按此来计量？（在中国恒大 2017 年 11 月 8 日的公告中曾提及，倘若重组协议在 2021 年 1 月 31 日前尚未完成，而未能完成并非由任何第三轮投资者造成，第三轮投资者将有权在有关限期届满后两个月内向凯隆置业提出下列要求：包括以原有投资成本回购第三轮投资者所持有的股权，或者由凯隆置业向战略投资者转让部分恒大地产股份，转让比例为战略投资者所持股份的 50%。）是否对赌的 50% 就是对中国恒大股权下跌引发的对战略投资价值下降的债性条款的补偿？

从理性的角度看，战略投资人可能是中国恒大的隐性的关联方，对于巨额的损失如此快速地接受，一定需要有超过眼前损失的中长期的利益。当然，从新闻媒体的报道就可以看出有的战略投资人是中国恒大的长期供应商。但从关联方关系的识别来看，此事件让中国恒大或者说实际控制人许家印潜在的隐性关联方浮出了水面。

《企业会计准则》中对此类投资是债还是股，或者是夹层权益，即既有债又有股，估计将会是中国资本市场的一个热门的会计问题。经济层面越来越需要会计计量来解决一些热门和难点问题，通过一个个会计案例企业对会计准则产生冲突或者突破，必然出现新的会计科目或者领域。估计未来的《企业会计准则》会出现美国会计准则中运用夹层权益来解决实务中越来越复杂的永续债、优先股、对赌等会计难题。

案例三　上市公司茅台股份财务公司信息披露

我注意到上市公司茅台股份财务公司 2020 年上半年利息收入 16.81 亿元，同比去年同期下降了 331 万元，但信用减值损失达到了 7 493 万元，比 2019 年同期上升 6 521 万元，仔细研读茅台股份财务公司的年报，见下表。

茅台股份财务公司 2019—2020 年度利息收入表

金额单位：元

项目	合并利润表			单体			财务公司等		
	2020 年半年度	2019 年半年度		2020 年半年度	2019 年半年度		2020 年半年度	2019 年半年度	同比差异
利息收入	1 681 566 612.08	1 684 883 536.24					1 681 566 612.08	1 684 883 536.24	−3 316 924.16
手续费及佣金收入		9 433.96					0.00	9 433.96	
利息支出	52 985 735.87	64 345 838.48					52 985 735.87	64 345 838.48	−11 360 102.61
手续费及佣金支出	327 091.95	269 060.71					327 091.95	269 060.71	58 031.24
信用减值损失（损失以"−"号填列）	−76 467 794.53	−11 695 002.49		−1 534 420.73	−1 975 130.91		−74 933 373.80	−9 719 871.58	−65 213 502.22

（根据茅台股份 2019 年、2020 年半年报整理计算，逻辑为合并报表减单体报表等子公司含财务公司等的合并报表）

我进一步研读了 2020 年半年度报告的附注，该变化是由财务公司存放同业、发放贷款及同业拆借计提的减值引起的，但还需要查查哪个具体项目引起的减值计提。图 12"信用减值损失"中"其他"项目发生额高达 −74 520 026.87 元。

38. 信用减值损失

□适用 □不适用　　　　　　　　　　　　　　　　　　金额单位：元

项目	本期发生额	上期发生额
其他应收款坏账损失	−1 947 767.66	−1 868 752.49
债权投资减值损失		
其他债权投资减值损失		
长期应收款坏账损失		
合同资产减值损失		
其他	**−74 520 026.87**	**−9 826 250.00**
合计	−76 467 794.53	−11 695 002.49
注：其他为公司控股子公司贵州茅台集团财务有限公司存放同业、发放贷款及同业拆借计提的减值准备。		

图 12

（摘自《贵州茅台酒股份有限公司 2020 年半年度报告》）http://www.cninfo.com.cn/new/disclosure/detail？ plate=sse&orgId=gssh0600519&stockCode=600519&announcementId=1208093512&announcementTime=2020-07-29

图 13"贷款减值准备"76 062 500 元与图 13"信用减值损失"中的"其他"项目发生额 −74 520 026.87 元的金额接近。图 14 为图 13 的下级具体附注，进一步核实 2020 年第二季度茅台财务公司新贷给控股股东茅台集团 30 亿元的信用贷款引起的新增贷款减值准备。

9. 发放贷款和垫款

　　　　　　　　　　　　　　　　　　　　　　　　　　金额单位：元

项目	期末余额	期初余额
发放贷款及垫款	2 966 437 500.00	48 750 000.00
贷款	3 042 500 000.00	50 000 000.00
贷款及垫款总额	3 042 500 000.00	50 000 000.00
减：贷款减值准备	**76 062 500.00**	**1 250 000.00**
其中：单项计提数	76 062 500.00	1 250 000.00
发放贷款及垫款账面价值	2 966 437 500.00	48 750 000.00

图 13

（摘自《贵州茅台酒股份有限公司 2020 年半年度报告》http://www.cninfo.com.cn/new/disclosure/detail？ plate=sse&orgId=gssh0600519&stockCode=600519&announcementId=1208093512&announcementTime=2020-07-29）

D. 发放贷款和垫款

金额单位: 元

项目	关联方	2020 年 6 月 30 日
抵押贷款	贵州茅台酒厂（集团）昌黎葡萄酒业有限公司	12 500 000.00
抵押贷款	珠海经济物区龙狮瓶盖有限公司	30 000 000.00
信用贷款	**中国贵州茅台酒厂（集团）有限责任公司**	**3 000 000 000.00**
合计		3 042 500 000.00
减：贷款减值准备		76 062 500.00
发放贷款及垫款账面价值		**2 966 437 500.00**

图 14

（摘自《贵州茅台酒股份有限公司 2020 年半年度报告》http://www.cninfo.com.cn/new/disclosure/detail？ plate=sse&orgId=gssh0600519&stockCode=600519&announcementId=1208093512&announcementTime=2020-07-29）

通过以上三步的查询年报披露资料 6 521 万元。原因是茅台股份公司通过子公司茅台财务公司新增发放给控股股东茅台集团 30 亿元的信用贷款引起的新增贷款减值准备。

我对减值准备的三点思考如下：

第一，关联方的贷款是否需要计提减值。集团财务公司发放给关联方的贷款是否需要计提减值准备。

第二，财务公司的关联交易是否需要更加规范与透明。对于茅台财务公司发放给关联方的贷款是否需要通过上市公司事前的公告计入关联交易的董事会审批流程中。通过查询公司关联交易审批公告中只有一个年度日常交易的额度，并没有包含关联方的贷款和资金的存放等涉及财务公司事项的审批。

第三，对于上市公司中含有财务公司的会计报表的披露和列报是否应该更加规范化，将财务公司单独披露。

总之，外部信息的使用者对于上市公司中有财务公司等金融业务的公司需要更多地从信息披露的角度进行细化，才能让投资者更好地获取投资决策所需要的信息。

第4章
第四大难题：合并报表

只要有资本市场存在，合并报表的纳
入范围与核算方式的争执就会持续下去。

▶▶ 合并报表的本质

在会计实务中，合并报表是一项技术含量极高的工作，一般只有在上市公司和大中型集团企业才设有专门的合并报表管理岗位，有些企业由财务经理来负责财务报表合并工作。对大多数财务人来说还是很少接触到合并报表。正因为实务操作过的人少，才让合并报表显得高深莫测。

合并财务报表，是指反映母公司和其全部子公司形成的企业集团整体财务状况、经营成果和现金流量的财务报表。

母公司，是指控制一个或一个以上主体（含企业、被投资单位中可分割的部分，以及企业所控制的结构化主体等）的主体。

子公司，是指被母公司控制的主体。

——摘自《企业会计准则第 33 号——合并财务报表》
2014 年 2 月 17 日财政部财会〔2014〕10 号修订公布

企业合并报表是财务工作中专业性非常强的工作。随着我国经济的发展，企业收购、兼并、重组不断涌现。实务中出现了 VIE 架构、信托、SPV[①]等经济业务合作方式，比如小米集团在上市招股书中披露的小米生态链企业模式等，实质上是经济业务收购兼并的实践已经超越会计理论的更新，按经济业务的实质进行会计合并的处理，才能向报表使用者提供更加有效的报表信息进行相关决策。

会计合并理论有三种：第一，母公司理论，是将少数股东视为负债处理；第二，所有权理论，是按股权份额进行比例合并；第三，经济实体理论，是将少数股东视为所有者权益处理，《企业会计准则》是按经济实体理论进行处理的。三种理论各有优劣，实务中按经济实体理论进行会计处理产生会计主体没有实际控制人无法合并的情况，比如，两个投资者合资成立子公司，各占子公司 50% 的股权都无法在董事会占有多数席位达到对子公司的控制，就产生了子公司报表无法纳入母公司合并报表范围的情况，此时的会计信息就会失真。实务中还有很多此类情况产生，并带来企业对下属公司并表或不并表的会计难题。

---

① SPV（Special Purpose Vehicle，简称 SPV），在证券行业，SPV 公司指特殊目的载体，也称为特殊目的组织（公司），其职能是购买和打包证券资产，并在此基础上发行证券资产，在证券离岸资产的过程中向外国投资者筹集资金。最初的概念源于风险隔离设计，主要是为了达到"破产隔离"的目的。

►► 如何解决合并报表难题

并表或不并表成为企业，特别是金融控股企业成败的关键，比如包商银行破产，背后就是明天控股有限公司创始人肖建华在会计上利用了合并报表准则落后于实践的漏洞所致。实务中无论是国企还是上市公司，或者民营企业集团都有运用合并"创新"对业务进行会计艺术化的处理，以满足业绩考核、企业融资、行业监管税负降低等各种目的。《企业会计准则》对于企业合并的规定实际上已经成为某些利益集团一种操纵的工具。

当然，还有通过对《企业会计准则》合并报表帮助了一些企业取得了高速发展所需要的竞争优势，并且发展壮大，成为大而不倒的巨型集团企业。

实际上，国外一样有很多此类操作，美国 GE 公司可以长期预测华尔街金融分析师的季报业绩盈利，所用的手法中最重要的就是运用合并报表操作。当然，还有合并报表抵销的创新等会计手法。无论是起家时的收购，还是现在公司的合并报表，笔者认为伯克希尔·哈撒韦公司是一个巨型的金融控股平台。它对投资标的公司的目的不是控制，无论会计上如何核算，特别是合并报表上不并入它的集团公司，因此收入、成本都是一样的。只是为了长期持有投资公司的股权以取得长期的收益，收益来源于分红和被投资公司股票的长期成长。但实际上，我们看到伯克希尔·哈撒韦公司报表时，有巨额的收入和成本，以及巨额的现金，都是巴菲特的长期价值投资实践通过神奇的会计准则带来的副产品，投资的公司因为会计报表合并准则的规定，可以将拥有巨额现金的公司并表带来副产品。

还有最让人看不懂的银行等金融公司的理财产品合并的处理。笔者认为实际上银行理财产品是无实际控制人的信托，但实务中大量银行都有不同的会计处理。当然，合并报表是一门玄学，有人认为应该由法律专家给出一定的判断来看银行的理财产品是否同时满足三个条件：拥有权力、享有可变回报、影响回报金额。但这样判断真的可靠吗？我们无法预知未来，只要知道未来此产品是否达成预期收益，实际上还是有办法来进行判断的。但估计所有人都没有这个能力，只能运用审计师个人的职业判断和一些实务界的案例来进行推演，最后就看企业管理层、审计和监管的三方博弈。

从以上看是不是企业合并的理论远远落后于实践了，比如小米集团供应链商业模式的创新；银行理财产品并表与出表。现在的会计信息技术日新月异之下还需要进行合并报表吗，还是只披露母公司报表和合并报表？笔者认为，企业合并理论以及《企业会计准则》都是基于以前计量技术的时代产物。现在的大数据、云计算以及区块链等新的智能技术，可以通过制作所有投资的个别会计报表来解决以上问题。目前企业只披露准则要求的合并报表和母公司报表，但实际上只需要披露企业所有投资的产品或者公司的报表就可以解决合并的问题，对于并表的子公司一样需要披露单独报表以及内部关联交易。不并表在长期股权投资核算的合营公司或者参股公司按并表公司的要求披露。对于理财产品等金融资产可以按风险和重要性要求披露产品的个别报表以及与所有公司关联方的交易。阳光和透明是信息披露的最好武器，让投资者自己去定义千人千面的个性化合并报表，应该是现有技术下可以实现的会计创新。

总之，只有不断地迭代创新会计理论与实践才能让会计基业长青。

如何有效解决并表与否的会计难题建议如下：

第一，获得完整的企业收购兼并的信息；

第二，财务人员参与到企业的收购兼并决策中，对企业收购兼并事前提出财税意见；

第三，与企业的审计师进行高效的事前沟通，确定企业合并的会计政策以及实践细则。

▶▶ 合并报表存在操纵空间

合并报表背后的终极问题是哪些企业能纳入合并范围？这个实务难题，它可能会引发企业会计报表，特别是利润表发生神奇的变化。例如，中国资本市场中出现的财务出身的乐视创始人"贾会计"，他通过合并报表创造出乐视帝国之商业黑洞。从会计角度来看，通过合并，达到会计收入并入财务报表，实现会计亏损由少数股东负担。会计是人创造出来的学问，所以实际上合并报表就是一门技术或者说是一门艺术，会计泡沫让利益相关方都取得各自所需要的利益时，一切都如此的美丽和谐。但有一天泡沫总会破灭，让所有的利益方的纸面财富都灰飞烟灭，实际上相信在现在的资本市场有一批"贾会计"正在疯狂通过合并报表技术秘制资本泡沫，并赚取巨额的财富。无论是中小股东还是大股东，或者是银行、客户、供应商、员工等最后都会为会计泡沫的破灭买单。

并购是企业发展到一定阶段必备武器，在上市公司中被广泛运用，并在企业的做强做大过程中发挥了巨大的作用。从吉利控股集团有限公司（以下简称"吉利集团"）收购沃尔沃集团的案例可以充分看到并购给吉利集团带来的巨大收益。在此想讨论的是从财务角度看并表与不并表的问题以及带来的相关影响。

第一，并表的条件是什么？会对收购方企业带来什么样的财务后果。

在实务中，并购企业存在双方的博弈。无论收购方多强大，在并购中都会存在巨大的风险，特别是对被并购企业的过去以及未来的财务风险，以及控制被并购企业的经营都需要有一个磨合的过程。从财务角度看并购企业并表的条件实际上是拥有对被收购企业的控制权，特别是在法律角度上的控制权，实质上是最终的认定标准。

合并达到控制之后的被收购企业的财务报表都可以记入收购企业的合并报表中，从财务角度看就是被收购企业的个别资产负债表、利润表以及现金流量表需要分成，时间点为本年并购日前、并购日后。对并购日后的资产负债表、利润表以及现金流量表都可以记入企业合并报表中。

所以，并购日或者叫并表日对于收购企业很重要。当然，一样存在一定的筹划的空间，对于收购企业来说，可以控制被收购企业的并购日来进行一定的收入、利润的短期规划，达成一定的业绩目标。

第二，并表与不并表的成败案例。

乐视对下属子公司只并表收入，但不承担子公司的亏损，操纵合并报表。2018年第一季度雅戈尔集团股份有限公司通过对投资在香港上市的中信股份会计核算方法从可供出售金融资产变为权益法的会计操纵（利用中信股份的市值低于净资产）产生7.5亿元的巨额盈利，后续又在各方压力下于2018年4月26日发表公告，在立信会计师事务所的建议下继续对此改回到了原会计处理方法。实务中还有很多此类的案例，可以供我们分析。

第三，并表与不并表的思考。

因《企业会计准则》的处理方法存在与企业合并业务在经济实质上不匹配，所以在实务中，产生了大量对《企业会计准则》运用以达成企业各方利益最大化。

"道高一尺，魔高一丈"，会计准则与企业对会计报表博弈将会一直持续下去。并表与不并表是个问题？相信平衡好《企业会计准则》与企业利益各方的关系是解决之道。最重要的还在于会计人如何创新并运用到企业实战中。

股权投资产生了核算问题，合并报表也随之产生。按现行《企业会计准则》的规定，一般来讲，存在两个分界线：股权占比 50% 和 20%，会计处理出现了三种情况：

第一种，持股超过 50%（不含 50%），即子公司需要在母公司投资时按成本法进行会计核算，并在合并财务报表时将子公司的财务报表合并入母公司的合并报表中，抵销关联交易的影响。

第二种，持股大于 20% 小于 50%（含 50%）的合营企业或者联营企业，需要在母公司投资时按权益法进行会计核算，通过权益法将所占份额的所有者权益计入母公司的资产中，并将合营企业或者联营企业的净利润按所占份额计入当期的投资收益，不将联营或者合营企业的报表纳入合并报表中。

第三种，小于 20%（含 20%），在投资的单体报表中按金融资产进行会计核算，可以指定为以公允价值计量且其变动计入其他综合收益的金融资产，或者以公允价值计量且其变动计入当期损益的金融资产（不考虑特殊指定情况下）。

▶▶ **出表与入表变脸术**

1. 出让股权变身法

股权投资可以分为两类：一类是出让股权变身法；另一类是收购股权变身法。出让股权变身法是从子公司出让股权来达到变身为合营或联营企业、参股投资企业，会计结果上都会出表。一般"猪崽养肥了是用来卖的"巨额亏损子公司高估值引入战略投资者，出让股权分担前期亏损。失去子公司控制权出表，会产生一次性由其他股东分担前期亏损带来的巨额收益。同时由于子公司的出表，合并会计报表中资产和收入规模一次性瘦身。从后续会计处理来说，合营或联营企业运用权益法进行会计核算可以用企业的净资产进行后续核算。参股企业可以用公允价值进行核算，并多了一种会计核算选择，可以指定其他综合收益进行会计核算选择权（公允价值的变动不计入利润表，直接计入所有者权益），见下表。

股权投资合并报表处理

项目	股份条件	合并报表	公允价值计量	净资产计量	减值测试	会计处理差异
子公司	股份大于50%控制	并表			公允价值、净资产取高	子公司所有资产、负债、收入、利润入表
联营、合营企业	股份大于20%小于50%（含50%）	出表		✔	公允价值、净资产取高	联营、合营企业只按股份比例净额入账，后续计量企业净资产变动计入利润表的投资收益项目
参股企业	股份小于20%（含20%）	出表	✔		公允价值、净资产取高	参股企业只按股份比例以成本入账，可选择其他综合收益，公允价值变动不入利润表。选择公允价值将价值变动直接计入利润表

变身法一：子公司失去控制权（股份大于50%）变身为联营或合营企业，即股份大于20%，小于50%（含50%）。

以长安汽车（重庆长安汽车股份有限公司，简称"长安汽车"）为例介绍。长安汽车通过全资子公司重庆长安新能源汽车科技有限公司（以下简称"新能源公司"）的引入战略投资者28.40亿元的资金出让51.05%股份，将持有的新能源公司的股权比例下降到48.95%（图1至图3）。

2. 出售重大股权情况

☑ 适用 □ 不适用

2019年12月3日，长安汽车全资子公司重庆长安新能源汽车科技有限公司（以下简称"新能源科技公司"）引入四家战略投资者，公司放弃增资的优先认购权。该增资旨在加速"香格里拉计划"的布局落地实施，实现公司长远发展目标的需要。增资完成后，公司持有的新能源科技公司的股权比例由100%下降为48.9546%，丧失新能源科技公司的控制权，预计对合并报表产生的影响为增加净利润22.91亿元，产生的利润将计入2020年，具体影响以公司年审审计师的审计结果为准，详见《关于全资子公司以公开挂牌方式增资扩股暨公司放弃增资扩股优先认缴出资权的公告》（公告编号：2019-67）。2020年1月13日，该事项经2020年第一次临时股东大会审议通过（公告编号：2020-04）。

图1

（摘自《重庆长安汽车股份有限公司2019年年度报告》，网址为http://www.cninfo.com.cn/new/disclosure/detail？plate=szse&orgId=gssz0000625&stockCode=000625&announcementId=1207683412&announcementTime=2020-04-30）

金额单位：元

项　目	年初至报告期期末金额	说　明
非流动资产处置损益（包括已计提资产减值准备的冲销部分）	1 354 464.30	
计入当期损益的政府补助（与企业业务密切相关，按照国家统一标准定额或定量享受的政府补助除外）	57 408 092.65	
计入当期损益的对非金融企业收取的资金占用费	5 578 426.09	
除同公司正常经营业务相关的有效套期保值业务外，持有交易性金融资产、衍生金融资产、交易性金融负债、衍生金融负债产生的公允价值变动损益	341 035 600.71	
除上述各项之外的其他营业外收入和支出	319 830.16	
其他符合非经常性损益定义的损益项目（注）	2 084 267 795.46	
减：所得税影响额	65 074 332.57	
少数股东权益影响额（税后）	487 170.55	
合计	2 424 402 706.25	

注：全资子公司重庆长安新能源汽车科技有限公司引入战略投资者，公司对其丧失控制权后确认的非经常性损益。对公司根据《公开发行证券的公司信息披露解释性公告第 1 号——非经常性损益》定义界定的非经常性损益项目，以及把《公开发行证券的公司信息披露解释性公告第 1 号——非经常性损益》中列举的非经常性损益项目界定为经常性损益的项目，应说明原因。

公司报告期不存在将根据《公开发行证券的公司信息披露解释性公告第 1 号——非经常性损益》定义、列举的非经常性损益项目界定为经常性损益的项目的情形。

图 2

（摘自《重庆长安汽车股份有限公司 2020 年第一季度报告》，网址为 http://www.cninfo.com.cn/new/disclosure/detail？ plate=szse&orgId=gssz0000625&stockCode=000625&announcementId=1207683432&announcementTime=2020-04-30）

　　在 2020 年一季度完成了交易以及相关控制权的转移手续达到了失去控制子公司出表的标准，并在 2020 年第一季度实现了预测净利润影响为 22.91 亿元，实际为 20.84 亿元的出表一次性会计收益计入 2020 年一季度的利润中，预计利润与际利润的差异可能源于新能源公司的评估日至实际交割日之间的持续亏损产生的影响，依据安永华明会计师事务所的审计《重庆长安新能源汽车科技有限公司已审资产负债表（2019 年 3 月 31 日）》审计评估日为 2019 年 3 月 31 日，到出表日累计亏损为 4.23 亿元（图 4）。

关于重庆长安汽车股份有限公司放弃权利事项预期产生利润的专项说明

重庆长安汽车股份有限公司：

我们接受委托，审计重庆长安汽车股份有限公司（以下简称"长安汽车"）的财务报表，包括 2018 年 12 月 31 日的合并及公司资产负债表，2018 年度合并及公司利润表，股东权益变动表和现金流量表及财务报表附注，并于 2019 年 4 月 19 日出具了安永华明（2019）审字第 60662431_D01 号审计报告，审计意见为标准无保留意见。

根据深圳证券交易所《主板信息披露业务备忘录第 2 号——交易和关联交易》的相关规定，现对长安汽车放弃权利事项预期产生利润情况说明如下：

一、交易概述

长安汽车的全资子公司重庆长安新能源汽车科技有限公司（以下简称"新能源科技"）拟通过公开挂牌增资扩股的方式引入战略投资者，长安汽车放弃本次增资的优先认购权。截至 2019 年 12 月 3 日，共有四家投资者向上海联合产权交易所递交了投资意向登记材料，计划投资人民币 2 840 000 000 元，其中人民币 103 228 178 元用于认缴注册资本，剩余部分计入资本公积，已缴纳保证金为人民币 92 200 000 元。新能源科技完成增资后的股权结构如下：

股东名称	出资额	比例
长安汽车	99 000 000	48.954 6%
南京润科产业投资有限公司	36 347 950	17.997 37%
重庆长新股权投资基金合伙企业（有限合伙）	36 347 950	17.997 37%
重庆两江新区承为股权投资基金合伙企业（有限合伙）	26 897 483	13.300 6%
重庆南方工业股权投资基金合伙企业（有限合伙）	3 634 795	1.797 4%
合计	202 228 178	100%

二、预计放弃权利事项对长安汽车合并报表利润的影响

新能源科技的增资扩股计划完成后，长安汽车持有新能源科技的股权比例下降为 48.954 6%，丧失对新能源科技的控制，新能源科技同子公司变更为联营企业。于丧失控制日，长安汽车对新能源科技的股权按照公允价值进行重新计量，并采用权益法进行后续核算。根据长安汽车及新能源科技于 2019 年 10 月 31 日的未审财务信息，若以新能源科技投资者增资价格为基础推算 55.64 亿元作为完成增资后长安汽车持有对新能源科技股权的公允价值，长安汽车预计放弃权利事项预期对其合并报表产生的净利润影响为 22.91 亿元。本次交易在股东大会批准后生效，若增资完成日经审计的长安汽车及新能源科技财务信息以及新能源科技的公允价值发生变化，则该等交易对合并报表的净利润影响将发生变更，其影响以审定数为准。

图 3

（摘自《关于公司放弃权利事项预期产生利润的专项说明》，网址为 http://www.cninfo.com.cn/new/disclosure/detail？ plate=szse&orgId=gssz0000625&stockCode=000625&announcementId=1207134262&announcementTime=2019-12-04）

重庆长安新能源汽车科技有限公司		（2019 年 3 月 31 日）
		金额单位：元
负债及所有者权益		
流动负债		
应付账款		1 085 519 036.72
其他应付款		208 007 301.46
预收账款		83 252 094.93
应付职工薪酬		406 491.51
应交税费		467 111.71
其他流动负债		64 072 662.63
流动负债合计		**1 441 724 698.96**
非流动负债		
预计负债		29 016 000.00
非流动负债合计		**29 016 000.00**
负债总计		**1 470 740 698.96**
所有者权益		
实收资本		99 000 000.00
资本公积		1 139 742 571.49
未分配利润		(423 863 823.66)
所有者权益合计		**814 878 747.83**
负债及和所有者权益总计		**2 285 619 446.79**

图 4

［重庆长安新能源汽车科技有限公司已审资产负债表（2019 年 3 月 31 日），网址为 http://www.cninfo.com.cn/new/disclosure/detail ？ plate=szse&orgId=gssz0000625&stockCode =000625&announcementId=1207134266&announcementTime=2019-12-04 ］

增资扩股资产评估报告如图 5 至图 8 所示。

重庆长安新能源汽车科技有限公司拟增资扩股涉及其股东全部权益 价值评估项目资产评估报告				
				金额单位：万元
项目	账面价值	评估价值	增减值	增值率 %
流动资产	225 474.59	223 754.38	−1 720.21	−0.76
非流动资产	3 087.35	19 687.17	192 599.82	6 238.35
其中：可供出售金融资产	—	—	—	—
持有至到期投资	—	—	—	—
长期应收款	—	—	—	—
长期股权投资	—	—	—	—
投资性房地产	—	—	—	—

固定资产	1 719.42	1 674.71	−44.71	−2.60
在建工程	–	–	–	–
工程物资	–	–	–	–
固定资产清理	–	–	–	–
生产性生物资产	–	–	–	–
油气资产	–	–	–	–
无形资产	301.85	192 946.38	192 644.53	63 821.28
开发支出	1 066.08	1 066.08	–	–
商誉	–	–	–	–
长期待摊费用	–	–	–	–
递延所得税资产	–	–	–	–
其他非流动资产	–	–	–	–
资产总计	228 561.94	419 441.55	190 879.61	83.51
流动负债	144 172.47	–	–	–
非流动负债	2 901.60	–	–	–
负债合计	147 074.07	147 074.07	–	–
净资产（所有者权益）	81 487.87	272 367.48	190 879.61	234.24

图 5

（摘自《重庆长安新能源汽车科技有限公司拟增资扩股涉及其股东全部权益价值评估项目资产评估报告》，网址为 http://www.cninfo.com.cn/new/disclosure/detail？plate=szse&orgId=gssz0000625&stockCode=000625&announcementId=1207134265&announcementTime=2019-12-04）

5、其他原因的合并范围变动

(1) 报告期内新设的子公司

公司名称	注册地	业务性质	注册资本（万元）	本集团合计持股比例
重庆长安汽车软件科技有限公司	重庆	销售	9 900	100%

(2) 报告期内注销的子公司

□适用 ☑不适用

报告期内注销的子公司及其相关情况：

□适用 ☑不适用

(3) 报告期内其他减少的子公司

重庆长安新能源汽车科技有限公司引入战略投资者，公司丧失对其控制权，对其持股比例降为48.96%，不再将其纳入合并范围，并按权益法对其进行后续计量。

图 6

（摘自《重庆长安汽车股份有限公司2020年半年度报告》网址为 http://www.cninfo.com.cn/new/disclosure/detail？plate=szse&orgId=gssz0000625&stockCode=000625&announcementId=1208323262&announcementTime=2020-08-31）

3. 在联营企业中的权益

公司名称	主要经营地	注册地	业务性质	注册资本（万元）	持股比例 (%)		会计处理
					直接	间接	
二、联营企业							
重庆长安跨越车辆有限公司	重庆市	重庆市	生产销售汽车及零部件	6 533	34.30		权益法
重庆市长安跨越车辆营销有限公司	重庆市	重庆市	销售长安跨越品牌汽车及零部件	300	34.30		权益法
北京房安新月出租汽车有限责任公司	北京市	北京市	区域出租汽车客运	2 897.96	20.70		权益法
长安汽车金融有限公司	重庆市	重庆市	提供购车贷款业务、与购车融资活动相关的咨询代理业务及与汽车金融业务相关的其他业务	476 8431	28.66		权益法
海南省安心行信息科技有限公司	澄迈县	澄迈县	软件及硬件的技术开发及咨询、汽车零配件销售	3 000	30.00		权益法
南京车来出行科技有限责任公司	南京市	南京市	汽车销售、租赁、软件技术开发、技术服务	10 000	10.00		权益法
湖南国芯半导体科技有限公司	株洲市	株洲市	功率半导体领域内的技术开发咨询、技术服务、技术转让	50 000	25.00		权益法
北京梧桐车联科技有限责任公司	北京市	北京市	技术开发、转让及咨询服务	20 000		49	权益法
安和(重庆)股权投资基金管理有限公司	重庆市	重庆市	股权投资管理	1 000		25	权益法
杭州车厘子智能科技有限公司	杭州市	杭州市	汽车出行服务	630		20	权益法

巴基斯坦玛斯特汽车有限公司	巴基斯坦拉合尔	巴基斯坦拉合尔	生产销售汽车及零部件	75 000（巴基斯坦卢比）		30	权益法
江铃控股有限公司	南昌市	南昌市	生产销售汽车及零部件	200 000	25.00		权益法
南京领行股权投资合伙企业（有限合伙）	南京市	南京市	股权投资以及相关服务	876 000	16.39		权益法
南京领行股权投资管理有限公司	南京市	南京市	私募股权投资基金管理及相关服务	1 000	15.00		权益法
重庆长安新能源汽车科技有限公司	重庆市	重庆市	销售	20 223	48.96		

图 7

（摘自《重庆长安汽车股份有限公司 2020 年半年度报告》，网址为 http://www.cninfo.com.cn/new/disclosure/detail？plate=szse&orgId=gssz0000625&stockCode=000625&announcementId=1208323262&announcementTime=2020-08-31）

8. 股权结构

金额单位：

股东单位	增资后持股情况	
	增资后注册资本	持股比例
长安汽车	9 900	48.954 6%
南京润科	3 634.795 0	17.973 7%
长新基金	3 634.795 0	17.973 7%
两江基金	2 689.748 3	13.300 6%
南方工业基金	363.479 5	1.797 4%
合计	20 222.817 8	100.00%
2020年1月21日，新能源科技公司已经收到4名战略投资者缴纳的增资款项合计14.2亿元，占全部交易价款的50%。4名战略投资者有能力、有计划支付剩余款项，按照增资协议约定，在一期增资到位后的6个月内完成剩余增资价款的缴纳。		

图 8

（摘自《关于全资子公司以公开挂牌方式增资扩股暨公司放弃增资扩股优先认缴出资权的进展公告》，网址为 http://www.cninfo.com.cn/new/disclosure/detail？plate=szse&orgId=gssz0000625&stockCode=000625&announcementId=1207303324&announcementTime=2020-02-12%2011:40）

变身法二：子公司（股份大于 50%）变身为参股企业，即股份小于 20%（含 20%）。

子公司在会计上的合并口径是并表，通过出售子公司多数或全部股权产生有利影响：一类是原子公司巨额亏损，但估值远高于净资产，企业通过直接变现方式产生一次性收益（或者保留少数股权可以享受未来子公司带来的估值增长的收益，特别是新经济企业通过 IPO 可以实现以倍数计的估值）；另一类是对长期亏损且资不抵债的子公司重组，通过出售或引入资本来达到高于账面净资产的收益，同时减少未来的持续亏损。

变身法三：联营或合营企业变身为参股企业，即股份小于 20%（含 20%）。以姚记科技为例说明。

2014 年，上海姚记科技股份有限公司（以下简称"姚记科技"）投资上海细胞治疗集团有限公司（以下简称"细胞治疗公司"），持有其 22% 的股权，公司委派了董事参与管理。

2019 年，细胞治疗公司引进新的战略投资者，融资规模 9.25 亿元，融资完成后，姚记科技持有细胞治疗公司 14.21% 的股权，细胞治疗公司董事会成员新增为 12 名，公司委派董事 1 名。

鉴于姚记科技持有细胞治疗公司股权的比例已大幅下降，且姚记科技明确转型互联网游戏版块，无意参与细胞治疗公司管理。细胞治疗公司经 2020 年 3 月 10 日股东会决议，姚记科技不再拥有细胞治疗公司董事会席位，细胞治疗公司相应修改公司章程。考虑公司已经不再对细胞治疗公司具有委派董事的权力，不再参与细胞治疗公司财务和经营政策决策的权力，根据《企业会计准则第 2 号——长期股权投资》以及《2010 年企业会计准则讲解》等相关规定，姚记科技对细胞治疗公司失去了重大影响。根据姚记科技对细胞治疗公司股权的持股目的和计划：对目前持有细胞治疗公司的 14.21% 股权，姚记科技有意向于一年内进一步处置细胞治疗公司的部分股权，收回投资成本，降低投资风险。姚记科技不再拥有细胞治疗公司董事会席位后，对持有的细胞治疗公司股权以出售股权获利为目的，具有交易性目的。

2020 年 4 月 7 日，姚记科技召开第四届董事会第四十五次会议，审议通过了《关于会计核算方法发生变更的议案》，对细胞治疗公司股权指定为以公允价值计量且变动计入当期损益的金融资产，并按照公允价值进行后续计量。股权改按《企业会计准则第 22 号——金融工具确认和计量》核算，其在丧失共同控制或重大影响之日的公允价值与账面价值之间的差额 358 622 731.37 元计入当期损益，同时原股权投资因采用权益法核算而确认的其他权益变动 151 124 557.70 元，在终止采用权益法核算时全部转入投资收益。

根据上海众华资产评估有限公司出具的《上海姚记科技股份有限公司拟转让其持有的上海细胞治疗集团有限公司部分股权所涉及的股东全部权益价值资产评估报告》（沪众评报字〔 2021 〕第 0042 号），截至 2020 年 12 月 31 日，细胞治疗公司股东全部权益价值为 512 600 万元。公司按股权比例享有的公允价值为 728 499 820.23 元，确认公允价值变动收益 99 625 121.73 元。

（摘自于《上海姚记科技股份有限公司 2020 年年度报告》）

2019 年，姚记科技投资的细胞治疗公司引进新的战略投资者后，股权从 22% 被稀释为 14.211 9%。通过一系列公司管理层的决策和会计政策选择，2020 年，将细胞治疗公司从联营或合营企业变身为参股企业。会计核算上从 2019 年联营企业按细胞治疗公司的净资产计量变身为 2020 年 3 月 10 日对股权采用公允价值计量。通过一次性转化带来了 3.58 亿元加上 1.51 亿元的收益，合计 5.09 亿元的利润贡献。2020 年 12 月 31 日，通过资产评估报告，又确认 0.99 亿元。2020 年，通过变身一共贡献了近 6.09 亿元，同时姚记科技的净利润为 11.34 亿元，占净利润的比重高达 53.73%。

具体时间线及会计分录如下。

时间线一：2019 年，细胞治疗公司引进了新的战略投资者，融资规模 9.25 亿元。融资完成后，公司持有细胞治疗公司 14.211 9% 的股权，细胞治疗公司董事会成员新增为 12 名，公司委派董事 1 名。

此时未进行会计处理。

时间线二：2020 年 4 月 7 日，姚记科技召开第四届董事会第四十五次会议，审议通过了《关于会计核算方法发生变更的议案》，对细胞治疗公司股权指定为以公允价值计量且变动计入当期损益的金融资产，并按照公允价值进行后续计量。

编制会计分录如下。

借：其他非流动金融资产——细胞治疗公司 628 874 698.50

　　资本公积 151 124 557.70

贷：长期股权投资——细胞治疗公司 270 251 967.13

　　投资收益 509 747 289.07

时间线三：截至 2020 年 12 月 31 日，细胞公司股东全部权益价值为 512 600 万元。公司按股权比例享有的公允价值为 728 499 820.23 元，确认公允价值变动收益 99 625 121.73 元。

编制会计分录如下。

借：其他非流动金融资产——细胞治疗公司 99 625 121.73

贷：公允价值变动收益 99 625 121.73

股权变化会计处理结果总结见下表。

不同条件下股权变化的会计处理

项目	股份条件	合并报表	公允价值计量	净资产计量	减值测试	会计处理差异
子公司	股份大于50%控制	并表			公允价值、净资产两者取高数值	子公司所有资产、负债、收入、利润入表
联营、合营企业	股份大于20%，小于50%（含50%）	出表			公允价值、净资产两者取高数值	联营、合营企业只按股份比例净额入账，后续计量企业净资产变动计入利润表投资收益项目
参股企业	股份小于20%（含20%）	出表			公允价值、净资产两者取高数值	参股企业只按股份比例成本入账。可选择其他综合收益，公允价值变动不入利润表。选择公允价值将价值变动直接计入利润表

参考上表中的联营、合营企业与参股企业会计结果的不同。正如本案例中时间线一是股份的关键变动，但在 2019 年与 2020 年股份数未变动的情况下，姚记科技还是可以对持有股权的目的变动，通过时间线二放弃委派董事的权力来将投资变为财务性投资，以公允价值计量。更加有趣的是时间线三，通过评估来带来公允价值计量利润。

本案例还是反映《企业会计准则》存在逻辑上的问题，背后是资产负债表观与利润表观的冲突和博弈，基于利润表观的历史成本是不确认股权投资的公允价值变动带来的暂时性价值波动。但现行会计准则是部分以资产负债表观的公允价值变动来计量股权资产。在子公司，联营、合营企业，参股企业变化时就会带来巨大的波动，对企业短期利润造成冲击。本案例中细胞治疗公司在股权未变现的情况下，按公允价值计量就是一例。当然，更为重要的是持有目的不同就从联营企业变为了参股企业，从经济实质来看，2019 年，姚记科技持有细胞治疗公司的股权资产到底与 2020 年的有什么本质的不同？难道只是放弃了董事席位就能产生 5.09 亿元的一次性收益，真的符合经济业务的实质吗？

2. 收购股权变身法

收购股权变身法分为收购控制权变身法、收购影响变身法。

（1）收购控制权变身法：参股公司股份小于 20%（含 20%）变身子公司（股份大于 50%）或直接收购（股份升到 50% 以上）。

以姚记扑克股份收购成蹊科技控股权变身法为例，如图 9 至 11 所示。

第四节　经营情况讨论与分析

一、概述

2018 年，公司为谋求变革、转型升级，在"基于传统主业围绕大健康、大娱乐的战略方向，逐步实现以手游为业务重心，不断向互联网领域，扩张文化娱乐平台建设"的整体长远目标下，董事会与经营管理层主动应对市场变化，积极开展各项工作。报告期内，实现营业收入 94 371.53 万元，较上年同期增长 42.42%，实现利润总额 22 190.18 万元，较上年同期增长 106.78%，归属于上市公司股东的净利润 12 971.11 万元，较上年同期增长 68.83%，基本每股收益 0.3266 元。业绩增长原因主要为公司成功收购了成蹊科技公司，并将成蹊科技纳入合并报表所致。主要经营与管理情况如下：

二、稳步推进对外投资，寻求新的利润增长点

报告期内，公司稳步推进"大娱乐""大健康"战略，出资 66 812.50 万元成功收购了成蹊科技 53.45% 股权，同时控股子公司万盛达扑克出资 11 925 万元成功收购了大鱼竞技 25% 股权，渐进式完善了公司产业转型升级，进一步实现了公司的"大娱乐"发展战略，保持公司持续、健康、快速的发展，并提升了公司综合竞争力和盈利能力，为公司股东创造更好的回报。

成蹊科技的业绩承诺额在 2018 年至 2021 年里，分别为 1 亿元、1.2 亿元、1.4 亿元、1.6 亿元，如业绩承诺全部完成，将为公司带来长期稳定、持续的财务收益，同时为股东创造更大价值。截至报告期末，成蹊科技实现扣除非经常性损益的净利润为 17 361.60 万元，已完成 2018 年的业绩承诺。对归属于母公司所有者的净利润贡献 6 940.61 万元，占合并报表归属于母公司所有者净利润的 53.51%。

图 9

（摘自《上海姚记扑克股份有限公司 2018 年年度报告》，网址为 http://www.cninfo.com.cn/new/disclosure/detail？plate=szse&orgId=9900021171&stockCode=002605&announcementId=1206162079&announcementTime=2019-04-30）

重要非全资子公司主要财务信息

金额单位：元

子公司名称	本期发生额			
	营业收入	净利润	综合收益总额	经营活动现金流量
成蹊科技公司	324 317 558.08	128 852 351.60	128 852 351.60	106 143 672.99

（二）商誉的减值

1.事项描述

截至 2018 年 12 月 31 日，姚记扑克公司财务报表所示商誉项目账面原值为人民币 794 355 951.30 元，账面价值为人民币 794 355 951.30 元。

管理层于每年年度终了对企业合并所形成的商誉进行减值测试。

图 10

2018 年，姚记扑克收购成蹊科技 53.45% 的股权，就可以看出此变身法的法力强大。2018 年公司年报披露"业绩增长原因为公司成功收购了成蹊科技公司，并将成蹊科技纳入合并报表所致。""截至报告期末，成蹊科技实现扣除非经常性损益的净利润为 17 361.60 万元，已完成 2018 年的业绩承诺。对归属于母公司所有者的净利润贡献 6 940.61 万元，占合并报表归属于母公司所有者净利润的 53.51%（见图 9）。"笔者又查了对子公司成蹊科技的进一步财务信息的披露"2018 年合表营业收入为 324 317 558.08 元，净利润为 128 852 351.60 元"（图 10）。它让公司主营业务收入较上年同期增长了 42.42%，净利润增长了 68.83%。当然，此方法还存在收购产生的巨额商誉的潜在大坑，"姚记扑克商誉账面原值上成蹊科技公司为 621 369 926.60 元"（图 11）。

15.商誉

（1）商誉账面原值

金额单位：元

被投资单位名称或形成商誉的事项	期初余额	本期增加	本期减少	期末余额
万盛达扑克公司	172 986 024.70	—		172 986 024.70
成蹊科技公司	—	621 369 926.60		621 369 926.60
合计	172 986 024.70	621 369 926.60		794 355 951.30

图 11

（2）收购影响变身法：联营或合营企业股份大于20%，小于50%（含50%）变身子公司（股份大于50%）。

以2018年姚记扑克收购大鱼竞技说明收购影响变身法，相关资料如图12所示。

金额单位：元

被投资单位	期初余额	本期增减变动		期末余额
		追加投资	权益法下确认的投资收益	
联营企业	—	—	—	—
大鱼竞技（北京）网络科技有限公司	119 578 301.89	7 130 075.91	—	126 708 377.80

图12

（摘自《上海姚记扑克股份有限公司2018年年度报告》整理，网址为http://www.cninfo.com.cn/new/disclosure/detail？plate=szse&orgId=9900021171&stockCode=002605&announcementId=1206162079&announcementTime=2019-04-30）

2018年，姚记扑克收购大鱼竞技25%的股权，将收购后大鱼竞技利润按持股比例运用权益法核算，记入投资收益7 130 075.91元（图12）。

（3）收购影响变身法：参股公司股份小于20%（含20%）变身联营或合营企业股份大于20%小于50%（含50%）。

一般出现在公司持有的上市公司或其他公司的股份出现大幅下降，按金融工具准则需要按公允价值进行确认对当年财务报表的利润产生重大影响时，同时被投资公司的净资产或者说利润并没有变小，一般出现在PB（平均市净率）小于1的公司，就会有公司通过收购达到将股权投资变为联营或合营企业，会计上采用权益法核算，就会产生会计核算的套利行为。比如雅戈尔集团增持1 000股港股并派董事变更会计核算方法的极端案例，但实质上股权比例远小于20%。

当然，比如新希望持有民生银行低于20%股权，但通过担任民生银行董事来认定为对民生银行实质有重大影响，会计上运用了权益法对民生银行进行会计核算，并表民生银行的利润，但未将民生银行股价长期低于净资产的不利影响未记入减值准备中。如果会计上认定为对民生银行不具有重大影响，就需要直接按民生银行的股价来进行计量，会从巨额投资收益变为巨额公允价值的暂时性损失，将是对新希望财务业绩的巨大冲击。让我们看到了股权变身术的重大影响，对于新希望的利益相关方就是产生实实在在的财富变化。

▶▶ 打开合并报表的隐秘账套

在实务中，合并报表一直是带有神秘色彩的技术难点。自从我国《企业会计准则》与《国际会计准则》接轨后，引入了公允价值，让合并报表更加难以理解。现行会计准则的问题一直是将简单的问题复杂化，特别是在与《国际会计准则》接轨后，限于语言的问题，由英文直译中文的会计准则就更加让人难懂。与现代会计源于通俗易懂的借贷记账法，将复杂的业务通过简单的会计科目和数字简化为商业通用的语言理念是背道而驰的。

具体到合并报表的会计处理上，会计理论是在教授会计合并时，按会计准则的分类切割成了三部分：一部分放在企业合并；另一部分放在合并报表；还有一部分放在金融工具中。这样就更加不利于理解合并报表的会计实务操作了。

再以长安汽车出表新能源科技为例，案例资料如图 13 所示。

......

（二）对新能源科技公司采用权益法进行后续核算的依据及合理性，以及具体计算过程和会计分录。

根据新能源科技公司增资协议等文件约定，增资完成后，长安汽车在新能源科技公司董事会中将委派 2 名董事；同时，在议事规则方面，长安汽车对新能源科技公司的财务和经营政策有参与决策的权力，但并不能够控制或者与其他方一起共同控制这些政策的制定。

根据《企业会计准则第 2 号——长期股权投资》规定，可以判定长安汽车对新能源科技公司有重大影响，将采用权益法进行后续核算，将按持有的份额比例确认投资收益，调整长期股权投资的账面价值。根据"《企业会计准则第 2 号——长期股权投资》第十五条，投资方因处置部分权益性投资等原因丧失了对被投资单位的控制的，在编制个别财务报表时，处置后的剩余股权能够对被投资单位实施共同控制或施加重大影响的，应当改按权益法核算，并对该剩余股权视同自取得时即采用权益法核算进行调整；以及《企业会计准则第 33 号——合并财务报表》第五十条，企业因处置部分股权投资丧失了对被投资方的控制权的，在编制合并财务报表时，对于剩余股权，应当按照其在丧失控制权日的公允价值进行重新计量。处置股权取得的对价与剩余股权公允价值之和，减去按原持股比例计算应享有原子公司自购买日或合并日开始持续计算的净资产的份额之间的差异，计入丧失控制权当期的投资收益。"长安汽车进行丧失控制日个别财务报表和合并财务报表的会计处理。

基于长安汽车及新能源科技公司于 2019 年 10 月 31 日的未审财务信息，若以新能源科技公司投资者增资价格为基础推算人民币 55.64 亿元作为完成增资后新能源科技公司股权的公允价值，长安汽车放弃权利事项预期对合并报表产生的净利润影响为人民币 22.91 亿元。

计算过程和会计分录见下表。

计算与分析		金额单位：亿元
完成增资后新能源科技公司股权的公允价值	a	55.64
新增投资者缴纳投资款（重庆长安视同处置股权取得的对价）	b	28.4
资后剩余股权比例	c	48.95%
增资后剩余股权公允价值	d=c×a	27.24
2019年10月31日新能源科技公司净资产账面价值	e	4.33
合并报表净利润影响	f=d－e	22.91
长期股权投资原账面价值	g	12.39
长期股权投资原账面价值与公允价值的差异	h=d－g	14.85
新能源科技公司自成立之初至2019年10月31日累计亏损	i=e－g	−8.06

注：以上数据未经审计。

具体会计分录如下：

借：长期股权投资　　　　　　　　　　　　　　　　　　　1 485 000 000

　　未分配利润　　　　　　　　　　　　　　　　　　　　　806 000 000

　　贷：投资收益　　　　　　　　　　　　　　　　　　　　　　　2 291 000 000

（三）新能源科技公司具体的出表时点及认定的依据与合理性，放弃权利事项对公司2019年度财务数据产生的影响。

参照《企业会计准则第20号——企业合并》规定，新能源科技公司出表需要同时满足以下条件：

1. 该交易获得所有必要的审批，包括内部决策和外部国家有关主管部门审批等；

2. 已支付了交易价款的大部分（一般应超过50%），并且有能力、有计划支付剩余款项；

3. 参与合并各方已办理了必要的财产权转移手续；

4. 已完成更换董事会成员和管理人员（拥有主导财务和经营政策等相关活动的权利，并享有相应的利益、承担相应的风险）。

增资协议的生效条件为：自各方授权代表签署并加盖公章之日起成立，并在获得长安汽车内部决策机构批准（需股东大会审批，预计2020年1月召开股东大会），以及其他根据法律、法规所需获得的审批机构的审批（如需）后生效。同时，根据目前项目进度，预计2020年1月14日前，本次各方投资者支付一期增资价款13.278亿元，当一期增资价款足额到账时，上海联合产权交易所将各方投资者已缴纳的履约保证金（共计9 220万元）自动转为全额增资价款的一部分，届时，视为各方投资者已向新能源科技公司支付全额增资价款的50%（合计14.2亿元）。剩余资金（二期增资价款）在完成工商变更并领取营业执照后，新能源科技公司发出书面付款通知之日起6个月内完成。此外，增资后的新一届股东会及董事会预计2020年1月15日召开，届时新能源科技公司将完成董事、监事、管理人员等的任命；同时，预计2020年1月20日前完成工商变更登记以及权利转移。综上，依据新能源科技公司项目进展及出表认定标准，出表日为新能源科技公司工商变更登记完成日。由于新能源科技公司增资事项于2019年度尚未完成，预计放弃权利事项对长安汽车2019年度合并财务报表没有影响。

图13

（摘自《关于全资子公司以公开挂牌方式增资扩股暨公司放弃增资扩股优先认缴出资权的进展公告》，网址为http://www.cninfo.com.cn/new/disclosure/detail？plate=szse&orgId=gssz0000625&stockCode=000625&announcementId=1207303324&announcementTime=2020-02-12%2011:40）

资产扩股资产评估报告如图14所示。

金额单位：元

被投资单位	年初余额	新增投资	权益法下投资损益	宣告现金股利	其他减少	期末余额
一、合营企业						
长安福特汽车有限公司	1 782 823 327.91		-570 006 507.40			1 212 816 820.51
长安马自达汽车有限公司	2 177 010 905.02		323 202 621.60			2 500 213 526.62
长安马自达发动机有限公司	830 272 340.69		11 597 486.28	37 000 000.00		878 869 826.97
长安标致雪铁龙汽车有限公司	346 038 983.87		-114 234 986.00		-231 803 997.87	0.00
长安蔚来新能源汽车科技有限公司	-12 871 719.42		-18 666 611.81		31 538 331.23	0.00
二、联营企业						
重庆长安跨越车辆有限公司	192 005 274.10		27 957 230.96			219 962 505.06
重庆市长安跨越车辆营销有限公司						0.00
北京房安新月出租汽车有限责任公司						0.00
长安汽车金融有限公司	2 195 040 654.44		123 493 951.66			2 318 534 606.10
海南省安心行信息科技有限公司	3 560 384.10		-795 039.88			2 765 344.22
南京车来出行科技有限责任公司	1 474 945.09		-143 024.65			1 331 920.44

60

项目			
湖南国芯半导体科技有限公司	25 152 447.20	-126 648.85	25 025 798.35
南京领行股权投资合伙企业（有限合伙）	935 218 323.32	32.16	935 218 355.48
南京领行股权投资管理有限公司	1 445 415.69	-93 594.67	1 351 821.02
江铃控股有限公司	398 992 953.62	-94 049 105.60	304 943 848.02
重庆长安新能源汽车科技有限公司	1 610 174 778.05	-153 230 307.40	1 456 944 470.65
三、子公司			0.00
南京长安汽车有限公司	422 533 259.00		422 533 259.00
河北长安汽车有限公司	438 223 236.00		438 223 236.00
重庆长安汽车国际销售服务有限公司	13 068 581.00		13 068 581.00
重庆长安汽车客户服务有限公司	29 700 000.00		29 700 000.00
重庆长安车联科技有限公司	88 500 000.00		88 500 000.00
重庆长安专用汽车有限公司	2 500 000.00		2 500 000.00
重庆长安欧洲设计中心有限责任公司	155 469 913.50		155 469 913.50
重庆长安新能源汽车有限公司	0.00		0.00

图 14

（《重庆长安汽车股份有限公司 2020 年半年度报告》网址为 http://www.cninfo.com.cn/new/disclosure/detail？plate=szse&orgId=gssz0000625&stockCode=000625&announcementId=1208323262&announcementTime=2020-08-31）

价值类型：市场价值

评估基准日： 2019年3月31日

评估方法：资产基础法和市场法

本评估报告选用资产基础法评估结果作为评估结论。具体评估结论如下：

重庆长安新能源汽车科技有限公司评估基准日的帐面净资产 81 487.87 万元，评估为 272 367.48 万元，增值额为 190 879.61 万元，增值率为 234.24%。

本资产评估报告结论的使用有效期限自评估基准日起一年有效。

重庆长安新能源汽车科技有限公司拟增资扩股涉及其股东全部权益价值评估项目资产评估报告

金额单位：万元

项目	账面价值	评估价值	增减值	增值率 %
流动资产	225 474.59	223 754.38	−1 720.21	−0.76
非流动资产	3 087.35	195 687.17	192 599.82	6 238.35
其中：可供出售金融资产	—	—	—	—
持有至到期投资	—	—	—	—
长期应收款	—	—	—	—
长期股权投资	—	—	—	—
投资性房地产	—	—	—	—
固定资产	1 719.42	1 674.71	−44.71	−2.60
在建工程	—	—	—	—
工程物资	—	—	—	—
固定资产清理	—	—	—	—
生产性生物资产	—	—	—	—
油气资产	—	—	—	—
无形资产	301.85	192 946.38	192 644.53	63 821.28
开发支出	1 066.08	1 066.08	—	—
商誉	—	—	—	—
长期待摊费用	—	—	—	—
递延所得税资产	—	—	—	—
其他非流动资产	—	—	—	—
资产总计	228 561.94	419 441.55	190 879.61	83.51
流动负债	144 172.47	144 172.47	—	—
非流动负债	2 901.60	2 901.60	—	—
负债合计	147 074.07	147 074.07	—	—
净资产（所有者权益）	81 487.87	272 367.48	190 879.61	234.24

图 15

（摘自《重庆长安新能源汽车科技有限公司拟增资扩股涉及其股东全部权益价值评估项目资产评估报告》，网址为 http://www.cninfo.com.cn/new/disclosure/detail？plate=szse&orgId=gssz0000625&stockCode=000625&announcementId=1207134265&announcementTime=2019-12-04）

案例分析：长安汽车通过全资子公司重庆长安新能源汽车科技有限公司（以下简称"新能源科技"）引入战略投资者 28.40 亿元的资金出让 51.05% 股份，将持有的新能源科技的股权比例下降到 48.95%。图 13 中公司公告引入战略投资者新能源科技出表后对公司账务报表的影响，已将内容和数据总结为下表"预测"列中。在 2020 年一季度完成了交易以及相关控制权的转移手续达到了失去控制子公司出表的标准，并在 2020 年第一季度实现了预测净利润影响为 22.91 亿元，一次性会计收益 20.84 亿元的出表计入 2020 年第一季度的利润中。图 14 和图 15 是年报等资料查询新能源公司出表实际对账务报表的影响，已将内容和数据总结为下表中的"实际"列。

增资后预测与实际数据差异

金额单位：亿元

项　　目	序　列	预测金额	预测实际一金额	实际金额
完成增资后新能源科技公司股权公允价值	a	55.64	41.44	52.40
新增资投资者缴纳投资款	b	28.40	14.2	14.2
增资后剩余股权比例	c	48.95%	48.95%	48.95%
增资后剩余股权公允价值	d=c×a	27.24	20.29	25.65
2019 年 10 月 31 日新能源科技公司净资产则	e	4.33.	4.33	4.33
对合并报表净利润的影响	f=d−e	22.91	15.96	21.32
长期股权投资原账面价值	g	12.39	12.39	12.39
长期股权投资原账面价值与公允价值的差	h=d−g	14.85	7.90	13.26
新能源科技有限公司自成立至 2019 年 10 月	i=e−g	−8.06	−8.06	−8.06
评估增值		19.08	19.08	19.08
子公司净资产		32.73	18.53	
出表后长期股权投资账面价值		27.24	20.29	25.65
其中：母公司单体		27.24	16.10	
合并报表		27.24		25.65

让我们可以看看预估的会计处理与实际的会计处理，总结为以下会计分录，见下表。

预测与实际的会计处理

金额单位：亿元

项　　目	预　　测		项　　目	实　　际	
	借方金额	贷方金额		借方金额	贷方金额
借：长期股权投资	14.85		借：长期股权投资	13.26	
借：未分配利润	8.06		借：未分配利润	8.06	
贷：投资收益		22.91	贷：投资收益		21.32
其中：母公司单体账套					
借：长期股权投资	14.85		借：长期股权投资	3.72	
贷：投资收益		14.85	贷：投资收益		3.72
其中：合并报表账套					
借：长期股权投资	0.00		借：长期股权投资	9.54	
借：未分配利润	8.06		借：未分配利润	8.06	
贷：投资收益		8.06	贷：投资收益		17.6

通过会计分录，我们就可以非常清楚地看到，对合并报表来说，存在隐秘的合并报表账套。我们在公开的财务报表中只能看到合并报表和母公司报表，就是对应的以上分录中第一行分录和第二行分录。其中，母公司单体账套只有通过两者的倒算，即合并报表减去母公司报表等于合并报表账套（合并报表－单体母公司报表＝子公司报表＋合并内部抵销），才能打开合并报表账套，还原经济的真相。但限于资料等原因，并不一定能看透所有信息，只是一种猜想。特别是涉及出表和入表重大重组时，会产生复杂的会计政策选择空间，隐秘合并报表账套就产生了信息披露的不足，对投资者等利益各方的决策产生不利影响。

新能源科技此次交易会计上产生了两个问题。

问题一：新能源科技引入战略投资者，实收 14.2 亿元是否可以按全部出资 28.40 亿元确认新能源科技剩余 48.95% 的股权的公允价值？14.2 亿元的净资产如何处理？分次出资带来增资与出资比例不同步，会计如何处理？

问题二：新能源科技通过无形资产评估增值 19.08 亿元，是记在新能源科技或者是母公司，还是合并公司的账上？通过什么会计科目进行？是无形资产还是商誉？

企业所得税法是按单个法人主体进行所得税清算，就产生子公司长期股权投资会计核算方法变动时，同步引发的会计利润以及计税基础的变化，就会产生税会的差异。对于评估增值 19.08 亿元，从长安汽车的合并报表看是反映在会计利润中，但从单体长安汽车会计分录看只反映了投资收益 3.71 亿元。

总之，合并报表需要开启隐秘在合并报表中的会计账套才能看清、看透。目前从上市公司财报披露上来看，并没有将具体的合并报表的出表与入表在合并和单体层面的会计处理进行详细的披露，就如同隐秘在合并报表中的账套，只能是雾里看花。

►► 股权投资后的会计博弈

在实务中，会计的艺术性通过合并报表表现得最为精彩纷呈。当然，通用的会计准则是源于复杂和创新性的资本实践，当我们看会计准则中对股权投资相关的准则所占据的准则的数量以及复杂度，就可以看出资本市场股权投资的资本运作的玩法可能是所有会计准则需要去规范和平衡的。最新的准则变化是源于对参股公司投资的核算，从成本法变为公允价值计量（通过"新金融工具准则"的出台），它的影响广度之大已经让巴菲特都因公司利润波动性变大，一会巨亏，一会巨盈，以致使他在年会时不断吐槽新会计准则的不合常理之处。

一切看上去越神秘越复杂的会计问题，实际上背后可能是视角产生的问题，是没有找对视角才让问题变得复杂和难懂。现将通过公司合并股权投资投后的会计处理（包含母公司和子公司的合并报表损益影响的视角来看）总结见下表。

合并报表会计处理

金额单位：万元

项 目	类别	条 件 假 设				会 计 处 理			会计后果（损益影响）		
		投资成本	公允价值	所占净资产	被投资公司利润	参股公司	合营或联营公司	控股子公司	参股公司	合营或联营公司	控股子公司
股权投资会计处理					公允价值与投资成本的差额计入损益	净资产，投资企业补利润份额	净资产、合并报表、被投资企业全部利润				
被投资公司情况假设					20%	50%	80%				
情景一 双涨（公允价值与利润同涨）公允价值大于净资产	1	小于公允价值 100	大于净资产 120	110	为正 10	120	105	110	20	5	10
情景二 双涨（公允价值与利润同涨）公允价值小于净资产	1	小于公允价值 100	小于净资产 110	120	为正 10	110	105	110	10	5	10
情景三 单涨单跌（公允价值跌、净利润涨），公允价值大于净资产	2	大于公允价值 100	大于净资产 90	80	为正 10	90	105	110	−10	5	10
情景四 单涨单跌（公允价值跌、净利润涨），公允价值小于净资产	2	大于公允价值 100	小于净资产 90	110	为正 10	90	105	110	−10	5	10
情景五 单涨半单跌（公允价值跌、净利润涨），公允价值小于净资产	2	小于公允价值	大于净资产		为负						

单涨单跌（公允价值涨，净利润跌），公允价值大于净资产	3	100	120	110	-10	120	95	90	50	-5	-10
情景六		小于公允价值	小于净资产		为负						
单涨单跌（公允价值涨，净利润跌），公允价值小于净资产	3	100	110	120	-10	110	95	90	10	-5	-10
情景七		大于公允价值	大于净资产		为负						
双杀（公允价值与净利润同跌），公允价值大于净资产	4	100	90	80	-10	90	95	90	-10	-5	-10
情景八		大于公允价值	小于净资产		为负						
双杀（公允价值与净利润同跌），公允价值小于净资产	4	100	90	110	-10	90	95	90	-10	-5	-10

说明：

（1）投资成本全部按100万元的价值假设，不考虑同一控制下合并和正负商誉的初始计量对合并层面的损益影响以及母公司报表的后续计量。

（2）投资后条件假设按原始股权投资100万元后，被投资股份公允价值、所占净资产、被投资公司当期净利润之间的关系共分为八种情景。

（3）会计后果（损益影响）是按现行《企业会计准则》处理，参股公司占20%股权、合股或联营公司占50%股权、控股子公司占80%来假设计算取得。

从上表数据我们可以看到：

（1）情景一与情景二的差异存在于：第一，当上市公司收购的标的公司估值与利润在收购后同时上涨时，如果被投公司估值涨幅大于净利润，公司以参股公司进行会计核算是最优的。此处存在事前筹划空间，如何让标的公司成为会计上的出表，并且参股公司又要保持后续变为合营或联营公司以及子公司的灵活变化，就是会计艺术性的价值创造空间了，相信已经有很多成功的案例存在，现在以及未来还将有更多案例的出现，这可能就是手工会计不会消失的原因，让机器学习来解决问题估计还需要很长的时间。第二，当上市公司收购的标的公司的净利润大于估值涨幅时，最优的选择应该是成为控股子公司并表，当然一样需要保持未来灵活地变为合营或联营公司或者参股公司的可能性。相信这是中国现在上市公司做得最多的并购，收购未来利润大于估值上涨的标的公司。但预测利润与实际利润只能是看天意，所以，如何做好收购后无法达成对赌利润的预案会计处理一样成为一种高技术工作。具体可以参看其他三种类别的情景估计，事前选择对公司合并层面最有利的会计处理，应对风险最佳的实践。

（2）情景三与情景四：上市公司最优的会计筹划策略为选择控股子公司并入标的公司的全部净利润（含标的公司及其他股东利润），当然需要保持未来选择成为合营或联营公司出表以及参股公司的选择权，以应对后续标的资产的估值、利润以及净资产的变化。会计难点在于当标的公司的公允价值下跌后价值小于净资产时如何应对减值测试。

（3）情景五与情景六：上市公司最优的会计筹划策略为选择会计上满足确认为参股公司的条件来达成公允价值的利润记入合并报表，当然，要完成从控股子公司或者合营公司转化变身参股公司并保持平衡是一门艺术，需要有充足的资源来保证引入战略投资者达成估值的上涨或者分拆业务完成 IPO，就算是前期标的公司巨额亏损不影响投资公司的合并报表的，会计难点在于估值的确认。如果是公开上市的还可以通过股权的表现来解决，但未上市前的估值上涨一般只能以股权变动时产生的最新价格来体现，所以净利润亏损的标的公司完成此类会计工作还是很有挑战的。

（4）情景七是公允价值大于净资产，情景八即如果是暂时选择合营或联营公司进行会计处理将减缓标的公司带来亏损的冲击。当然，一般估值的下降大于净利润的下降，如果相反就可以选择参股公司。如果预计双杀是中长期的，就要选择全部出售以止损为好。

总之，《企业会计准则》在股权投资后续计量逻辑上就存在人为判断的权力，损益后果上存在相同的投资在同一情景下因为人为划分的不同，产生利润从正到负，从大到小，不同的结果会冲击上市公司合并报表的业绩。

实务案例

案例一　新希望对民生银行的权益法不并表的会计处理

新希望六和股份有限公司（以下简称"新希望"）通过将持有的民生银行的股权投资，运用权益法进行核算，将民生银行当年产生的巨额利润计入公司 2019 年的合并利润表中，产生了 22.47 亿元的投资收益，占利润总额 36.99%。相关资产如图 16 至图 19 所示。

（二）按权益法核算对中国民生银行股份有限公司的投资	
作为关键审计事项的理由	在审计中如何应对该事项
新希望能够对被投资单位施加重大影响的投资按权益法核算，本期新希望继续维持对持股 4.1759% 的中国民生银行股份有限公司（以下简称"民生银行"）具有重大影响的重大判断，进行权益法核算。新希望管理层认为新希望在民生银行董事会中派有代表，能积极参与民生银行的经营及财务政策，故新希望对其有重大影响。由于民生银行的财务报表对于新希望合并财务报表影响重大，故我们将新希望权益法核算民生银行的投资作为关键审计事项	我们针对新希望权益法核算民生银行执行的审计程序主要包括： 　　（1）查阅民生银行章程，分析民生银行股东结构和重大经营决策机制； 　　（2）查阅民生银行董事会成员构成及新希望代表在其董事会的任免情况，评估与以前年度相比是否发生重大变化； 　　（3）查阅民生银行董事会会议公告，检查新希望所派出的董事参与民生银行董事会会议的情况； 　　（4）与新希望的管理层进行沟通与讨论，评估新希望对民生银行的重大决策及经营相关活动的实际影响情况。 　　基于上述，我们在执行审计工作过程中获取的证据支持管理层对民生银行所作出的具有重大影响判断，采用权益法核算

图 16

（摘自《新希望六和股份有限公司 2019 年年度报告》，网址为 http://static.cninfo.com.cn/finalpage/2020-04-01/1207441536.PDF）

三、非主营业务分析

□适用 □不适用

金额单位：元

项目	金额	占利润总额比例	形成原因说明
投资收益	2 378 547 189.52	36.99%	主要是持有民生银行股权权益法核算确认的投资收益
公允价值变动损益	−11 799 458.56	−0.18%	
资产减值	−166 148 031.22	−2.58%	
营业外收入	78 665 831.90	1.22%	
营业外支出	316 637 297.26	4.92%	
信用减值损失	−98 448 080.45	−1.53%	

图 17

（摘自《新希望六和股份有限公司 2019 年年度报告》，网址为 http://static.cninfo.com.cn/finalpage/2020-04-01/1207441536.PDF）

3. 在合营安排或联营企业中的权益

（1）重要的合营企业或联营企业

合营企业或联营企业名称	主要经营地	注册地	业务性质	持股比例		对合营企业或联营企业投资的会计处理方法
				直接	间接	
中国民生银行股份有限公司	北京市	北京市	金融		4.18%	权益法
新希望财务有限公司	成都市	成都市	金融	34.00%	6.00%	权益法

在合营企业或联营企业的持股比例不同于表决权比例的说明：
无

| 持有 20% 以下表决权但具有重大影响，或者持有 20% 或以上表决权但不具有重大影响的依据： ①持有 20% 以下表决权但具有重大影响的依据。 控股子公司新希望六和投资有限公司持有民生银行 1 828 327 362 股股票，持股比例 4.1759%，本公司董事、实际控制人刘永好先生任生银行董事；本公司对民生银行的财务和经营政策具有参与决策的权力，因具有重大影响故按权益法核算该投资。 ②持有 20% 或以上表决权但不具有重大影响的依据。 无 |

图 18

（摘自《新希望六和股份有限公司 2019 年年度报告》，网址为 http://static.cninfo.com.cn/finalpage/2020-04-01/1207441536.PDF）

9. 长期股权投资

金额单位：元

被投资单位	期初余额（账面价值）	本期增减变动						期末余额（账面价值）
		追加投资	减少投资	权益法下确认的投资损益	其他综合收益调整	其他权益变动	宣告发放现金股利或利润	
一、合营企业								
台山市嘉新新物流有限公司								
北京美好美得灵食品有限公司	27 601 512.80	49 740 900.00		−5 641 978.86				71 700 433.94
安徽新羽绒有限公司	29 856 563.29			−1 054 065.69				28 802 497.60
延安新永香科技有限公司		20 400 000.00		1 987 708.94				22 387 708.94
广东新希望壹号股权投资合伙企业（有限合伙）		613 633 333.33		−13 564 527.67				600 068 805.66
咸阳永香农业科技有限公司	25 678 894.54		39 524 518.78	13 845 624.24				0.00
小计	83 136 970.63	683 774 233.33	39 524 518.78	−4 427 239.04	0.00	0.00	0.00	722 959 446.14
二、联营企业								
中国民生银行股份有限公司	17 609 528 910.94			2 247 427 621.00	29 607 131.00	−2 463 781.00	630 772 939.89	19 253 326 942.05
广州市亚洲吃面文化发展有限公司	3 474 830.28							3 474 830.28

图 19

（摘自《新希望六和股份有限公司 2019 年年度报告》http://static.cninfo.com.cn/finalpage/2020-04-01/1207441536.PDF）

2019 年底，新希望持有民生银行 4.18% 的股权，账面价值为 19 253 326 942.05 元，含 2019 年权益法确认的投资收益 2 247 427 621 元（图 16 至图 19）。2019 年底，按控股子公司新希望六和投资有限公司持有民生银行股票 1 828 327 362 股，收盘价每股 6.31 元，市值约为 115.36 亿元 [①]（图 20），比账面价值低 77.17 亿元。按照《企业会计准则》的规定，对于存在减值迹象应当按《企业会计准则第 8 号——资产减值》的规定确定其可收回金额及应予计提的减值准备。是否应该计提减值会计上是存在争论的，当然，我们看到新希望的会计处理是不计提减值的。

是否感觉到会计不并表的奇妙之处了！

中国民生银行股份有限公司 6000016 成交概况

	2019 年 12 月 31 日	2019 年 12 月	2019 年
市价总值（万元）	22 376 599.75	22 376 599.75	22 376 599.75
流通市场（万元）	22 376 599.75	22 376 599.75	22 376 599.75
成交量（万股）	5 211.48	186 920.20	2 189 951.62
成交金额（万元）	1.48	33.03	474.84
开盘价（元）	6.30	6.16	5.72
收盘价（元）	**6.31**	**6.31**	**6.31**

图 20

（摘自《上海证券交易所网站》）

案例二　中国平安巧妙并表平安银行

让我们再来看看中国平安保险（集团）股份有限公司（以下简称"中国平安"）并表平安银行股份有限公司（简称"平安银行"）的会计处理，图 21 是上市公司中国平安子公司列表。

	2019 年度				
	年初净额（人民币百万元）	新增投资（人民币百万元）	本年增减变动（人民币百万元）	年末净额（人民币百万元）	本年现金红利（人民币百万元）
子公司					
平安寿险	33 676	1	—	33 677	48 536
平安产险	20 964	—	—	20 964	6 269

① 市值等于收盘价乘以流通股数，即 6.31 × 1 828 327.362 = 11 536 745 654.22（元），约等于 115.36 亿元。

名称					
平安证券	12 369	—	—	12 369	—
平安信托	9 191	—	—	9 191	—
平安银行	**64 718**	**16 235**	**—**	**80 953**	**1 234**
平安海外控股	5 850	—	—	5 850	—
平安养老险	4 185	—	—	4 185	—
平安健康险	1 333	—	—	1 333	—
平安资产管理	1 480	—	—	1 480	2 467
平安金融科技	32 898	—	—	32 898	—
平安融资租赁	9 695	1 000	—	10 695	—
平安科技	1 650	—	—	1 650	—
其他	1 138	1 190	(684)	1 644	—
小计	199 147	18 426	(684)	216 889	58 506
联营企业					
众安在线	1 585	0	12	1 597	0
合计	200 732	18 426	(672)	218 486	58 506

注：除特别注明外，金额单位为人民币百万元。

图 21

（摘自《中国平安 2019 年年度报告》，网址为 http://static.cninfo.com.cn/finalpage/2020-02-21/1207316204.PDF）

图 22 为中国平安合并财务报表合并范围。

六、合并财务报表的合并范围

名称	主要经营地	注册地	业务性质	持股比例		表决权		注册资本（除特别说明外，均以人民币元表示）
				直接	间接	比例	取得方式	
平安寿险	深圳	深圳	人身保险	99.51%	—	99.51%	设立	33 800 000 000
平安产险	深圳	深圳	财产保险	99.51%	—	99.51%	设立	21 000 000 000
平安银行股份有限公司（以下简称"平安银行"）	深圳	深圳	银行	49.56%	8.40%	57.96%	收购	19 405 918 198

平安信托有限责任公司（以下简称"平安信托"）	深圳	深圳	信托投资	99.88%	—	99.88%	收购	13 000 000 000
平安证券股份有限责任公司（以下简称"平安证券"）	深圳	深圳	证券投资与经纪	40.96%	55.59%	96.55%	设立	13 800 000 000

图 22

（摘自《中国平安 2019 年年度报告》，网址为 http://static.cninfo.com.cn/finalpage/2020-02-21/1207316204.PDF ）

图 23 为合并财务报表主要项目注释。

（除特别注明外，金额单位为人民币百万元）				
八、18.商誉合并财务报表主要项目注释（续）				
	2019 年度			
	年初净额	本年增加数	本年减少数	年末余额
平安银行	**8 761**	**0**	**0**	**8 761**
上海家化	2 502	—	—	2 502
Mayborn Group Limted	1 829	56	—	1 885
平安证券	328	—	—	328
深圳平安商用置业投资有限公司	66	—	—	66
北京双融汇投资有限公司	134	—	—	134
上海葛洲坝阳明置业有限公司	241	—	—	241
平安壹钱包	1 073	—	—	1 073
Aotohome Inc.	5 265	—	—	5 265
其他	321	366	—	687
总额	20 520	422	—	20 942
减：减值准备	—	−15	—	(15)
净额	20 520	437	—	20 957

图 23

（摘自《中国平安 2019 年年度报告》，网址为 http://static.cninfo.com.cn/finalpage/2020-02-21/1207316204.PDF ）

图 24 为平安银行控股股东变动情况。

5.3.3 报告期内本行控股股东变动情况

本行控股股东是中国平安保险（集团）股份有限公司。本行报告期控股股东未发生变更。截至报告期末，平安集团及其控股子公司平安寿险合计持有本行 **57.96%** 的股份，为本行的控股股东。其中，平安集团持有本行 **49.56%** 的股份，平安寿险持有本行 **8.40%** 的股份。平安集团向本行派驻董事。平安集团成立于 1988 年 3 月 21 日，注册地：深圳市福田区益田路 5033 号平安金融中心 47、48、109、110、111、112 层，注册资本：18 280 241 410 元，法定代表人：马明哲，营业范围：投资保险企业；监督管理控股投资企业的各种国内、国际业务；开展保险资金运用业务；经批准开展国内、国际保险业务；经中国银行保险监督管理委员会及国家有关部门批准的其他业务。平安集团股权结构较为分散，不存在控股股东，也不存在实际控制人和最终受益人。平安集团及其控股子公司平安寿险不存在出质本行股份的情况。

本行与控股股东之间的关系方框图如下：

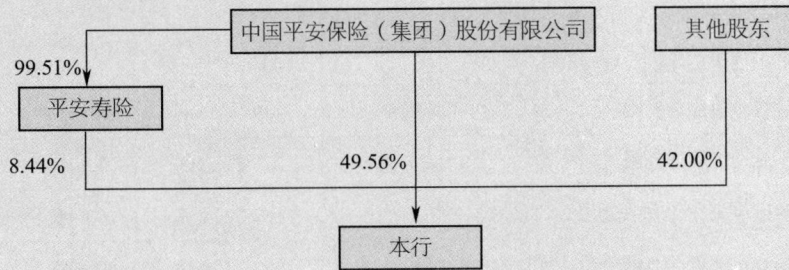

```
                    ┌──────────────────────────────────┐        ┌──────────┐
                    │  中国平安保险（集团）股份有限公司    │        │  其他股东  │
                    └──────────────────────────────────┘        └──────────┘
        99.51% ↓              │                  │                    │
     ┌──────────┐             │                  │                    │
     │  平安寿险  │             │                  │                    │
     └──────────┘             │                  │                    │
        8.44%                 │               49.56%               42.00%
                              │                  │                    │
                           ┌──────────┐
                           │   本行    │
                           └──────────┘
```

截至 2019 年 12 月 31 日，直接或间接持有中国平安 5% 以上股东是卜蜂集团有限公司和深圳市投资控股有限公司。截至报告日，中国平安尚未披露 2019 年年度报告，相关内容届时请详见《中国平安保险（集团）股份有限公司 2019 年年度报告》。

图 24

（摘自《平安银行 2019 年年度报告》，网址为 http://www.cninfo.com.cn/new/disclosure/detail？plate=szse&orgId=gssz0000001&stockCode=000001&announcementId=1207305488&announcementTime=2020-02-14）

图 25 为平安银行股东和实际控制人。

2019 年 12 月 31 日，中国平安持有平安银行 57.96%（49.56%+8.40%）的股份，账面价值为 809.53 亿元（图 21 至图 22）。按持有平安银行股数 11 245 119 438 股，以及 16.45 元每股计算市值为 1 849.89 亿元（图 26），高于中国平安单体报表，按长期股权投资成本法核算的 809.53 亿元，就不需要在会计上进行减值测试。平安银行与民生银行股价的差异在于市净率大于1，因此增持不能简单带来会计收益只会加大投资的商誉成本。

5.3 股东情况和实际控制人情况

公司股东数量及持股情况

单位：股

前 10 名股东持股情况				
股东名称	股东性质	报告期末持股数量	持股比例（%）	持有无限售条件的股份数量
中国平安保险（集团）股份有限公司—集团本级—自有资金	境内法人	9 618 540 236	49.56%	9 618 540 236
香港中央结算有限公司	境内法人	1 504 411 167	7.75%	1 504 411 167
中国平安人寿保险股份有限公司—自有资金	境内法人	1 186 100 488	6.11%	1 186 100 488
中国平安人寿保险股份有限公司—传统—普通保险产品	境内法人	440 478 714	2.27%	440 478 714
中国证券金融股份有限公司	境内法人	429 232 688	2.21%	429 232 688
中央汇金资产管理有限责任公司	境内法人	216 213 000	1.11%	216 213 000
深圳中电投资股份有限公司	境内法人	162 523 292	0.84%	162 523 292
河南鸿宝企业管理有限公司	境内法人	102 735 814	0.53%	102 735 814
全国社保基金———七组合	境内法人	65 029 587	0.34%	65 029 587
交通银行—易方达50指数证券投资基金	境内法人	60 643 555	0.31%	60 643 555
战略投资者或一般法人因配售新股成为前 10 名股东的情况（如有）	无			
上述股东关联关系或一致行动的说明	1. 中国平安人寿保险股份有限公司为中国平安保险（集团）股份有限公司控股子公司和一致行动人，"中国平安保险（集团）股份有限公司—集团本级—自有资金""中国平安人寿保险股份有限公司—自有资金"与"中国平安人寿保险股份有限公司—传统—普通保险产品"具有关联关系。 2. 本行未知其他股东间的关联关系，也未知其是否属于一致行动人。			

图 25

（摘自《平安银行 2019 年年度报告》，网址为 http://www.cninfo.com.cn/new/disclosure/detail？ plate=szse&orgId=gssz0000001&stockCode=000001&announcementId=1207305488&announcementTime=2020-02-14）

从合并报表层面的来看，可以将平安银行合并到中国平安的报表中，将资产和负债以及收入、费用、利润都合并入合并报表，还含平安银行少数股东的资产和负债，如图 26 所示。

本公司认为剔除上述非营运项目的波动性影响，营运利润可更清晰客观地反映公司的当期业务表现及趋势。

2019 年，集团归属于母公司股东的营运利润为 1 329.55 亿元，同比增长 18.1%；基本每股营运收益 7.48 元，同比增长 18.5%。寿险及健康险业务归属于母公司股东的营运利润为 880.54 亿元，同比增长 25.2%。

2019 年度

项目 （人民币百万元）	寿险及健康险业务	财产保险业务	银行业务	信托业务	证券业务	其他资产管理业务	科技业务	其他业务及合并抵消	集团合并
归属于母公司股东的净利润	102 659	22 697	**16 342**	2 595	2 319	4 680	3 487	(5 372)	149 407
少数股东损益	1 078	111	**11 853**	3	57	761	1 174	(79)	14 958
净利润（A）	103 737	22 808	**28 195**	2 598	2 376	5 441	4 661	(5 451)	164 365
剔除项目									
短期投资波动（B）	19 354	—	—	—	—	—	—	—	19 354
折现率变动影响（C）	(13 164)	—	—	—	—	—	—	—	(13 164)
管理层认为不属于日常运营剔除的一次性重大项目（D）	8 597	1 856	—	—	—	—	—	—	10 453
营运利润（E=A−B−C−D）	88 950	**20 952**	28 195	2 598	2 376	5 441	4 661	(5 451)	147 722
归属于母公司股东的营运利润	88 054	20 850	16 342	2 595	2 319	4 680	3 487	(5 372)	132 955
少数股东营运利润	896	102	11 853	3	57	761	1 174	(79)	14 767

图 26

（摘自《中国平安 2019 年年度报告》，网址为 http://static.cninfo.com.cn/finalpage/2020-02-21/1207316204.PDF）

2019 年，平安银行为平安集团贡献了 281.95 亿元的利润，占平安集团利润的 17.15%，图 27 为 2019 年 12 月 31 日平安银行股票变动情况。

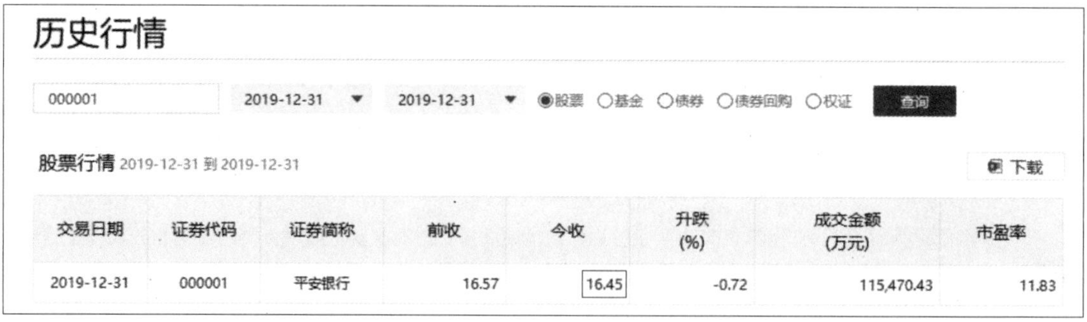

历史行情

000001 2019-12-31 2019-12-31 ◉股票 ○基金 ○债券 ○债券回购 ○权证 查询

股票行情 2019-12-31 到 2019-12-31 下载

交易日期	证券代码	证券简称	前收	今收	升跌(%)	成交金额(万元)	市盈率
2019-12-31	000001	平安银行	16.57	16.45	-0.72	115,470.43	11.83

图 27

（摘自《深圳证券交易所》）

综上所述，会计并表不并表都可以为企业集团带来现实有利的会计利益。从平安集团的案例可以看到控股式并表带来的是高现金资产和高利润。当然，我们还需警惕银行业的高杠杆带来的巨额的亏损风险。例如，明天系的包商银行，新希望对民生银行持股 4.18%，具有重大影响，运用权益法核算。但目前来看，持有民生银行的股权公允价值低于账面价值。如果会计判断出现变动，被认定为对民生银行不具有重大影响，就需要运用金融工具准则对其进行处理，以民生银行的股权运用公允价值进行计量，就会产生巨额的账面浮亏近 77.16 亿元。当然，当年会计处理是否计提减值还是存在商榷。

第 5 章
第五大难题：所得税和增值税会计

随着我国《企业会计准则》与《国际会计准则》的趋同，企业所得税会计处理与税法存在分离，产生越来越多的税会差异，需要进行复杂的会计处理。《国际会计准则》在企业所得税会计理论和实践上都远超中国经济的发展，所以，企业所得税的会计难题至少在理论上还能找到参考和学习的标杆，特别是欧美上市公司有很多会计实践案例。

同时，增值税会计一样日异复杂，产生新业务和新情况，扩大税会差异。比如，新收入准则的实施就产生了合同资产和合同负债是否需要价税分离以及如何分离的问题。增值税在世界范围内的历史都比较短，我国在增值税会计处理上还是比较超前和领先的，但同样需要创新。

►► 复杂的企业所得税和增值税会计

1. 纳税产生的问题

在企业会计实务中，最让财务人员煞费苦心的事项就是纳税。我认为有三个方面：

第一，税是高压线。无论大企业还是中小企业，或者是国企、民企、外企，实际上合法经营的都是第一要务。举例来说，我曾经任职某 500 强企业集团，"营改增"后，对接受增值税普通发票虚开问题引发的财务负责人的法律责任进行培训。当然，当时我虽然作为财务负责人，为每月税务局要求回复的异常进项发票清单事项担心。事实上，企业发布有针对性的预防税务发票风险修改和更新相关税务制度，并对业务部门进行了增值税发票政策宣传指导。但因为业务体量大，还是每月一直会有进项发票被税务局查到问题。根据增值税相关法律的规定，特别是对虚开增值税发票，通过不断升级的金税系统和打击发票的违法行为出台的刑事处罚，以应对不断出现的虚开增值税发票的违法行为。

为什么还是会出现虚开发票的大案呢？我认为至少有三方面的原因：

原因一，增值税的税负重。特别是中小企业在实务中两头被碾压，不论是客户还是供应商都被挤压，客户要提供合格的增值税发票，供应商又在没有付清全款时不得开具发票或者要求开票补税点等方式，让企业的利润在增值税的两头压力下基本就无利可图，在此压力下就产生了虚开发票的市场，可以从市场上以低价买入进项发票的方法，直接增加利润。一方面可以用于企业增值税上的抵扣，另一方面可以用于企业所得税的抵扣。

原因二，增值税税额抵扣链条不完整。现在税务局实际上对个人消费的增值税是不掌握的，大量企业对个人销售业务不入账，产生了多余的进项余额，在利益驱动下就会产生专门收集进项发票的市场，进行进项余额的盈利交易。

原因三，巨大的避税利益产生需要通过借用发票从高税负变化为低税负。如个人报销费用不征税与工资薪金超额累进税率之间的税差，通过购买发票将大量销售提成等劳务或者工资薪金，从个人所得税的高税率转化为降低成本后企业可以接受的税负水平。此类主要是增值税普通发票的支出，比如业务招待用的餐费等（需要取得发票）。

综合以上原因，实际上还是需要从源头上来解决此类问题，要将增值税抵扣链条完整化，对于个人一样可以出台政策，运用技术获取增值税发票。现在增值税发票电子化后，特别是增值税专用发票电子化后，一是在技术上实现个人现金支付全部开票，会减低虚开发票风险；二是如何让最终消费者倒逼企业开票，达到应开尽开，最终还是要让消费者获取商业利益，比如经济业务发生后，企业给个人开发票抽奖等都是解决的方案，或者个人获取发票可以抵减一点个人所得税等，都可能有利于通过市场化的手法让虚开发票无法进行。当然，还有堵的方案。无论是对大案、要案的打击，还是通过"金三系统"数据的比对，以及企业自查式的进项转出等。只有通过疏堵并重的方法才能更好地让市场上虚开发票的行为无利可图。

第二，税法与《企业会计准则》之间的税会差异存在不同步、不协调的问题。税收作为国家宏观经济调节的一种工具，税法的调整增加会计准则迭代工作，并且加大了税务与会计的差异，特别是企业所得税的税会差异处理。税法的更新和迭代就如同蝴蝶效应一样，让企业的会计实务处理从会计科目设置到会计报表格式都会产生同步的变化和更新迭代的需要，反过来，《企业会计准则》的变化和更新一样带来税务申报上的同步变化和更新迭代的需要。只要税法与《企业会计准则》之间存在更新和迭代的不同步，就会产生实务中会计或者税务申报基础数据的不同步，需要人工进行调整和记录。这只是针对税法与《企业会计准则》的时间性差异，到永久性差异就更加需要进一步的事前研究、事中记录、事后分析了。

第三，新业务模式对税法产生了新的挑战，特别是在竞争残酷的行业没有足够的利润来支撑生产，商业竞争倒逼企业进行高风险的税务筹划行为。

企业所得税实务的难题应该是世界性的。我们可以看到理论上有大量欧美的会计著作谈论企业所得税会计，实务中我们可以看到有美国的西南航空公司的财务报表，通过税务上可利用固定资产加速折旧，但会计上采用年限平均法的税会差异产生了所得税费用的降低和递延所得税资产，提高了企业的当期会计利润。

企业所得税是实务中为数不多的可以通过财务自身的努力，真正为企业带来真金白银的税负节约的筹划之王。当然，还可以通过税会差异来实现会计利润的筹划。总之，企业所得税的实务难题一样是会计人员发挥自己才能的机会，相信过去有过很多出色的作品，现在还会有一些作品在路上，未来将会产生更加多的作品。

税务机关有"金税三期"或者"金税四期"等强大的税务信息系统让企业更加透明，企业在完全透明的情形下进行税务筹划，将是一个全新时代的开启。

2. 增值税对利润表的影响

从我国引入增值税开始，实际上已经对利润表产生了直接的影响，增值税作为价外税让利润表中的收入和成本都与业务口径产生的直接差异，让多数没有学习过会计的业务人员无法理解。这是将收入和成本中的增值税放到了资产负债表的"应交税费"项目下的增值税中，可以理解为企业欠国家的增值税或者是国家应退给企业的增值税。在我刚开始从事会计工作就赶上增值税实施，记得当时大量的工作时间花在了应交增值税申报明细表上。这是一张与损益表并报（那时损益表还没改为利润表）在一起的报表，实际上是对增值税作为价外税的一种补充，让你可以通过两张表看到企业经营成果的全貌。增值税会计的理论上已经有一些会计前辈的著作，比如入门时看的《增值税会计》（作者：盖地），以及后续财务部会计司的相关增值税处理的规定等。总之，在会计实务中税的难题，目前主要是所得税和增值税，当然还会存在个人所得税等，相信随着经济的发展会计与税法的差异不断加大，就会引发会计处理的创新，会计是一门鲜活的艺术，中国特色的增值税会计实际上就是会计创新之一。

知 识 解 读

企业所得税是税务结账中一项复杂的工作。企业所得税法与《企业会计准则》的差异产生了企业所得税会计。在企业所得税的会计处理上专门有《企业会计准则——第18号所得税》进行规范。《中华人民共和国企业所得税法》（以下简称《企业所得税法》）与《企业会计准则》的差异可以分为暂时性差异和永久性差异。我国新会计准则和小企业会计制度规定都采用资产负债表债务法，取消了应付税款法。但在实务中，大多数中小企业因为在会计核算上简化和对资产负债表债务法学习的不足，还在运用利润表债务法。上市公司都已经采用了资产负债表债务法核算企业所得税。但基本上是由会计师事务所帮助企业在季度、年度运用资产负债表法进行所得税的核算。

3. 资产负债表债务法应用障碍

我认为以下三个方面的原因产生了资产负债表债务法运用在会计实践中的困难：

第一，我国企业所得税法体系比较庞杂并且各省还存在差异，所得税准则是引自《国际会计准则》，在我国的历史很短，缺少实践去推进。

第二，我国实务中的中小企业按成本效益原则对利润表法运用得最多。没有动力投入培训，财务人员可按《企业会计准则》实施资产负债表债务法。

第三，我国专业的税务中介机构对《企业所得税法》与《企业会计准则第18号——所得税》鉴证实践和理论认识不足。复杂的中国税法与原文引入的 *IAS 12 Income Taxes*（国际会计准则12号所得税）实际上还是有很多冲突或者说需要完善的地方，应通过实践加入中国的元素。但在实务中，无论是央企还是大中型的上市公司都没有主动引入专业税务师事务所对企业的递延所得税资产和递延所得税负债以及所得税费用等出具专项的鉴证报告。

按美国《通用会计准则》（Generally Accepted Accounting Principles，简称GAAP）规定鼓励企业实施资产负债表债务法，但不禁止利润表债务法。美国GAAP相对于《国际会计准则》与我国《企业会计准则》规定企业必须全部实施资产负债表债务法更人性化，特别是中小企业可以自由选择会计核算和信息披露成本较低的利润表债务法。

▶▶ 所得税和增值税会计的本质

从源头来看，企业所得税和增值税会计都是源于政府征税的需要而产生的。企业所得税会计的理论和实务都已经非常成熟，将会计与税法的差异分成了两类：永久性差异和暂时性差异，对暂时性差异运用了权责发生制来计量企业的所得税费用以及所得税资产和所得税负债，将缴纳的税款与企业的会计利润从收付实现制转为了权责发生制。

第二条 本准则所称所得税包括企业以应纳税所得额为基础的各种境内和境外税额。

——摘自《企业会计准则第 18 号——所得税》

（2006 年 2 月 15 日财政部财会〔2006〕3 号公布）

在理论和实务中，增值税会计还没有发展到企业所得税会计的阶段。一方面源于增值税的历史晚于企业所得税（源于法国、美国等发达国家）还没有普遍实行；另一方面中国增值税的发展已经领先于发达国家，特别是"营改增"后已经实现了全行业的增值税政策运用。但相比企业所得税会计上还处于收付实现制的阶段，只是通过应交税费下设"应交增值税"以及资产下设的"暂估税费"进行会计处理，还没有出现对增值税税法与会计暂时性差异按企业所得税会计处理。通过增值税费用与增值税资产和增值税负债进行会计处理。利润表存在与业务口径不一致的情况，主要原因是增值税在会计处理上运用了所谓价税分离的方法，就收入和成本进行了剔除。原来的会计报表中还会补充一张应交税金明细表，特别是增值税明细表进行补充，让报表使用者可以看到具体的增值税的情况。在会计实务中，一直有业务方的领导对此进行质疑，为什么明明自己为企业带来了业绩收入但被会计却少算了一块，并且现金回款是实实在在的，至于税金的问题一样是财务应该去解决的。在计算业绩提成时员工对此的意见是最大的。

实务中，对于利润表的意见实际上反映了会计报表无法满足报表使用者的需要，或者说税法的影响力大于报表其他利益相关者，产生了两套账等问题，实务需要运用于企业经营的利润表（不剔除增值税的收入、成本），但增值税价外税的税制让纳税人意识到所有的收入和成本的增值税都是债权和债务关系，只能在资产负债表上进行反映，而将利润表中企业的收入、成本以及费用中包含的增值税都给予剔除。所以，问题的根源就在于业务重要还是税法统计重要？按现在会计报表的使用者有用论来看，实际上还是应该回到会计的本质上来，让业务看得懂的会计语言才是比较好的会计报表。

鉴于以上原因，还是希望《企业会计准则》对利润表进行改革，让增值税回到税金成本科目中，收入、成本、费用还原为业务天然的口径，不剔除增值税。

具体的处理方法，在税金及附加中将增值税税负计入损益，其他损益项目（收入、成本、费用等不剔除增值税），对企业净利润没有影响。对于税务局的需要可以运用新增应交税金增值税报表进行处理，将"应交税费"下的增值税的会计处理进行修订。

►► 所得税和增值税会计的日常处理

运用利润表债务法主要是结合了我国《企业所得税法》按季预缴、按年清算的原则。

1. 中小企业所得税会计结账实务

税法规定，税前会计利润按季度进行企业所得税的预缴。对于中小企业一样会按季度税前会计利润乘上适用税率，一般为 25%，进行企业所得税费用的预提。到年末会将年度会计利润加减永久性差异和暂时性差异纳税调整事项为企业所得税的应纳税所得额乘上适用税率（一般为 25%），计算全年的企业所得税费用和应交税费。当然，因为《企业所得税法》的体系庞杂，地方与地方还有不同的规定。企业所得税按年清算要到第二年的 5 月底前完成，会产生所得税汇算清缴与所得税会计在年底计提的差异，需要通过"以前年度损益"调整科目处理，并调整相应的会计报表的年初数等。

2. 实施资产负债表债务法的所得税会计结账实务

企业在取得资产、负债时，应当确定其计税基础。资产、负债的账面价值与其计税基础存在差异的，应当按照本准则规定确认所产生的递延所得税资产或递延所得税负债。

资产的计税基础，是指企业收回资产账面价值过程中，计算应纳税所得额时按照税法规定可以自应税经济利益中抵扣的金额。

负债的计税基础，是指负债的账面价值减去未来期间计算应纳税所得额时按照税法规定可予抵扣的金额。

资产负债表债务法核算程序如下。

第一，计算确定应纳税所得额。按税法的规定，在会计利润的基础上加上纳税调整增加额减去纳税调整减少额，计算出应纳税所得额。

第二，确定企业所有期末资产负债科目的计税基础与企业的账面价值对比。计算资产负债账面价值与计税基础有差异部分，并分成应纳税暂时性差异和可抵减扣暂时性差异。填制完成下表的内容。

资产负债表债务法项目列表

项　目	账面价值	计税基础	差　异	
			应纳税暂时性差异	可抵扣暂时性差异
存货				
固定资产：				
固定资产原价				
减：累计折旧				
减：固定资产减值准备				
固定资产账面价值				
交易性金融资产				
其他应付款				
总计				

第三，按以上计算出的应纳税所得额和应纳税暂时性差异、可抵扣暂时性差异乘以适用税率进行会计处理，分别将应纳税所得额乘以适用税率计算应交企业所得税，并计入"应交税费"下的"应交企业所得税"科目中，将应纳税暂时性差异分明细科目乘以适用税率计算后，计入"递延所得税资产"或"其他资产"科目中，将可抵扣暂时性差异分明细科目乘以适用税率计算后，计入递延所得税负债或其他资产科目中。差额计入所得税费用科目或其他科目。资产负债表债务法带来了盈余管理的空间。

递延所得税资产、递延所得税负债因为是暂时性差异产生的，所以，管理层可以运用对会计事项的估计变化来调节短期的利润，容易成为盈余管理的工具。

假设公司第一年有税前利润 10 亿元，企业所得税税率为 25%，当年的税法规定的企业所得税为 2.5 亿元。会计、税法没有其他差异，所得税费用为 2.5 亿元。

管理层通过改变对应收账款坏账准备的会计估计，进行盈余管理。当年多计提坏账准备 5 亿元，产生了递延所得税资产 1.25 亿元，所得税费用为减少了 1.25 亿元，会计利润减少了 3.25 亿元。假设应收账款年末只有 5 亿元。第二年税前利润为零，企业所得税税率为 25%，应交所得税为零。应收账款账面上只有去年计提坏账准备的 5 亿元。管理层运用盈余管理改变应收账款的会计估计，认为 5 亿元可以在资产负债表日取得充足证据全额收回，冲销 5 亿元坏账准备。需要增加当年的所得税费用 1.25 亿元，同时冲销递延所得税资产 1.25 亿元。具体总结见下表。

坏账准备调整对利润表的影响（第一种方法）

项目	调整前 第一年	调整后 第一年	差异	调整前 第二年	调整后 第二年	差异	校验
坏账准备	0	5	−5	5	0	5	0
应收账款	5	0	5	0	5	−5	0
税前利润	10	5	5	0	5	−5	0
所得税费用	2.5	1.25	1.25	0	1.25	−1.25	0
净利润	7.5	3.75	3.75	0	3.75	−3.75	0
递延所得税资产	0	1.25	−1.25	1.25	0	1.25	0
应交税费—应交企业所得税	2.5	2.5	0	0	0	0	0

从上表可以看出，公司管理层通过递延所得税盈余管理，将第一年的所得税费用 1.25 亿元递延到第二年进行费用化，将第一年的净利润 3.75 亿元隐藏在资产负债表中。上表整理为运用盈余管理调整前和调整后的两年合计，更加清晰地为我们呈现出对于企业的长期损益来看，递延所得税资产和递延所得税负债实际上是不影响损益的。实际上对于现金流来看，企业交纳的企业所得税税款是一致的。只是在所得税费用、资产—负债上产生暂时性的差异。

坏账准备调整对利润表的影响（第二种方法）

项目	调整前 第一年	调整前 第二年	合计	调整后 第一年	调整后 第二年	合计
坏账准备	0	5		5	0	
应收账款	5	0		0	5	

税前利润	10	0	10	5	5	10
所得税费用	2.5	0	2.5	1.25	1.25	2.5
净利润	7.5	0	7.5	3.75	3.75	7.5
递延所得税资产	0	1.25		1.25	0	
应交税费—应交企业所得税	2.5	0	2.5	2.5	0	2.5

以上案例可以看出对资产负债表观的企业所得税会计核算，实际上增加了企业管理层盈余管理的空间。但给普通投资者或者非专业财务人员理解企业的财务报表带来了困难。

►► 如何解决所得税和增值税难题

科技的迅速发展加上移动互联网、AI 人工智能等新技术的不断出现，财务行业被各种财务机器人随时取代的传言不断出现。财务人员是否真的会失业呢？

1. 企业所得税是财务立身之本

企业所得税的存在实际上是中小企业的财务的立身之本，在中小企业中财税是不分家的。加上企业所得税的申报工作实际上还是依赖于财务核算，需要在财务账目的基础上进行了一些项目的纳税调增、调减。

对于中小企业来说，企业所得税年度汇算清缴工作专业性很高，并且在中短期内还没能出现一款软件或者财务机器人可以高效率、低成本地代替企业财务人员的工作。主要原因还在于企业所得税对征纳双方都存在调整的空间，特别是掌握财税专业知识的人员，在企业所得税的纳税筹划中有很大的操作空间，为企业争取到实实在在的税收利益。从经济的角度看，中小企业聘用财务人员处理企业所得税等税务工作还是投入产出比最高的。企业所得税年度申报的基础还在于企业的账务处理，是需要每月扎实地进行财务处理才能完成年度的所得税申报工作。

2. 增值税税务筹划实务

增值税是企业财税工作中主要面对的税种。如何对增值税进行税务筹划呢？企业老板们都会认为税务专家、网络上的税务大 V 是最值得拥有税务筹划高级服务。但实践中为什么企业老板们花费了名牌价格购买的增值税税务筹划，实际在节税额和风险规避中没有发挥出所预期的效果，还反而出现了不应该引发的税务风险和税务损失。

（1）增值税税务筹划失败的原因。

第一，增值税是相对透明度最高的税种，在增值税法中相对给予企业纳税人的可选择筹划空间比较小。

第二，增值税的税务筹划在税务局"金三系统"等纳税信息优势的前提下，让以前运用税务局信息不对称的税务筹划风险逐步爆发。相信有一批所谓的增值税税务筹划秘籍已经成为掩耳盗铃的笑话。

第三，企业老板们对税务筹划者的轻视，很多老板认为盗取筹划方案后，自己就可以搞定，不再支付相应费用。更多的企业老板们认为要出事了再找人筹划，就如同神医扁鹊三兄弟的故事中，只有病入膏肓了才出钱请神医，但已经没用了。

（2）增值税税务筹划的方法。

第一，强化企业财税基础。不论是财税专业人员还是专业税务顾问，以及财务软件等投入都需要预算，让企业的财税水平达到与税务局对称的水平。

第二，业务健康和合法观念。只有健康的业务收入才是企业进行税务筹划的基础。合法的观念是建立在合规的基础之上，不论什么业务，事前都要对其是否符合增值税相关税法进行研究，只有在合规的事前上下功夫，才能有好的税务筹划。实际上，现在新经济不断出现新的商业模式，存在很多增值税法还没有规范的情况，这就是最优的税务筹划的时机。但一定需要有专业的税务人参与税务筹划中，并在后续的财税处理上持续跟进，才有可能让最优的税务筹划最终化为企业实实在在的利润。

第三，不断创新的税务实践。无论哪种工作都是从量变到质变的过程。增值税税务筹划一样存在不断创新的方法。

3. 增值税税务筹划的方向

增值税税务筹划有三个方向：一是纳税时间；二是税率差；三是税收优惠。

第一，纳税时间上的筹划：通过纳税筹划达到延后缴纳税款的目标。

第二，纳税税率差上的筹划：通过选择低税率永久性降低税负。

第三，税收优惠的筹划：通过税收优惠返还或者退税等产生税务收益。

实务案例

案例一　收入爆发带来的烦恼

又到一年一度的企业所得税汇算清缴的收官阶段，看到同事还在为此忙碌，我深有感触。近年来我已经不再进行具体的税务操作事项，但回望二十几年的财务生涯中所经历的企业所得税清算的事，在此分享我所经历的企业所得税清算的案例。

一家外资独资企业在当年第四季度因为客户订单超预期增长，产生预算外的大额收入，预计会产生大额的盈利，同步会在中国缴纳企业所得税，但从境外公司合并来看是不平衡的，境外母公司前期还有未弥补亏损，只是限于制造业务在中国完成等商务因素将订单转移给了其设立在中国的公司。

回想当时接手此事，了解具体的情况，并进行一些税务筹划的尝试，取得了一定的税款的节约，但还是无法解决此问题，基本上是感觉无力回天。

与好友谈起此事，好友建议找对涉外税法熟悉的业内实战派友人，这位友人专门在事务所从事涉及税事的专业咨询。当时涉外税法还是一个比较新的领域。于是就找到了此朋友，并进行了深入的沟通。通过此朋友的筹划为企业解决了此项事宜，主要是依据税法转移了一部分业务服务费用，并取得了主管税务局的认可。

现在回想起此事，是我在职业生涯中税务筹划的转折点，至少让我学习到了两点：第一，税务筹划是在对税法和企业业务非常熟悉的情况下进行的一次优化方案的选择；第二，税务筹划是一门实战的技术。

案例二　汇率，让人意想不到的烦恼

一家协议控制架构（Variable Interest Entity，简称 VIE）公司，主要的运营公司在中国，因为我国法律对外资公司从事一些行业的限制组建了 VIE 架构来应对，

并从境外投资者处融到美元资本。随着人民币与美元的汇率变动的加大以及中国外汇管理局对外汇的限制政策，VIE架构中的香港公司主要资产未使用美元记账，会产生一些美元与人民币汇率变动引起的浮盈与浮亏的烦恼，并有可能产生香港的所得税费用，但集团投入期有巨额的亏损，理论上是不应该产生所得税费用的。产生此问题的根源在于记账本位币的选择，集团无法进行合并所得税筹划。

税务经理请来香港所得税专家进行咨询，专家提出了一些建议和解决方案，但还是无法从根本上解决问题。实际上，问题的根源在于香港公司的会计核算的币种是人民币，但主要的资产是以美元记账，由此产生错配。当时我的建议是要从根上解决问题就需要修改记账本位币，这样才能与美元资产相匹配。

财税实务中还是不能分家的，特别是企业所得税还是基于会计的一些基本的假设和理论进行的，在税法与会计分离的路上已经出现很多税会的差异，但基本假设和逻辑趋同，并且在税法没有规定的情况下还是借用了会计的处理规定。实务中会计是很有可能绑架税务的，要成为税务高手不精通会计是万万不可的。

案例三　分公司还是子公司是个问题

一家高速增长的企业需要将新产品推向全国市场，第一步是需要在全国建立销售机构，基于对财务工作的认可，业务方第一时间找财务进行咨询。从财务角度看，建立什么类型的机构对公司最有利。

收到业务方的咨询后，财务内部第一时间进行了讨论，有两个选择：一是成立分公司，二是成立子公司。从税务角度看，分公司与子公司在缴纳增值税方面是一样的，都是独立的一般纳税人。成立分公司可以合并缴纳企业所得税，比成立子公司有优势，最终向业务方建议成立分公司。

案例四　中兴通讯罚款引发的两大财税问题

中兴通讯股份有限公司（以下简称"中兴通讯"）需要支付近20亿美元的巨额罚款为前提，取得美国商务部解除对中兴通讯的禁止令。从财务角度看后续会带来两大财税问题：

第一，会计上是否可以将20亿美元计算的所得税未来支付的费用记入"递延所得税资产"？

如果按企业所得税税率25%计算，可以记入费用金额为15亿美元，另5亿美元可以记入"递延所得税资产"中，用未来中兴通讯的应纳税所得额进行抵扣。当然，以上的前提是国税总局对此笔20亿美元的支出同意在企业所得税前扣除。按《企业所得税法》的规定，与企业经营相关的支出是可以扣除的。我认为，此笔20亿美元的支出，是中兴通讯为了继续经营所必需支出的费用，没有此笔支出中兴通讯就无法经营，所以是与经营相关的费用应该可以在企业所得税前列支。当然，最终还需要主管税务局的最终确认，相信中兴通讯的财务们已经在进行此项涉及企业近5亿美元税费的沟通事宜了。

另外，是否可以将5亿美元在会计上记入"递延所得税资产"，还有一个前提是中兴通讯对未来企业盈利的预测，是否可以在未来的五年内取得超过去20亿美元的应纳税所得额的税务利润，用来抵减未来需要交纳的企业所得税，是一项中兴通讯的财务预算部门需要给出审计师可以认同的预测数据模型和依据的工作。最终的结果相信会在中兴通讯的公告或者是2018年年度会计报告中披露。从此事项可以看出会计还是很重要的，以上税务与审计的两项沟通事项上，会计为中兴通讯可以减少损失高达5亿美元。当然，风险一样很高，会计处理不当就会让中兴损失增加。

第二，在支付外汇时是否需要代扣代缴增值税以及预提所得税？

根据国家外汇管理局的规定，此笔支付金额巨大，需要进行外汇申报，并按税法的规定对这笔款项的代扣代缴增值税以及预提所得税。但这笔支付如何进行税法上的认定，个人认为是可以讨论的，存在两种情况，第一种认定为一项经营许可，是需要按税法的规定，代扣代缴增值税及预提所得税，还有相关附加税。一般按6%计算增值税以及10%预提企业所得税，还有附加税。增值税是可以抵扣，所以增加费用的是预提企业所得税及附加税。第二种认为此项支出是完全发生在中国境外并且符合税法规定的免税条件。需要按税务局的规定进行相关的免税申报备案。

中兴通讯2018年年报披露对此笔罚款最终处理结果如图1所示。

或有事项具体内容如图2至图7所示。

十二、承诺及或有事项（续）

2. 或有事项（续）

2.6. 美国商务部工业与安全局（以下简称"BIS"）于 2018 年 4 月 15 日签发了一项命令激活原暂缓执行的为期七年的拒绝令（期限为自 2018 年 4 月 15 日起至 2025 年 3 月 13 日止，以下简称"2018 年 4 月 15 日拒绝令"）。2018 年 4 月 15 日拒绝令限制及禁止本公司和全资子公司中兴康讯（以下简称"中兴公司"）以任何方式直接间接参与涉及任何从美国出口或将从美国出口的受《美国出口管理条例》（以下简称"EAR"）管控的商品、软件或技术的任何交易，或任何其他受 EAR 管控的活动。2018 年 4 月 15 日拒绝令全文于 2018 年 4 月 23 日发布于美国的《联邦公报》（《联邦公报》第 83 卷第 17644 页）上。

中兴公司于 2018 年 6 月与 BIS 达成替代和解协议（以下简称"2018 年替代和解协议"）以取代中兴公司于 2017 年 3 月与 BIS 达成的和解协议。2018 年替代和解协议依据 BIS 于 2018 年 6 月 8 日签发的关于中兴公司的替代命令（以下简称"2018 年 6 月 8 日命令"）生效。根据 2018 年替代和解协议，本公司已支付合计 14 亿美元民事罚款，包括一次性支付 10 亿美元以及支付至美国银行托管账户并在监察期内（自 2018 年 6 月 8 日命令签发起十年）暂缓的额外的 4 亿美元罚款（监察期内若中兴公司遵守 2018 年替代和解协议约定的监察条件和 2018 年 6 月 8 日命令，监察期届满后 4 亿美元罚款将被豁免支付）。中兴公司需要遵守 2018 年替代和解协议的所有适用条款和条件，包括但不限于：BIS 将做出自其签发 2018 年 6 月 8 日命令起为期十年（以下简称"监察期"）的新拒绝令（以下简称"新拒绝令"），包括限制及禁止本公司申请、获取、或使用任何许可证、许可例外，或出口管制文件及以任何方式从事任何涉及受 EAR 约束的任何物品、软件、或技术等交易，但在中兴公司遵守 2018 年替代和解协议和 2018 年 6 月 8 日命令的前提下，新拒绝令在监察期内将被暂缓执行，并在监察期届满后予以豁免。其他条款和条件详见本公司于 2018 年 6 月 12 日发布的《关于重大事项进展及复牌的公告》。

图 1

十二、承诺及或有事项（续）

2. 或有事项（续）

2.7（续）

为了履行 2018 年替代和解协议和 2017 年与美国政府达成之和解协议项下义务，本公司需提供并实施覆盖公司各个层级的一项全面和更新后的出口管制合规项目。

如果公司违反 2018 年替代和解协议或 2017 年协议义务，（ⅰ）被暂缓执行的新拒绝令可能被激活，这将导致包括限制及禁止中兴公司申请、获取、或使用任何许可证、许可例外，或出口管制文件、及以任何方式从事任何涉及受 EAR 约束的任何物品、软件、或技术等交易；（ⅱ）支付至美国银行托管账户的 4 亿美元罚款可立即到期且应全额或部分支付。

本公司高度重视出口管制合规工作，把合规视为公司战略的基石和经营的前提及底线。

本公司成立了董事会出口合规委员会，委员包括公司执行董事、非执行董事及独立非执行董事；在专业外部律师团队和咨询团队的支撑下组建了包括首席出口管制合规官、区域出口管制合规总监以及覆盖全球的资深出口管制合规专家团队；引入多家顾问单位提供专业指导，构建和优化公司出口管制合规管理架构、制度和流程；引入和实施 SAP 贸易合规管控工具（GTS），以实现出口合规管理自动化；持续向包括高级管理人员、子公司、合规联络人、客户经理和新员工提供全面的线上、线下合规培训；配合独立合规监察官和特别合规协调员开展的各项监管工作；并对出口管制合规工作进行持续投入。

本公司持续致力于出口合规以及建立与时俱进和完善的出口合规项目以防范风险，保障公司可持续发展，维护员工、客户和股东利益。

从 2018 年 1 月 1 日至本报告发布之日，尽本公司所知，上述或有事项不会对本集团当期财务状况及经营成果造成重大不利影响。

图 2

五、合并财务报表主要项目注释
营业外收入 / 营业外支出

金额单位：千元

营业外收入

	2018 年	2017 年	计入 2018 年度非经常性损益的金额
其他	142 651	131 194	142 651

注：其他项包括合同罚款收益及其他各类收益。

营业外支出

	2018 年	2017 年	计入 2018 年度非经常性损益的金额
赔付支出	6 818 978	83 440	6 818 978
其他	61 925	109 843	61 925
合计	6 880 903	193 283	6 880 903

注 1：本公司于 2018 年 6 月 12 日发布的《关于重大事项进展及复牌的公告》所述的 10 亿美元罚款。

图 3

赔款支出计入 2018 年度非经营性损益的金额为 688 090.30 万元。

五、合并财务报表主要项目注释（续）
54. 费用按性质分类

本集团营业成本、销售费用、研发费用、管理费用按照性质分类补充资料如下：

金额单位：千元

	2018 年	2017 年
货品及服务的成本	55 065 491	73 735 995
职工薪酬（含股份支付）	15 639 601	19 357 511
折旧和摊销	2 507 379	2 603 222
租金	593 673	692 165
其他	7 203 005	6 740 733
合计	81 009 149	103 129 626
55. 所得税费用	**2018 年**	**2017 年**
当期所得税费用	939 888	1 062 159
递延所得税费用	（1 340 751）	270 423
合计	（400 863）	1 332 582

图 4

所得税费用与利润总额的关系列示如下：

金额单位：千元

	2018 年	2017 年
利润总额	(7 350 203)	6 718 924
按法定税率计算的所得税费用	(1 837 551)	1 679 731
某些公司适用不同税率的影响	564 453	(721 458)
对以前期间当期税项的调整	28 408	22 612
归属于合营企业和联营企业的损益	119 112	12 716
无须纳税的收入	(42 751)	(101 123)
不可抵扣的税项费用	508 836	242 954
未确认可抵扣暂时性差异	30 448	71 142
利用以前年度可抵扣亏损	(36 539)	(30 517)
未确认的税务亏损	264 721	156 525
按本集团实际税率计算的税项费用	(400 863)	1 332 582

图 5

五、合并财务报表主要项目注释（续）

57. 现金流量表主表项目注释

金额单位：千元

	2018 年	2017 年
收到的其他与经营活动有关的现金：		
利息收入	747 518	907 786
支付的其他与经营活动有关的现金：		
销售费用	4 008 434	5 766 678
管理费用	952 379	1 011 798
研发费用	1 054 838	1 486 359
支付罚款和保证金	9 654 487	—
收到的其他与投资活动有关的现金：		
收到与万科合作款	—	1 771 000
收到深圳投资控股有限公司合作款	2 200 000	—
支付的其他与投资活动有关的现金：		
处置子公司现金流出	—	647 838
支付的其他与筹资活动有关现金：		
收购少数股东权益	15 740	—

图 6

20. 递延所得税资产 / 负债　　　　　　　　　　　　　　　　　金额单位：人民币千元

未经抵销的递延所得税资产和递延所得税负债：

	2018 年 12 月 31 日		2017 年 12 月 31 日		2018 年 1 月 1 日	
	可抵扣暂时性差异	递延所得税资产	可抵扣暂时性差异	递延所得税资产	可抵扣暂时性差异	递延所得税资产
递延所得税资产						
集团内未实现利润	1 699 679	400 583	1 080 146	229 328	1 080 146	229 328
存货跌价准备	1 307 066	286 420	286 420	157 667	841 085	157 667
建造合同预计损失	1 324 843	198 726	458 712	68 807	458 712	68 807
开发支出摊销	2 143 306	237 342	2 061 240	233 972	2 061 240	233 972
保养及退货准备	527 320	83 847	365 016	56 660	365 016	56 660
退休福利拨备	162 546	25 706	142 707	22 358	142 707	22 358
可抵扣亏损	**7 264 374**	**1 104 016**	**1 978 195**	**300 540**	**3 237 922**	**489 499**
预提未支付费用	**3 187 964**	**446 151**	**2 958 511**	**414 825**	**2 958 511**	**414 825**
待抵扣海外税	883 782	132 567	966 051	144 908	966 051	144 908
股票期权激励成本	404 890	60 734	203 901	30 585	203 901	30 585
	18 905 770	2 976 092	10 500 899	1 659 650	12 315 291	1 848 609

图 7

（图 4 至图 7 摘自《中兴通讯股份有限公司 2018 年年度报告》，网址为 http://www.cninfo.com.cn/new/disclosure/detail？ plate=szse&orgId=gssz0000063&stockCode=000063&announcementId=1205949555&announcementTime=2019-03-28）

根据以上资料，分析营业外支出对财务报表的影响，见下表。

营业外支出对账务报表的影响

金额单位：万元

项　　　目	人民币	美　元	汇　率
利润表			
营业外支出	681 897	100 000	1：6.818 97
所得税费用——按法定税率计算的所得税费用	−183 755		
预测递延所得税资产	170 474	25 000	1：6.818 97
现金流量表			

支付的其他与经营活动有关的现金			
支付罚款和保证金	965 449	140 000	1 : 6.896 062
资产负债表			
递延所得税资产	297 600		
预提所得税 (10%)		10 000	
增值税 (6%)		6 000	

说明：

注 1：2018 年，营业外支出 68 189.70 万元人民币（10 亿美元）来源于图 3，直接取自 2018 年年报附注，并且与图 1 "包括一次性支付 10 亿美元"一致。

注 2：按法定税率计算的所得税费用 — 183 755.10 万元来源于图 5 "按法定税率计算的所得税费用（注 1）— 1 837 551"，单位为人民币千元。此项为中兴通讯 2018 年所得税费用调整前费用。

注 3：预测递延所得税资产计算逻辑为营业外支出乘以 25% 的法定企业所得税税率（68 189.70 × 0.25 = 17 047.43（万元）

注 4：2018 年支付罚款和保证金 96 548.7 万元人民币（14 亿美元）来源于图 6 直接取自 2018 年年报附注，并且与图 2 "支付至美国银行托管账户的 4 亿美元罚款可立即到期且应全额或部分支付"一致。

中兴通讯最终被处罚 10 亿美元并缴纳 4 亿美元的押金。2018 年对财务报表的影响分录如下：

借：营业外支出　　　　　　　　　　10 000 000 000（注 1）

　　所得税费用　　　　　　　　　－2 500 000 000（倒挤）

　　其他应收款　　　　　　　　　　4 000 000 000（注 4）

　　递延所得税资产　　　　　　　　2 500 000 000（注 3）

贷：银行存款　　　　　　　　　　14 000 000 000（注 4）

"注 2"按法定税率计算的所得税费用 –183 755.10 万元是 2018 年未调整前所得税费用与倒算出的所得税费用 –25 000 万美元（170 474 万元人民币）相近差异仅为 13 281 万元，差异率为 7.23%，影响较小。图 5 "不可抵扣的税项费用 508 836"千元，计人民币约 5.08 亿元，如果此笔押款不被税务机关认可在 2018 年企业所得税前扣除应该在此计入不少于 25 000 万美元（人民币 17 047.43 万元）的不可抵扣的税项费用。可以从以上两点推算中兴通讯的 10 亿美元被税务局认可在企业所得税前扣除了。

综上所述，通过财务的努力，中兴通讯的此笔处罚取得了最优的税务处理结果，被认可并在企业所得税前扣除。另外，支付预提企业所得税被认可在中国境外发生且不需要交纳。减少企业所得税费用为 2.5 亿美元，实际预提所得税节税 1 亿美元、增值税 0.6 亿美元。

案例五　从联想集团产品国内售价高于国际售价想到的产品定价问题

中国老牌 IT 企业联想集团（以下简称"联想"）曾成为热点话题。事件起源于联想被移出恒生指数成分股，创始人柳传志发起联想荣誉保卫战，并迅速得到了中国企业家们的支持。在此不讨论联想此次事件的是非曲直，仅仅从财务的角度分析，从此次事件被网友们挖出的联想 IT 产品国内销售价高于国际销售价背后的产品定价问题。

1. 增值税出口退税政策是问题产生的主要因素

中国的 IT 产品，比如联想的电脑、手机等一直存在行货价格高于国外水货价格的问题。背后主要因素可能是我国的增值税出口退税政策导致。联想的同样一款产品内地销售价高于国际市场商品的 17% 左右。中国的增值税出口退税政策，在不考虑其他因素的情况下，IT 电脑等实物商品国内与国际保持一样毛利率的情况下就产生了国际价格可以扣除商品的出口退税率定价。比如中国企业自主研发了一款 IT 新产品进行事前定价，国内市场定价为 113 美元，不含增值税销售额为 100 美元（增值税税率为 13%），另 13 美元是企业从消费者处代税务局征收的增值税。如果退税率为 13%，国际定价 100 美元就与国内的毛利率相等，等于国外消费者支付 100 美元，中国政府支付 13 美元退税。所以，国内消费者比国外消费者多负担了 13 美元的增值税。

2. 问题产生的根本原因——中国企业没有产品定价权

是否所有的跨国公司都会存在联想定价的问题呢？中国的增值税退税政策是所有跨国公司在定价时都会考虑的税率差异的问题。但在苹果等拥有产品定价权的公司，相信美国本国市场的上市时间和价格在产品拥有充足利润的情况下，还是会向公司所在国的消费者让利，以平衡国际市场上的价格差异。让产品在全球市场的价格基本统一，以杜绝走私等不必要的产品风险引发的国家政策风险。特别是公司所在国的消费者的压力会对公司产生不利影响。联想主力产品是电脑等IT产品，产品的定价权主要是以产品制造成本为基础，无法将以上中国增值税的出口退税产生的成本在全球市场的产品定价中消化或者让利中国消费者。此事件表面是中国税制与国际税制的差异，实际还是反映中国企业在产品定价权上还是没有主导权。在中国制造的工厂价格战中，要向"中国智造"转型开发有高附加值的独创型产品的路还很长。

日本企业的一些定价策略是可以让联想等走国际化的中国企业学习。让先进的产品先在本国市场上销售，过一段时间后再一步步向其他市场进行销售。将产品在型号方面进行区别，以减少由此引发对公司的不利影响。全球产品定价问题是一个复杂的问题，不能仅从财务回报的角度出发，还是要评估各种因素的影响，以便企业可以很好地走向世界。

案例六　中国铁塔增值税高进低出带来的负税与负利润

中国铁塔股份有限公司（以下简称"中国铁塔"）由中国移动通信有限公司、中国联合网络通信有限公司、中国电信股份有限公司和中国国新控股有限责任公司出资设立的大型国有通信铁塔基础设施服务企业。公司主要从事通信铁塔等基站配套设施和高铁地铁公网覆盖、大型室内分布系统的建设、维护和运营。2018年7月23日，中国铁塔发售H股约431.15亿元，集资约681亿港元。

1. 增值税销项、进项税率分析

从商业模式来说，中国铁塔是向下游的通信公司客户提供服务，包括塔类站址服务，增值税税率6%，室分站址服务增值税税率为6%，室分站址基础服务增值税税率为11%，如图8所示。

根据国家税务总局于2015年12月22日发布，2016年2月1日生效的《关于营业税改征增值税试点期间有关增值税问题的公告》（国家税务总局公告2015年第90号），塔类站址服务执行6%的税率；室分站址增值税服务执行6%的税率，室分站址基础服务执行11%的税率。

根据财政部和国家税务总局于2018年4月4日发布，2018年5月1日生效的《关于调整增值税税率的通知》（财税〔2018〕32号），纳税人发生增值税应税销售行为执行的税率调整为16%或10%

图 8

再进一步分析主营业务收入的比重，如图9所示。

按业务类型对本集团的营业收入进行分类汇总，见下表

	未经审核	
	2020年6月30日	2019年
	（人民币百万元）	（人民币百万元）
塔类业务	36 371	35 808
室分业务	1 720	1 254
跨行业业务	1 264	843
能源经营业务	315	
其他	124	75

图 9

说明：按以上数据整理，见下表。

（1）按现行增值税税率的规定，降税后为三档税率6%、9%、13%（11%降为9%，16%降为13%）。

（2）按2020年半年报收入占比估算中国铁塔的增值税销项税率综合为6.75%。

各类业务收入占比与税率

项目（百万元）	2020 年半年 （人民币百万元）	2019 年半年 （人民币百万元）	合 计 （人民币百万元）	占总收入 比重	增值税税率
塔类业务	36 371	35 808	72 179	93%	6%
室分业务	1 720	1 254	2 974	4%	6% 或 9%
跨行业业务	1 264	843	2 107	3%	6% 或 9% 或 13%
能源经营业务	315		315	0%	6% 或 9% 或 13%
其他	124	75	199	0%	6% 或 9% 或 13%
合计	39 794	37 980	77 774	100%	6.75%

说明：按图 7 数据整理，补充计算逻辑合计（等于 2020 年半年加 2019 年半年）占总

收入比重（比如塔类业务合计 72 179 元，除以总计 77 774 元等于 93%）

2．增值税进项税额分析

图 10 为中国铁塔 2016、2017、2018 年增值税进项税具体数额。

应付递延对价

	2015 年 12 月 31 日	2016 年 12 月 31 日	2017 年 12 月 31 日	2018 年 12 月 31 日
	（人民币百万元）	（人民币百万元）	（人民币百万元）	（人民币百万元）
应付递延对价				
——递延对价	94 866	83 900	12 961	12 961
——增值税进项税	**0**	**6 888**	**4 291**	**2 776**
减：未确认融资费用	（567）	（289）	—	—
	94 299	90 499	17 252	15 737
减：1 年内到期部分	（10 966）	（90 499）	（17252）	（15 737）
	83 333	—	—	—

铁塔资产收购完成后，贵公司应支付现金对价人民币 94 866 百万元。贵公司已于 2016 年 2 月向中国移动公司、中国联通公司及电信集团支付首笔现金付款人民币 10 966 百万元。未支付现金对价和相关增值税进项税以交易完成日中国人民银行公布的金融机构一年期贷款基准利率的 90% 的利率自 2015 年 11 月 1 日起计息。于 2017 年 12 月，贵公司向中国移动公司，中国联通公司及联通集团付清对价人民币 70 939 百万元，余下的需向移动集团支付的对价人民币 12 961 百万元再次递延至 2018 年 12 月 31 日前结清，利率相等于中国人民银行公布的金融机构一年期贷款基准利率。

图 10

（摘自《中国铁塔招股说明书—会计师报告》，网址为 https://www1.hkexnews.hk/listedco/listconews/sehk/2018/0725/00788_3409596/cwp128_c.pdf）

源于中国铁塔的历史资产基站是由各大运营商分拆注入公司，可以从审计报告中看到注入公司的进项税额的数据，整理见下表。

2016～2018 年增值税具体分析

项目	2016 年	2017 年	2018 年	合计
支付对价（人民币百万元）	90 499	17 252	15 737	123 488
增值税进项税（人民币百万元）	6 888	4 291	2 776	13 955
不含税金额（人民币百万元）	83 611	12 961	12 961	109 533
税率	8.24%	33.11%	21.42%	12.74%

（1）从上表可以看到历史部分的增值税进项税率为12.74%（税率＝增值税进项税÷不含税金额）。

（2）从现行税率看中国铁塔从上游通信设备供应商取得进项税率由历史税率16%下降为13%，估算税率＝12.74%－3%=9.74%。

3．税差产生利润分析

由于中国铁塔大部分投资已完成，所以从进项税率来看，用12.74%比较合理，销项税率为6.75%。此处就产生了增值税实务中比较罕见的负税差，销项税率小于进项税率大约5.99%，见下表。

增值税进销差价率

金额单位：百万元

项目	税率	收入	成本	税额	不含税
销项税率	6.75%	100.00		6.32	93.68
进项税率	12.74%		100.00	11.30	88.70
合计	−5.99%			(4.98)	4.98

通过上表就可以看出当公司从供应商处进货价含税为100万元平进平出卖给客户，还是可以赚取以上负税差产生的4.98万元的利润，见下表。

税差产生利润

金额单位：百万元

项目	税率	收入	成本	税额	不含税
销项税率	6.75%	95.02		6.32	88.70
进项税率	12.74%		100.00	11.30	88.70
合计	−5.99%			(4.98)	(0.00)

从定价来看，中国铁塔在不考虑其他因素的情况下，可以按95.02%的进价折扣来平衡收入。

4．实际增值税情况

2019至2020年6月30日，中国铁塔实际待抵扣增值税进项税情况，如图11

所示。

其他非流动资产		
	未经审核	经审核
	于 2020 年 6 月 30 日	于 2019 年 12 月 31 日
	（人民币百万元）	（人民币百万元）
待抵扣增值税进项税额——非即期部分［附注（ⅰ）］	6 149	7 170
其他	336	375
	6 485	7 545

附注：

　　本集团于中国境内采购增值税应税资产（如铁塔、设备及物业），以及接受增值税应税劳务时取得增值税进项税额，待抵扣增值税进项税额主要由 2015 年后三家通信运营商收购铁塔资产产生。根据中国增值税相关法规，待抵扣增值税进项税额可以无限期结转至以后期间抵减未来增值税销售项税额。

预付款及其他流动资产

	未经审核	经审核
	于 2020 年 6 月 30 日	于 2019 年 12 月 31 日
	（人民币百万元）	（人民币百万元）
待抵扣增值税进项税额——即期部分	5 425	5 394
预付款	3 499	3 112
其他	4	8

图 11

（摘自《中国铁塔 2020 年半年报告》，https://stockn.xueqiu.com/00788/20200825252530.pdf）

　　从图 11 中可以看出，中国铁塔截至 2020 年 6 月底进项税额还有 115.74 亿元（54.25+61.49）未抵扣完，按流动性分为两部分：流动部分为 54.25 亿元，非流动部分为 61.49 亿元。按上文计算的销项税率 6.75%，需要未来产生 1 830.41 亿元的含税收入才能消化。按 2020 年上半年的收入估算需要大约 2 年 4 个月才能消化。

　　按增值税留抵退税政策的规定，个人认为，中国铁塔是有机会按政策申请留抵退税，可以产生退税后的现金流入的收益。

第 6 章
第六大难题：外币计量会计

在会计实务中，外币计量会计难题原来是在外资企业中比较常见，但随着我国经济的发展，很多互联网企业或者新经济企业通过 VIE 架构到美股或者港股等资本市场上市，因为按照《企业会计准则》的规定，可以选择使用的主要功能货币进行财务报表的披露，所以产生了会计实务外币计量的会计难题了。

▶▶ VIE 架构公司：记账本位币选择有玄机

VIE 架构是大多数中国互联网企业选择未来在中国香港或者国外等市场上市的标准架构。基于 VIE 架构的一轮轮战略投资，一般都是由投资者投入美元资本给架构顶层的海外公司，但限于外汇政策等原因，投资者投入的美元资金不能直接划转经营互联网业务的企业，只能投到不能经营互联网业务的全资企业中。运营互联网业务的实体企业只能通过贷款等间接方式取得运营所需的资金，外汇管制等原因让美元无法快速变成运营公司所需要的人民币资产。

1. 产生记账本位币选择的因素

选择 VIE 架构下的记账本位币就有了玄机。人民币与美元的汇率波动加大了此类会计选择的作用。因素有两个：其一，VIE 架构下海外公司的实收资本一般金额很小，一轮轮战略融资后会产生巨额的资本公积，并会随之产生巨额的外币汇率变动引起的汇兑损益；其二，企业账上的美元无法变现为人民币，产生了美元资产与负债的头寸差额，导致汇兑损益产生。

2. 会计选择空间以及会计处理

（1）选择美元为记账本位币。

会计上，对于第一种资本公积历史汇率固定引起的汇兑损益计入资产负债表中的所有者权益中"资本公积"项目，对第二种资产负债原始币种差异引起的汇兑损益，会计上计入利润表中的"汇兑损益"项目。

（2）选择人民币为记账本位币。

对以上两种汇兑损益都会记入利润表中。

3. 企业实践中的选择

小米选择以人民币作为记账本位币，在人民币兑美元升值的前提下，产生了汇兑亏损。如果变更为美元为记账本位币将会减少亏损，计入所有者权益中。当然，以上只考虑了会计政策因素，为减少收入、成本等波动性，以人民币业务为主的 VIE 企业选择人民币为记账本位币一样是一种长期有利于向投资者解释业绩的选择。所以实践中大多数 VIE 公司选择了人民币为记账本位币。

《企业会计准则第 19 号——外币折算》中存在企业可选择会计政策的空间（在新会计准则下选择记账本位币的变更是一项会计估计的变更）。在企业业务不变的情况下，通过记账本位币会计政策的变更来达到短期提升会计利润的目的。有兴趣的读者可以看看案例，如绿庭投资《关于境外子公司记账本位制变更的公告》、三元股份《关于香港三元记账本位币变更的公告》、亨通光电《关于境外子公司记账本位币变更的公告》等。全球化外汇市场的波动让主要经营使用的本位币与国际通用货币美元之间产生大额波动影响企业的合并会计报告的利润，通过记账本位币的变更可以减少不利的影响或者加大有利的影响。当然，这只是会计技术的处理并不能带来真正的企业价值的创造，只能带来股价的一些纸面收益的短期上升。

会计外币计量实务中的难题，其实还有很多未解之谜，比如，利润表运用哪一个时间的货币汇率进行除外币结算差额之间会计科目的换算？编制合并报表，是先单体会计报表统一换算还是先用多币种报送再进行合并抵销后换算成记账本位币。会计是一项细致的工作，只有将细节都搞清楚了，才能开启解决会计实务难题之路。

▶▶ 外币会计计量的本质

第一条　为了规范外币交易的会计处理、外币财务报表的折算和相关信息的披露，根据《企业会计准则——基本准则》，制定本准则。

——摘自《企业会计准则第 19 号—外币折算》（财会〔2006〕3 号）

外币会计计量是伴随人类的货币史产生，估计比借贷记账法的发明还要早。原因是存在不同的货币，如何计量、确认、列报不同的货币就成为自然需要解决的问题。无论是在中国春秋战国时期商人贸易使用不同的钱币，还是在借贷记账法发源地意大利（源于海外冒险式的共同出资投资远洋贸易商船，从海外贸易带回其他国家的贵金属货币，去专业的银行可以兑换回股东投入的币种），当然，海外贸易一般是运用分账制对不同币种的现金进行记账，对于用外币现金支付购买货物或者服务等应该是运用汇率技术，按统账制进行会计核算，或者是现代跨国经营的企业，有来源于不同国家的业务需要运用全面的外币计量技术进行外币计量会计的核算，从单体会计主体的本位币选择，到合并会计主体的会计报表出具都离不开外币会计折算技术。

外币计量的难题是源于企业跨境经营的商业模式，以及各国货币之间汇率的波动产生汇算成统一记账本位币的报表金额的波动。当然主要还是外汇风险管理技术的运用源头，可能为企业实际经营产生真实的外汇收益，也可能是损失，可以分为已实现的外汇收益和未实现的会计账面收益。

▶▶ 如何解决外币计量难题

人民币兑美元发生大额的波动，给中国企业从事资金管理工作的财务人员带来了不小的压力。背后一定会有动人心弦的财富故事发生，有管控风险成功使企业产生了巨额的经济收益；有决策被动，不在意短期风险波动产生了巨额的账面浮亏，还是会产生深深的不安和自责；有主动选择方案，但实际汇率波动带来了更大的账面亏损。这一幕幕真实的汇率波动带来的悲喜剧不断地在现实生活中上演。

在汇率上的企业财务的真实案例，最著名的应该是"中航油事件"。2004 年，中国航油（新加坡）股份有限公司因澳大利亚籍交易员纪瑞德和英国籍交易员卡尔玛从事油品期权交易导致巨额亏损。中国航油（新加坡）股份有限公司总裁陈久霖本人因此被迫离职，并遭到新加坡警方拘捕。2006 年 3 月，新加坡初等法院作出判决，判处陈久霖入狱服刑四年零三个月，其判刑原因是股东售股拯救公司和公司没有向交易所呈报亏损。陈久霖在新加坡服刑 1035 天后，于 2009 年 1 月 20 日刑满出狱。后来还发生过"中信泰富澳大利亚铁矿汇率风险巨额亏损事件""巴林银行事件"等。在财务中如何有效的管控外汇风险呢？我总结了以下三点：

1. 建立外汇风险管控战略

财务管理的原则：风险与收益是对等的，企业存在三种外汇风险的管控选择。

一是高风险、高收益的主动性外汇管控战略。

完全按外汇市场的波动建立自己的外汇套利系统，动用企业的资金进行外汇经营行为。实际上巴林银行就是此类企业，一般是专业银行等金融机构进行此类战略的运用，通过外汇的波动进行套利达成盈余的目标。实业公司很少进行此类高风险的外汇业务，"中航油事件"是一个特别案例。当然，相信实务中一样会有后来者因为前期的成功盲目自信，不断加码最后成为外汇风险的赌徒。

二是中风险、中收益的半主动性外汇管控战略。

企业的资产、负债币种长期完全匹配：在币种上按业务的未来需要进行匹配，在时间上进行主动的外汇套利行动。购买外汇保值产品对冲未来业务外汇波动风险，按业务需要，在限额内进行外汇的主动性的产品保值行动。目前，大多企业都进行了此类外汇风险的管理，购买了一些银行的相关产品来对冲外汇波动的风险。结果一样还是有悲有喜，只是风险在可控的范围内，如果事前进行了止损方案的制定，并在事中严格执行，风险还是可控的。

三是低风险、低收益的被动性外汇管控战略。

企业的资产、负债币种完全匹配：按业务的未来需要，不论是在时间上还是在币种上都进行匹配，不进行主动的外汇套利行动。不购买外汇保值产品，只在业务需要时进行货币的兑换和结算。实务中有一些企业限于在专业人员或者管控上的投入不足，以及对风险自然对冲的认识，还是会选择此种战略。从盈亏来看，主要还是外汇市场的波动产生的。

2. 建立外汇风险管控制度

不同的企业选择相关的外汇管控战略后，需要建立内控制度，雇用专业人员，并同步上线外汇管控系统进行专业的外汇风险管控。

3. 建立制定外汇风险管控内部审计

定期和不定期的内部审计是一切风险控制的最有力的防线。不论是"中航油事件"还是"巴林银行事件"，如果有不定期的严格的内部审计，相信不会产生如此巨额的损失。

总之，会计信息使用者的决策砝码标准会随时间和经验的流逝有所变化，只要有不同的会计信息使用者的需要，会计还会在实务中不断地面对外币计量的难题。

▶▶ 记账本位币选择的会计筹划

关于记账本位币的会计准则相关规定如下。

1. 单体会计主体的记账本位币确定原则

基于《企业会计准则》对确定记账本位币的三项因素来进行记账本位币的判断。

（1）从日常活动收入的角度看，所选择的货币能够对企业商品和劳务销售价格起到主要作用，通常以该货币进行商品和劳务销售价格的计价和结算。（从现金流量表的角度看，经营活动的现金流入中占比重最大的货币币种是什么？）

（2）从日常活动支出的角度看，所选择的货币能够对商品和劳务所需人工、材料和其他费用产生主要影响，通常以该货币这些费用的计价和结算。（从现金流量表的角度看，经营活动的现金流出中占比重最大的货币币种是什么？）

（3）融资活动获得的资金以及保存从经营活动中收取款项时所使用的货币。即使融资活动获得的资金在其生产经营活动中的重要性，企业通常留存销售收入的货币而定。（从现金流量表的角度看，筹资活动的现金流入或者经营活动净现金用于投资活动现金流出中占比重最大的货币币种是什么？）

前两项为主要因素，如果前两项不能确定，以（3）因素起重要作用为原则。

2. 子公司等境外经营实体的记账本位币确定原则

基于《企业会计准则》对确定记账本位币的三项因素来进行记账本位币的判断还需要考虑境外经营与母公司的四点关系。

（1）境外经营对其所从事的活动是否拥有很强的自主性。自主性强可选择与母公司不同的记账本位币，否则只能用与母公司相同的本位币作为视同母公司的经营活动的延伸。

（2）境外经营活动中与企业的交易是否在境外经营活动中占有较大比重。关联交易占比高，应视同母公司的经营活动的延伸，只能用与母公司相同的本位币。反之，可以选择本位币。

（3）境外经营活动产生的现金流量是否直接影响企业的现金流量，是否可以随时汇回。如果境外经营活动产生的现金流量直接影响企业的现金流量，并可随时汇回，境外经营应当选择与企业记账本位币相同的货币作为记账本位币；反之，应根据所处的主要经济环境选择记账本位币。

（4）境外经营活动产生的现金流量是否足以偿还其现有债务和可预期的债务。

3．记账本位币变更的会计规定

记账本位币的变更一般是因为企业所处的主要经济环境发生重大变化所引发的，属于会计估计的变更，应当采用未来适用法处理。

图 1 为深圳齐心集团关于境外子公司记账本位币变更的公告。

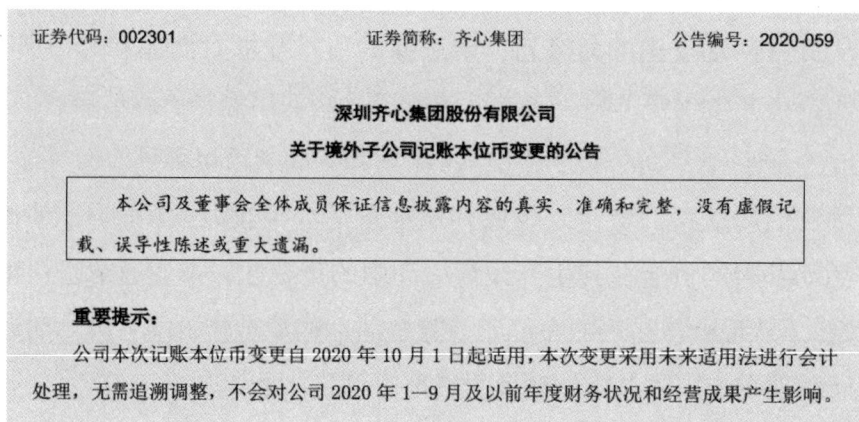

| 证券代码：002301 | 证券简称：齐心集团 | 公告编号：2020-059 |

深圳齐心集团股份有限公司
关于境外子公司记账本位币变更的公告

本公司及董事会全体成员保证信息披露内容的真实、准确和完整，没有虚假记载、误导性陈述或重大遗漏。

重要提示：
公司本次记账本位币变更自 2020 年 10 月 1 日起适用，本次变更采用未来适用法进行会计处理，无需追溯调整，不会对公司 2020 年 1—9 月及以前年度财务状况和经营成果产生影响。

图 1

（摘自《深圳齐心集团股份有限公司关于境外子公司记账本位币变更的公告》，网址为 https://q.stock.sohu.com/newpdf/202042666296.pdf）

实务中，不存在记账本位币的变更引发了列报项目发生变更，比如不同币种记账本位币下所有者权益中"实收资本、资本公积"等固定历史汇率与变更本位币时运用即期汇率折算所产生的差额对企业损益会产生影响。

4．记账本位币选择产生的会计差异

第一，时间性差异是由选择不同记账本位币引起的，包括子公司与合并报表

本位币不同，选择不同币种作为记账本位币，后续变更币种为记账本位币。

第二，永久性差异是由会计核算规则引起的。现行《企业会计准则》选择运用现时汇率法。比如，所有者权益中的"实收资本"和"资本公积"运用固定历史汇率折算。

5. 记账本位币筹划的方向

方向一：母公司本位币的会计筹划。

> "第四条 记账本位币，是指企业经营所处的主要经济环境中的货币。
>
> 企业通常应选择人民币作为记账本位币。业务收支以人民币以外的货币为主的企业，可以按照本准则第五条规定选定其中一种货币作为记账本位币。但是，编报的财务报表应当折算为人民币。"
>
> ——摘自《企业会计准则第 19 号—外币折算（2006）》

按中国会计准则的规定，可以选择外币作为记账本位币，但需要在编制财务报表时折算成人民币。企业集团的母公司本位币是存在会计筹划空间的，可以创造条件运用人民币以外的货币作为本位币或者选择人民币作为本位币。特别是在经济全球化的今天，中国走出去的企业越来越多，如果主要业务源于国外就有可能按《企业会计准则》的规定，选择美元等外币作为集团母公司的记账本位币，特别在美国或者中国香港等证券市场上市的企业。

另外，企业集团合并层面与企业集团的母公司的记账本位币还可能存在不同的选择问题，特别是以 VIE 架构为主体的企业集团中，就存在此问题。比如，顶层在开曼等境外成立的控股公司，集团的底层是在中国或海外经营的业务实体，就可以有存在集团合并层面与集团母公司选择不同的货币为记账本位币的问题。

方向二：子公司等境外经营实体的本位币会计筹划。子公司、合营企业、联营企业、分支机构与母公司的记账本位币不同产生的境外经营记账本位币的会计政策选择。

方向三：合并报表本位币的会计筹划。

方向四：记账本位币变更的会计筹划。

案例　安琪酵母三家子公司记账本位币从会计政策变更改为会计估计变更

公告标题	公告时间
安琪酵母：大信会计师事务所关于安琪酵母股份有限公司调整子公司记账本位币变更的意见	2020 年 12 月 11 日
安琪酵母：监事会关于调整子公司记账本位币变更的核查意见	2020 年 12 月 11 日
安琪酵母：关于调整子公司记账本位币变更的补充公告	2020 年 12 月 11 日
安琪酵母：大信会计师事务所关于安琪酵母股份有限公司子公司记账本位币变更的意见	2020 年 12 月 11 日
安琪酵母：关于子公司记账本位币变更的公告	2020 年 12 月 11 日

图 2

（来源于：2020 年 12 月 11 日发表公告《关于子公司记账本位币变更的公告》以及《大信会计师事务所关于安琪酵母股份有限公司子公司记账本位币变更的意见》，网址为 http://www.cninfo.com.cn/new/disclosure/stock？ stockCode=600298&orgId=gssh0600298#latestAnnouncement）

从图 2 可以看到，安琪酵母股份有限公司（以下简称"安琪酵母"）通过从 2020 年 1 月 1 日起将三家子公司安琪酵母（埃及）有限公司、安琪酵母（香港）有限公司、安琪酵母（俄罗斯）有限公司的记账本位币从埃镑、美元和卢布变更为人民币。变更的结果"本次子公司记账本位币变更将导致公司合并报表净资产增加 17 151 万元，2020 年 1—9 月净利润增加 3 666 万元。"这次会计政策的变更，使会计列报项目产生了变更，净资产和净利润都产生了变化，如图 3 所示。

安琪酵母股份有限公司
关于子公司记账本位币变更的公告
重要内容提示：
　本次子公司记账本位币变更将导致公司合并报表净资产增加 17 151 万元，2020 年 1—9 月净利润增加 3 666 万元。（以上数据未经审计）。
　一、概述
　（一）安琪酵母股份有限公司（以下简称"公司"）目前拥有三家采用以其他币种记账的子公司：安琪酵母（埃及）有限公司（以下简称"安

琪埃及"）、安琪酵母（香港）有限公司（以下简称"安琪香港"）和安琪酵母（俄罗斯）有限公司（以下简称"安琪俄罗斯"），自成立以来分别采用埃镑、美元和卢布作为记账本位币。公司拟自 2020 年 1 月 1 日起将子公司记账本位币变更为人民币。
　（二）本次子公司记账本位币变更事项已经公司第八届董事会第十九次会议以 10 票赞成、0 票反对、0 票弃权审议批准。公司独立董事发表了独立意见。

（三）本次子公司记账本位币变更事项已经公司第八届监事会第十五次监事会以 3 票赞成、0 票反对、0 票弃权审议批准。公司监事会发表了核查意见。

（四）大信会计师事务所关于公司子公司记账本位币变更事项发表了意见。

（五）根据《公司章程》和《上海证券交易所股票上市规则》的相关规定，本次子公司记账本位币变更事项在获得公司董事会审议批准后尚需提交公司股东大会审议批准后实施。

二、具体情况及对公司的影响

（一）变更的原因

安琪埃及、安琪俄罗斯是公司的海外生产基地，安琪香港是公司的销售平台，会计核算涉及币种主要是当地货币及美元、子公司的负债主要为美元和人民币，当地记账本位币汇欧元和人民币。本次变更记账本位币有利于准确反映公司的财务状况和经营成果、有助于市场定价决策。

子公司的资产以历史汇率记账，随着当地记账本位币汇率的波动，折算成人民币的资产账面价值相应发生变动。汇率波动会影响公司经营成果的稳定性。如果以人民币作为记账本位币，能更加准确地反映公司的财务状况和经营成果。公司市场收入主要以美元和人民币结算，各子公司以当地货币为记账本位币时，存在汇率折算差异，在合并报表层面折算为人民币时，又导致第二次汇率折算差异。公司市场定价基础是人民币成本，当地货币汇率变动较大时可能会导致成本失真。如果以人民币作为记账本位币，成本数据更真实准确，有利于市场定价决策。

（二）变更内容及日期

安琪埃及、安琪香港、安琪俄罗斯三家公司自成立以来分别采用埃镑、美元和卢布作为记账本位币。公司拟将上述三家子公司记账本位币由外币变更为人民币。根据企业会计准则的相关规定，因此次变更记账本位币对于以前年度列报净利润的累积影响追溯不切实可行，故本次记账本位币的变更采用未来适用法，从 2020 年 1 月 1 日起开始执行，并采用变更当日的即期汇率将所有项目折算为变更后的记账本位币。

（三）对公司的影响经测算，自 2020 年 1 月 1 日子公司记账本位币变更为人民币，对公司会计报表的影响为：合并报表净资产增加 17 151 万元，2020 年 1—9 月净利润增加 3 666 万元。（以上数据未经审计）。

图 3

（摘自《安琪酵母股份有限公司关于子公司记账本位币变更的公告》http://www.cninfo.com.cn/new/disclosure/detail？plate=sse&orgId=gssh0600298&stockCode=600298&announcementId=1208820047&announcementTime=2020-12-01）

2020 年 12 月 11 日，安琪酵母又发布了三项有关此事的公告《关于调整子公司记账本位币变更的补充公告》《监事会关于调整子公司记账本位币变更事项的核查意见》，以及《大信会计师事务所关于安琪酵母股份有限公司调整子公司记账本位币变更的意见》让记账本位币变更从会计政策变更回到了会计估计变更上，如图 4 所示。

安琪酵母股份有限公司
关于调整子公司记账本位币变更的
补充公告

重要内容提示：

本次调整子公司记账本位币变更采用未来适用法，从 2020 年 10 月 1 日起开始执行，只影响变更当期及未来各期，对 2020 年 1—9 月及以前年度财务报告无影响。

一、概述

（一）安琪酵母股份有限公司（以下简称：公司）于 2020 年 12 月 1 日披露了《安琪酵母股份有限公司关于子公司记账本位币变更的公告》（临 2020-081 号）公告。公司目前拥有三家采用以其他币种记账的子公司，安琪酵母（埃及）有限公司（以下简称：安琪埃及）、安琪酵母（香港）有限公司（以下简称：安琪香港）和安琪酵母（俄罗斯）有限公司（以下简称：安琪俄罗斯），自成立以来分别采用埃镑、美元和卢布作为记账本位币。

二、具体情况及对公司的影响

（一）变更的原因《企业会计准则——外币折算》第八条规定："企业记账本位币一经确定，不得随意变更，除非企业经营所处的主要经济环境发生重大变化。主要经济环境发生重大变化，通常是指企业主要产生和支出现金的环境发生重大变化，使用该环境中的货币最能反映企业的主要交易业务的经济结果"。

2020 年新冠肺炎疫情对全球经济造成了重大影响。为应对新冠肺炎疫情的冲击，美联储将利率降至零，美元指数 3 月升至 102.99 的高点，此后呈连续下跌走势，迄今累计跌幅超过 10%，美国经济增长持续疲弱，量化宽松和低利率货币政策长期推行，政府财政赤字大幅增加，美元贬值趋势更加明显。2020 年以来国际原油价格持续下跌，俄罗斯国内的新冠病例不断增加，经济受到了较大冲击，卢布汇率持续下跌，与年初相比兑人民币贬值幅度达到 23%；旅游业是埃及公司拟自 2020 年 1 月 1 日起将子公司记账本位币由其他币种变更为人民币。现对上述公告相关内容进行调整并补充说明。公司拟调整执行时间，从 2020 年 10 月 1 日起开始执行，并采用变更当日的即期汇率将所有项目折算为变更后的记账本位币。

（二）本次调整子公司记账本位币变更事项已经公司第八届董事会第二十次会议以 10 票赞成、0 票反对、0 票弃权审议批准。公司独立董事发表了独立意见。

（三）本次调整子公司记账本位币变更事项已经公司第八届监事会第十六次监事会以 3 票赞成、0 票反对、0 票弃权审议批准。公司监事会发表了核查意见。

（四）大信会计师事务所关于公司调整子公司记账本位币变更事项发表了意见。

（五）根据《公司章程》和《上海证券交易所股票上市规则》的相关规定，本次调整子公司记账本位币变更事项在获得公司董事会审议批准后尚需提交公司股东大会审议批准后实施。主要收入来源之一，受疫情影响，严格的国际人员流动限制导致旅游收入锐减，埃及国内经济受到较大冲击，2020 年埃镑兑人民币汇率贬值 6.5%。

安琪埃及、安琪俄罗斯是公司的海外生产基地，安琪香港是公司的销售平台，三子公司主要结算货币为埃镑、卢布和美元，为应对外币贬值的风险，公司加大了子公司人民币贸易结算。埃及、俄罗斯和中国香港均为人民币货币互换的国家和地区，目前安琪俄罗斯将以人民币借款替换 2800 万美元借款，替换后人民币借款占子公司全部借款比例为 58.5%，三家子公司与客户和供应商签订的购销协议以人民币为计价基础。经公司审慎考虑，认为采取人民币为记账本位币有利于提供更可靠的会计信息，更加客观地反映其经营成果和财务状况。

图 4

（摘自《安琪酵母股份有限公司关于调整子公司记账本位币变更的补充公告》http://www.cninfo.com.cn/new/disclosure/detail？plate=sse&orgId=gssh0600298&stockCode=600298&announcementId=1208886800&announcementTime=2020-12-11）

此次记账本位币的变更从 2020 年 1 月 1 日起开始执行调整为从 2020 年 10 月 1 日起执行，从"本次子公司记账本位币变更将导致公司合并报表净资产增加 17 151 万元，2020 年 1—9 月净利润增加 3 666 万元。"变为"本次变更采用未来适用法，从 2020 年 10 月 1 日起开始执行，只影响变更当期及未来各期，对 2020 年 1—9 月及以前年度财务报告无影响"。

根据《企业会计准则》对恶性通货膨胀下外币折算的规定：

第十三条　企业对处于恶性通货膨胀经济中的境外经营的财务报表，应当按照下列规定进行折算：

对资产负债表项目运用一般物价指数予以重述，对利润表项目运用一般物价指数变动予以重述，再按照最近资产负债表日的即期汇率进行折算。

在境外经营不再处于恶性通货膨胀经济中时，应当停止重述，按照停止之日的价格水平重述的财务报表进行折算。

摘自《企业会计准则第 19 号——外币折算（2006）》

本准则第十三条规定了处于恶性通货膨胀经济中的境外经营的财务报表的折算。恶性通货膨胀经济通常按照以下特征进行判断：

（一）最近 3 年累计通货膨胀率接近或超过 100%；

（二）利率、工资和物价与物价指数挂钩；

（三）公众不是以当地货币、而是以相对稳定的外币为单位作为衡量货币金额的基础；

（四）公众倾向于以非货币性资产或相对稳定的外币来保存自己的财富，持有的当地货币立即用于投资以保持购买力；

（五）即使信用期限很短，赊销、赊购交易仍按补偿信用期预计购买力损失的价格成交。

——（摘自《企业会计准则应用指南(2020)第 19 号——外币折算》）

安琪酵母的子公司安琪酵母（埃及）有限公司、安琪酵母（香港）有限公司、安琪酵母（俄罗斯）有限公司的记账本位币从埃镑、美元和卢布变更为人民币。其中的安琪酵母（埃及）有限公司、安琪酵母（俄罗斯）有限公司所在国的埃镑和卢布是否适合我国《企业会计准则》中关于恶性通胀的规定是可以讨论的。从安琪酵母第一次变更对报表的影响达到"本次子公司记账本位币变更将导致公司合并报表净资产增加 17 151 万元，2020 年 1—9 月净利润增加 3 666 万元。"在埃及和俄罗斯所设公司应该有恶性通胀的可能性存在。但按披露中的埃镑和卢布的贬值来看，还没有达到三年接近或超过 100% 的规定。图 5 为安琪酵母关于调整子公司记账本位币变更的补充公告。

> 加明显。2020 年以来国际原油价格持续下跌，俄罗斯国内的新冠病例不断增加，经济受到了较大冲击，卢布汇率持续下跌，与年初相比兑人民币贬值幅度达到 23%；旅游业是埃及主要收入来源之一，受疫情影响，严格的国际间人员流动限制导致旅游收入锐减，埃及国内经济受到较大冲击，2020 年埃镑兑人民币汇率贬值 6.5%。

图 5

（摘自《安琪酵母股份有限公司关于调整境外子公司记账本位币变更的补充公告》http://www.cninfo.com.cn/new/disclosure/detail？ plate=sse&orgId=gssh0600298&stockCode=600298&announcementId=1208886800&announcementTime=2020-12-11）

按《企业会计准则》对恶性通货膨胀下外币折算规定的第十三条第二款、第五款来进行职业判断，这需要结合埃及和俄罗斯的实际情况进行。从 2020 年埃镑兑人民币贬值达 23% 来看，埃及子公司还是存在被认定为恶性通货膨胀经济中的境外经营，如果被认定就可以通过"对资产负债表项目运用一般物价指数予以重述，对利润表项目运用一般物价指数变动予以重述，再按照最近资产负债表日的即期汇率进行折算"，来对埃及子公司进行报表重述，就不需要变更记账本位币为人民币。当恶性通货膨胀停止日再停止以上用于一般物价指数变动重述报表。总之，外币折算背后有悠长的人类国际贸易的历史和精彩的海外商业冒险故事，变成了一张张简化为资产、负债、收入、利润的报表和账本等供人们去读懂和书写。

第7章
第七大难题：收入确认

　　会计实务中，企业的财务人员每天都要面对和处理收入确认的业务事项。成立企业的目标就是要创造收入并赚取利润，无论商业模式和科技如何发展，目前来看这一基本的财务逻辑是不会变的。因此，收入就成为企业所要创造财富的源头，股东们投入巨资，或者创业者、管理层投入企业所有的时间和智慧，以及付出努力，都是为了获取客户购买企业的商品或者服务，企业收到客户支付的现金，用来支付供应商的货款、员工工资、国家税费、股东分红等。从以上企业现金流的循环就可以看出收入是企业业务的起点和源头。因此，实务中会计收入确认成为企业会计难题的源头。

▶▶ "新收入准则"的本质

"新收入准则"有什么特别之处吗？个人总结，最大的变化来源于对原收入的细化，原来收入只需要核算到蛋糕，现在需要将蛋糕按"五步法"的规则分配到更细的产品和服务中。

举例来说，出售蛋糕时与客户就订立了合同，要为客户将蛋糕分成 10 份或者说按客户的要求分成多少份都可以，哪怕只有 1 份，客户也有权要求随时提货或者送货上门，以上蛋糕合同就比较复杂了。实际上，运用"五步法"识别合同就有了很多问题需要解决。

问题一，需要了解公司是否实际上出售的是一个蛋糕送货券，用户送货的时间是不确定的，送货券就应该产生有效期的问题，可能是永久有效，也可能会有时间期限。

问题二，公司的切蛋糕服务，实际上是与蛋糕需要分别进行提供的，主要是客户对切蛋糕有个性化的需要。

问题三，在合同和产品设计时，公司在产品上为了突出品牌就会约定切蛋糕上门服务的最高次数，并且运用自己开发的 App 进行网上和线下蛋糕送货券、销售、产品限定的送货切分服务最高次数以及蛋糕的总重量。（一张券中可能含有多次的送货服务，蛋糕一样可以最小化为最小包装。比如一个蛋糕可以分成 8 份，客户可以要求一次送到，或者分次送到不同的人手中。用于满足客户的需要，提升服务品质和扩大长尾市场。）在采购方面，公司将生产蛋糕和送货切分服务分别外包给供应商，按互联网的玩法将产品标准化，并在品牌、研发、销售上投入巨资，运用互联网颠覆蛋糕行业，实现零库存。

运用"五步法"对产品进行分析，应该可以将公司的产品在出售时记入负债中。蛋糕应该是在送给客户时确认蛋糕收入和成本是一次履约的义务。送货切分服务就有可以讨论的空间了，一种是供应商与公司认立的合同是按次收费的，即在完成服务时确认收入，另一种是供应商按年与公司收固定费用，不论发生多少次服务都收固定费用，送货切分服务收入就可以按时间平均分配并同时按时间同步确认送货切分服务。具体蛋糕收入与送货切分服务收入在总收入上的分配问题，两个收入就需要按单独出售时的市场价格进行分配，如果没有就可以按公司内部成本价格，运用一定的方法转化为收入的分配方法对两种收入进行切分。

通过以上案例，可以看出运用"新收入准则"需要财务人员更加了解公司的产品和业务模式，并且深入参与到产品的研发、购销合同的订立、产品的定价等具体的公司业务中去，才有可能很好地完成会计上的收入、成本的核算。

▶▶ 买赠组合：让人欢喜，让人愁

"双 11""6·18"已成为现代人购物的狂欢节，买赠是电商企业普遍运用的促销手段。买大送小、买一送一、买 X 送宝马等是让商家和消费者都满意。但买赠的花样百出，使后台的财务处理成为让人烦恼的事，特别是在"新收入准则"下买赠的会计处理更加让人抓狂。

第一，买赠的经济实质。

从经济角度来看买赠行为，实际上是商家为了促进商品的销售让利给消费者，通过商品的不同组合，产生新的商品组合，在短期内促使消费者购买更多的商品，从而提升销量，获取更高毛利的一种促销手段。

第二，买赠在"新旧收入准则"下的会计处理。

假设，某企业推出买赠组合商品，购买 A 商品送 B 商品，总额为 100 万元。A 商品和 B 商品的采购成本总计为 80 万元。不考虑税费因素，按新旧收入准则处理。

（1）旧收入准则处理：

收到消费者现金并发货时，编制会计分录。

借：库存现金	1 000 000
贷：主营业务收入	1 000 000
借：主营业务成本	800 000
贷：库存商品	800 000
借：库存商品	800 000
贷：应付账款——供应商	800 000

报表收入为 100 万元，成本为 80 万元，利润为 20 万元。

（2）新收入准则处理：

新收入准则下就需要分两种情况。

第一种，A 商品与 B 商品都单独出售的价格。

假设 A 商品单独出售的价格为 100 万元，B 商品单独出售的价格为 20 万元。

难点在于对 100 万元价格的切分，主要是通过公允价格或者单独售价的占比进行分配，具体见下表。

通过公允价格或者单独售价占比

金额单位：万元

项目	售价	单独售价	单独售价占比
A 商品		100	83%
B 商品		20	17%
合计	100	120	100%

按占比计算后 A 商品 = $100 \times 83\% = 83$（万元）

B 商品 = $100 \times 17\% = 17$（万元）

按单独售价计算

金额单位：万元

项目	售价	单独售价	单独售价占比
A 商品	83	100	83%
B 商品	17	20	17%
合计	100	120	100%

收到消费者现金并发货时的会计分录。

借：库存现金　　　　　　　　　　　　　　　　　　　1 000 000

　　贷：主营业务收入——A 商品　　　　　　　　　　830 000

　　　　　　　　　　　——B 商品　　　　　　　　　170 000

借：主营业务成本　　　　　　　　　　　　　　　　　800 000

　　贷：库存商品　　　　　　　　　　　　　　　　　800 000

借：库存商品　　　　　　　　　　　　　　　　　　　800 000

　　贷：应付账款——供应商　　　　　　　　　　　　800 000

收入为 100 万元，成本为 80 万元，利润为 20 万元，与"旧收入准则"的变化在于收入和成本细分到了 A 商品与 B 商品。

第二种：A 商品与 B 商品都没有单独出售的价格，运用商品成本占比进行收入切分，见下表。

按商品成本占比进行分配

金额单位：万元

项目	销售价	成本价	成本价占比
A 商品	88	70	88%
B 商品	12	10	12%
合计	100	80	100%

收到消费者现金并发货时的会计分录。

借：库存现金　　　　　　　　　　　　　　　　　　1 000 000

　　贷：主营业务收入——A 商品　　　　　　　　　　880 000

　　　　　　　　　　——B 商品　　　　　　　　　　120 000

借：主营业务成本　　　　　　　　　　　　　　　　800 000

　　贷：库存商品　　　　　　　　　　　　　　　　800 000

借：库存商品　　　　　　　　　　　　　　　　　　800 000

　　贷：应付账款——供应商　　　　　　　　　　　800 000

第三，买赠会计筹划的空间与方向。

买赠活动的会计处理还是存在一定筹划空间的，特别是在公允价格与成本价格的选择方面，通过财务的事前参与企业定价决策，可以为企业选择更优的收入结构。

从以上会计处理，可以看出以下两点：第一，实务中收入确认存在大量的创新以应对《企业会计准则》变化的挑战。从"新收入准则"与原准则的变动可以看出，实践中"新收入准则"实施后并没有对企业的业绩，特别是收入额和净利润产生有利的影响，比如华为实施"新收入准则"对年报短期利润产生了正面的影响，产生正面影响的还有房地产企业、电商企业、建筑企业等行业。

第二，收入确认最大的争议首先来源于总额法和净额法，其次是收入的时点之争。对于企业股东或者外部利润相关方关注的最重要的财务指标一般都是企业的利润表的收入。从知名的世界 500 强企业的排名就是用收入指标来进行衡量的。有很多人认为应该加上利润指标，个人认为不加这个指标原因其实很简单，如果企业收入能达到世界前列，利润水平达不到行业平均水平，相信很快会因为竞争使企业规模退出 500 强行列，深陷债务危机。

►► "新收入准则"实施难度有多大

"新收入准则"的实施将引发一波又一波企业对会计收入的地震。从实务角度看，主要的问题在于对企业原来采用总额法确认的收入，在"新收入准则"下将失去计量的基础，只能用净额法。对于上市公司市值的影响将会一步步地显现出来。以下是我在"新收入准则"实施中一些实务案例经验进行分享。

第一，合同订立有乾坤。

"新收入准则"的核心是企业是否拥有产品的定价权。在实务中，就存在会计确认的职业判断问题，如何证明企业拥有定价权？原收入准则只需要证明三个因素：一是产品或服务已提供给客户；二是产品或服务的现金会流入企业；三是产品或服务的成本能可靠计量。"新收入准则"下合同的履约义务是关键。对比原收入准则，合同成为"新收入准则"的一大关键。

在实务中，我经历过电商企业"新收入准则"的实施项目，对于电商业务模式中自营模式与入驻商家的代理模式，在原收入准则下，主要还在于现金流、发票、订单、物流单等差异，主要的差别在于现金流由电商直接收入并开具发票为直销，让入驻商家收款并开具发票支付给电商服务费为代销。比较有争议的是电商代收客户款项后全款或差额支付给商家，开票形式或由电商开具或者入驻商家开具。在"新收入准则"下，以上四种业务经过现有合同以及"五步法"的分析基本上都有可能按净额法确认收入。原因在于电商与入驻商家的合同条款上对产品的定价权的约定，以及产品的售后维修等都是在实务中双方从业务出发进行反复博弈的结果。用"新收入准则"的尺子对定制化的合同进行计量时就会出现千人千面的问题，企业财务人员认为应该自营模式按原收入准则总额法确认收入，但会计师认为自营模式按合同进行判断关于产品定价权，电商没有拥有决定性的主导权，会计上很难按总额法确认收入。对于企业来说，会计收入的重要性是不言而喻的，总额法与净额法的会计确认会对企业的估值产生巨大的影响。如何解决就成为企业财务面对的实务难题。记得当时进行反复研究，最终建议对三种业务模式分别制定三种格式的合同，并就相关条款与审计师和业务方进行了反复的讨论和修改，最终成功地取得了业务方与审计师都认可的合同条款，并按此方案进行了相关的会计确认。

第二，销售佣金有讲究。

产品的销售离不开销售佣金的投入，特别是与产品——对应的直接销售费用，比如产品的销售佣金。在原收入准则下，对产品的"销售费用"都是记入期间费用中的。在"新收入准则"中，引入了增量成本的概念，使与产品收入——对应的销售佣金在"新收入准则"下有可能计入产品销售成本中，可以更好地反映产品销售的经济实质，特别是当产品的销售收入的实现与产品的销售佣金的确认在会计期间上不一致的情况下，产生的企业会计报表的净利润无法真实地反映企业的实际经营成果。比如，某企业的一项产品是一项服务，企业在产品出售后，消费者可以在一定的时间内到企业享受此项服务。产品出售后收到消费者现金，企业就可发放销售佣金给相关的个人或者销售渠道商，消费者可能在以后期间去使用此项服务。由此，产生了销售佣金费用的确认提前与收入的确认，产生了让投资人或者外部会计报表使用者无法理解的企业新产品上线时产生巨额的销售佣金费用，并由此产生巨大亏损。但后续又会发生新产品的毛利润奇高，引发巨额的财务报表利润。"新收入准则"可以解决此项问题，让产品的毛利可以扣除销售佣金费用，回归到经济业务的实质中来。

▶▶ "新收入准则"下电商优惠券的悲欢离合

电商渠道已成为我们经济生活中的主流销售渠道，在新零售互联网电商潮流下，优惠券是电商的撒手锏。"新收入准则"对电商优惠券会产生什么样悲欢离合的会计故事？下面让我带大家一起来进入电商优惠券的故事。

电商优惠券的种类有两种：

第一种，平台优惠券是让电商平台自己负担相关费用（以下简称"平台券"）。

第二种，商户优惠券是让供应商负担相关费用（以下简称"商户券"）。

1. 在新旧收入准则下电商优惠券的会计处理

假设订单总额为 120 万元，用户使用了 10 万元的平台券、10 万元商户券，又支付 100 万元的现金才购买此项商品。10 万元商户券会由商户负担 10 万元，100 万元的商品都是向商户采购，成本价为 100 万元。发票由电商开具给消费者 100 万元。不考虑相关税费因素。

（1）旧收入准则下，采用总额法确认收入。

①收到消费者现金收入时的账务处理。

借：库存现金   1 000 000

    贷：主营业务收入   1 000 000

借：应收账款——供应商 A   100 000

    贷：其他业务收入   100 000

②发货时。

借：主营业务成本   1 000 000

    贷：库存商品   1 000 000

借：库存商品   1 000 000

    贷：应付账款——供应商   1 000 000

收入为 110 万元，成本为 100 万元，利润为 10 万元。

（2）"新收入准则"采用净额法确认收入。

"新收入准则"认为供应商与客户是同一家，应该按净额确认收入，会计分录如下。

①收到消费者现金收入时。

借：库存现金   1 000 000

    贷：主营业务收入   1 000 000

借：应收账款——供应商 A   100 000

    贷：主营业务成本   100 000

②发货时。

借：主营业务成本   1 000 000

    贷：库存商品   1 000 000

借：库存商品   1 000 000

    贷：应付账款——供应商   1 000 000

总报表收入为 100 万元，成本为 90 万元，利润为 10 万元。

（3）两者的差异主要体现在对供应商支付的 10 万元。"新收入准则"认为是供应商的一种降价行为。实际上，商品的采购成本为 100 万元减去 10 万元商户券后为 90 万元是商品实际成本，所以报表收入减少了 10 万元，利润是不变的。

2."新收入准则"如何优化电商优惠券的会计处理

商户券如何能运用总额法确认收入？这需要从商业模式和合同两方面入手。途径有两种：第一，向中间商集中采购商户券，在商户中间增加一个中间环节，如何不产生额外费用是需要各方努力，特别是业务方想出新的商业模式；第二，商户券让商户直接返现给消费者，消费者支付 110 万元给平台。如何降低商户产生额外的税费成本，需要进行专业的税务筹划。当然还有其他可以筹划的途径等您一起来探索和实践。

企业在资本市场的估值中，最关键的一种方法 PS（PS 即市销率估值法，P 是股价，S 是每股的销售收入，或者用总市值除以销售额，这样算出的值叫 PS，即Price-to-Sales）的估计方法的影响，对企业的股东来说就是 10 到 20 倍的价值差异，特别是对比如高速增长的新兴企业瑞幸咖啡就是由收入造假事件引发的，主要是为了达到投资者预期的收入的超高速增长预期。所以，总额法与净额法之争应该是企业管理层在会计上最看重的指标之争了。

收入的时点之争可能是企业成败的关键，特别是在 A 股市场并购基本上基于对未来净利润对赌制定企业并购估值的基础之上。

►► 如何解决收入确认难题

《企业会计准则》是企业会计处理的基本规范。对《企业会计准则》的修订或颁布新会计准则会对企业产生多大的影响，可以看看新都酒店因为经常性与非经常性收入的会计判断而退市，还引发了新都酒店对大信会计师事务所（特殊普通合伙）以及深圳证券交易所的诉讼。2018 年 1 月 1 日起在上市公司执行"新收入准则"引发了"上海明匠失控门"事件。这都说明了《企业会计准则》对企业，特别是对上市公司的影响巨大。

作为企业的财务，如何让"新会计准则"助力企业发展中发挥正面的作用，是体现企业财务价值的机会和巨大挑战。企业实战中如何让收入确认落地？

第一，事前参与《企业会计准则》修订中，发出企业的意见和声音。

（1）事前研究和了解准则修订的动态：《企业会计准则》与《国际会计准则》基本趋同是中国的承诺。因此，企业财务可以通过研究或者获取《国际会计准则》的最新修订动态，来事前了解和学习"新会计准则"。

（2）财政部会计司会在新准则出台前在网上公开发表征求意见。企业财务人员可以在此阶段发表对修订准则的具体意见，以便在修订时力争给企业带来更加多的会计政策的选择空间，最好是有实际经济业务的案例。

（3）有条件的企业财务部内最好有专门的会计政策研究人员对此项工作进行专门的研究。中小型企业或者没有条件的企业可以通过购买会计师事务所或者会计实务专家的专门咨询服务来获取或发表意见。

第二，运用新会计准则评估对企业未来财务报表的影响进行测算，并给出具体的解决和应对方案。

（1）研究新会计准则，并结合企业实际经济业务，按新准则给出具体选择方案，并进行未来一到两年的数据测算，汇报影响损益情况等，并给出建议方案以及应对措施，供管理层决策。

（2）管理层选择最优会计选择方案后，最好与企业审计师进行沟通，并获取审计师的正式回复。

（3）制订实施会计准则的计划。

第三，启动实施会计准则项目。

（1）成立项目组。新会计准则涉及企业业务的方方面面，特别是收入准则以及金融工具准则，需要企业的业务、法务、财务、税务等大多数部门的参与，并且实施的时限很紧，系统改造成本很高。所以实务中需要成立跨部门的项目组来负责实施和落地工作。有条件的公司还可以请会计师事务所当顾问。

（2）建立项目汇报制度，按项目的进度对项目进行管理和控制。

综上所述，对于上市公司或者非上市公司新会计准则修订会产生蝴蝶效应，应对修订唯有事事提前，并让管理层高度重视会计的重要性，才有可能让新会计准则对企业发展助力。

总之，收入确认是会计实务中的难解之题。无论是通过会计准则的更新迭代，还是通过监管机构的严格监管，实践中都无法解决背后资本市场或者是企业利益相关各方对企业收入最大化的追求，特别是建立在权责发生制基础之上引发的对会计收入的操纵。

实务案例

案例一　电商促销免单的财税处理

电商或者互联网企业会定期或者不定期地推出爆款产品，并辅以时间顺序、限名额等规则，消费者可以取得促销免单的销售行为，从而达到爆款产品销售量，以及引流消费者购买企业其他商品的目的。活动一般会先让消费者买单，再以现金返还给消费者。

假设，活动产生 100 万元收入，现金返还 20 万元，不考虑增值税，会计上怎么进行账务处理。

1. 会计处理

会计处理有两种处理方式：第一，全额收入法，将活动收入订单款不含税金额计入收入，现金返还给消费者的免单金额计入销售费用。

借：银行存款等 　　　　　　　　　　　　　　　　　　　1 000 000
　　贷：主营业务收入 　　　　　　　　　　　　　　　　　1 000 000
借：销售费用 　　　　　　　　　　　　　　　　　　　　　200 000
　　贷：银行存款等 　　　　　　　　　　　　　　　　　　　200 000

第二，净额收入法，将活动收入订单款不含税金额计入收入，现金返还给消费者的免单金额计入收入减项。

借：银行存款等 　　　　　　　　　　　　　　　　　　　1 000 000
　　贷：主营业务收入 　　　　　　　　　　　　　　　　　1 000 000
借：主营业务收入 　　　　　　　　　　　　　　　　　　　200 000
　　贷：银行存款等 　　　　　　　　　　　　　　　　　　　200 000

难点在于存在时间差，按"新收入准则"需要将在销售时就返还的履约义务预计"主营业务收入"的减项中，如果存在促销活动的跨会计期间的行为就在会计核算中存在预计活动总销售额的会计估计问题，以及实践中的企业业务系统的改造问题。

由于"新收入准则"对以上方法的限制，按"新收入准则"的规定，需要运用"五步法"对以上活动进行认定，消费者的订单行为和现金返还都是同一合同的不同履约义务。因此，免单行为是销售的一部分，应该冲减销售额。"新收入准则"下此类活动的会计处理只能采用收入净额法进行核算。

2. 税务处理

税务处理集中在增值税、个人所得税、企业所得税的处理。

（1）增值税。

一样存在两种情况：一是收入全额法进行核算可能会交全额增值税，免单返还不能按销售折扣处理；二是按收入净额法进行处理，条件符合可按销售折扣处理，关键在于与主管税务机关的沟通。

（2）个人所得税。

我认为需要代扣代缴个人所得税。

（3）企业所得税。

不存在税前列支问题。

案例二　"新收入准则"引发的血案——上海明匠"失控门"

2018 年 4 月 26 和 27 日，上市公司黄河旋风（600172，SH）连续两个交易日遭上亿元股卖单封死跌停，市值蒸发约 20 亿元。起因是黄河旋风发布一则公告宣称，对全资子公司上海明匠智能系统有限公司（以下简称"上海明匠"）失去控制，且上海明匠的审计工作不能正常进行，因此，拟将上海明匠 100% 股权转让给原创始人陈俊。

引发此次事件的原因是对公司收入确认方法的争论，陈俊说应按完工百分比法进行收入确认，但上市公司坚持按项目验收确认收入。

外行看热闹，内行看门道。到底在收入确认方法上哪个是正确的处理方法？完工百分比法还可以在上市公司执行吗？结论实际上很简单，黄河旋风作为中国上市公司应该从 2018 年 1 月 1 日起执行 2017 年 7 月 5 日财政部发布了《关于修订印发〈企业会计准则第 14 号——收入〉的通知》（财会〔2017〕22 号）（新 CAS 14）（以下简称"新收入准则"），无法运用原收入确认的完工百分比法，并且还需要对 2018 年以前年度进行调整。现行准则区分销售商品、提供劳务、让渡资产使用权和建造合同，分别采用不同的收入确认模式。新收入准则将取代原《企业会计准则第 14 号——收入》和《企业会计准则第 15 号——建造合同》及其应用指南。新收入准则不再区分业务类型，采用统一的收入确认模式。按新收入准则来看，公司合同履约义务有两种，分别是时点性履约义务和时期性履约义务，按文中所说的情况来看，按验收确认收入，说明通过五步法对公司合同进行分析后，公司的收入被认定为时点性履约义务，只有在客户验收后才有可能确认收入。

从以上案例，至少可以看出以下几个问题：

第一，"新收入准则"的遵从成本比较高，对上市公司的收入产生了巨大的影响。

具体到公司来看，如果合同项目没有全部完成并有客户验收，2017 年的收入就为零。

第二，上市公司执行"新收入准则"投入不足。

从以上新闻中都没有出现企业财务人员的身影，"新收入准则"是 2017 年正式发布的，企业是有时间准备应对"新收入准则"，并进行相关的系统、业务、财务的改造，并按"新收入准则"要求进行会计报告编制工作。但从新闻中可以看出作为上市公司的子公司对"新收入准则"还不了解，不要说事前进行"新收入准则"影响的评估工作了。企业财务工作的主力是财务人员，现在社会上的看法都将企业财务看成审计工作，对财务人员的轻视，会让企业付出惨重的代价。

"新收入准则"的会计确认计量对业务的要求、对财务人员的要求、对系统的要求日益提高，想要按"新收入准则"的要求进行正确及时的披露工作，还是面对巨大的挑战。当然，一样会产生巨大的机会，需要财务通过一项项扎实的工作来战胜困难。

案例三　从亚马逊 Prime 会员收入确认谈新收入准则

看到一则会计行业新闻《SEC 关注亚马逊公司是否遵循新收入准则》：美国证券交易委员会（the U.S. Securities and Exchange Commission，简称 SEC）关注亚马逊公司（Amazon）是否遵循新收入准则，特别是后者如何确认亚马逊 Prime 会员收入。据知情人士透露，亚马逊公司拒绝向 SEC 提供相关信息，表示 Prime 只不过是提供的一项服务，单独将其列出无助于分析其净销售的性质。（原文链接：https://www.accountingtoday.com/news/sec-questions-amazons-revenue-recognition-for-prime-and-aws）对于电商业的先行者和行业龙头亚马逊来说，会员收入实施"新收入准则"一样存在与 SEC 等监管机构的争议，至少说明两方面的问题：第一，"新收入准则"实施的复杂性以及可选择性；第二，会员收入商业模式在旧收入准则下与新收入准则从会计方面会对投资者产生不同的报告。让我们一起来看看双方的争议到底是什么？

首先，看看亚马逊 Prime 会员收入的内容是什么？依据亚马逊中文网站上看到的服务内容如下：

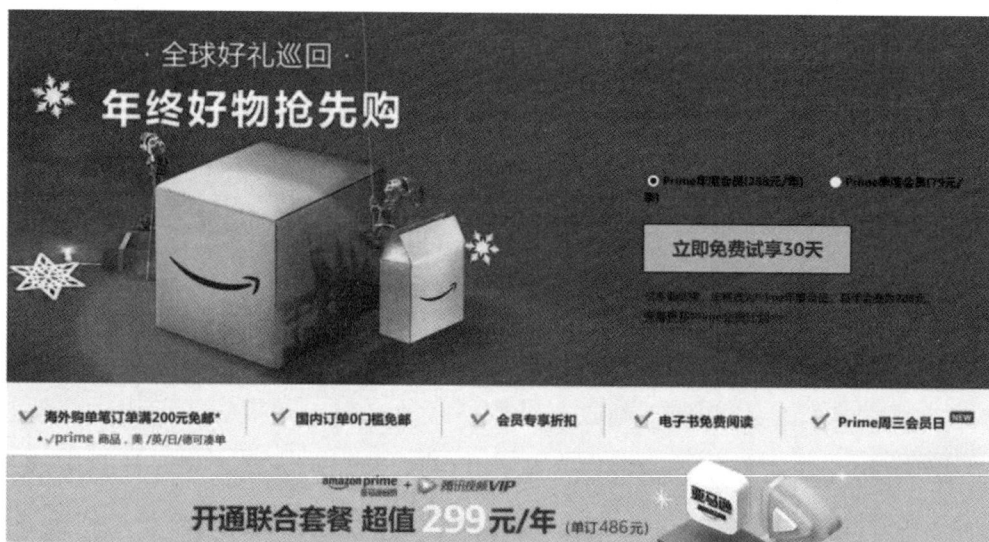

图 1

我认为，对于以上服务，从"新收入准则"来看是很复杂的判断过程，至少要给出两个判断。

第一，是按期分摊收入，还是按实际履约确认？

是按期分摊年费 288 元，还是按实际服务履约在一年到期前，比如按一次《海外购免邮》《国内订单免邮》《会员专享折扣》《电子书免费送》来确认会计收入和成本，到期后未履约收入一次确认收入，因成本已分摊完毕，故只确认收入。

这应该是 SEC 和亚马逊的争议的焦点所在！一方面对企业来说，按期分摊收入、利润比较平均，在未来计入利润表不会对企业的财务报表产生大额的波动，应该是在"旧收入准则"下的会计处理。另一方面计量的成本比较低，计算比较方便，只需要预估未来会员收入对应的成本，一般可以通过企业自己的历史数据进行预估成本，对未来会员服务的履约成本进行自主的估计就可以了。在会员费收入到期前，对利润的影响是掌握在企业自己的手中，并且如果会员费收入坚持增长或者不下降就不存在很大的风险。企业可以将会员费收入作为调节利润的蓄水池。如果被认定按单次履约来进行收入的确认，就会存在会员收入的大额波动，以及利润的大额波动，取决于客户使用会员服务的情况，收入和利润都不能准确预测，只有当单个会员使用服务时或者是到期时确认收入和成本。这样会对企业财务报表产生巨大的影响，特别是在会员费到期时，可能产生一次性巨额利润（会员服务没有按使用或者使用低于企业预期成本时）。

第二，免费试用期以及捆绑其他公司产品销售对收入确认的影响。

可以看到亚马逊 Prime 会员收入有 30 天的试用期以及可以加价购买亚马逊的服务，这与京东等其他电商的会员年费等服务购买时是一样的。

对于试用期，有个会计问题需要解决：一是试用期如何进行会计处理，分两种情况：一种是会员试用后购买；一种是会员试用后不购买。实际上，会计处理的本质是计入成本还是费用的问题。从企业角度来看，计入"销售费用"中对于企业是有利的，会员费的毛利和收入就会高。从监管或者谨慎性原则来看，计入成本或者冲销收入是比较合适的。

对于加价购买送礼品，实际上一样要看清礼品的成本是否大于收入，一样有计入成本还是费用的问题。

"新收入准则"下，一般都要按净额法确认收入，我认为以上礼品的处理是需要冲销收入的。

案件四 做空中概股背后的会计准则之争

美股中概股被浑水[①]等专业做空机构做空，背后的收入确认会计方法值得关注。实际上，从会计专业角度看浑水做空机构，对此的质疑就是收入总额法或者净额法确认的会计经典理论之争。

什么是收入的总额法和净额法呢？总额法实际就是将所有从客户处收到的现

---

① 浑水是一家国外的公司，专门靠做空上市公司获利。

金记入收入的方法；净额法是认定企业只是代理商，赚取的是佣金不是贷款，需要将从客户收取的现金扣除代收代付供应商的部分贷款。

看上去简单的问题，实际上在今天商业模式创新层出不穷之下很难进行严格的区分。现行实务中就存在两种收入确认准则：一种是原收入确认准则；另一种是新收入确认准则。前一种强调风险和报酬的转移，后一种强调控制权并需要用"五步法"进行收入的判断。通俗地说，"旧收入准则"强调的是货物或劳务交付给客户并确认收入与成本。"新收入准则"强调的是合同，收入的确认主要依据是合同权利的约定时间和货物或劳务的实际履约。总之，"新收入准则"比"旧收入准则"更加复杂，需要更多的人为判断，从财务角度看，因为加入了合同的判断，更加需要律师的专业意见。

一般美股等上市企业，比如瑞幸咖啡从上市到现在，从各种报道看可能两种方法都运用过，因为"新收入准则"规定是最晚从 2019 年实施，从瑞幸的商业模式看背后就存在很多总额法和净额法、"新收入准则"和"旧收入准则"会计背后一定发生了很多精彩的会计故事。"新收入准则"的实施对会计实务界是很大的挑战，会计从简单的现金流、货物流、票据流、合同流记录要转变为对合同的条款进行控制权判断，就更加依赖企业管理层对企业商业模式进行全面判断，收入的确认变得复杂，并且不再有是非分明的确认标准了。在实务中，变成依赖出具审计报告的审计师的专业综合判断。

案例五　上市公司牧原食品的主营业务收入减少变为其他收益对增值税的影响

下面是会计司直接减免增值税的问答。

> 财政部会计司发布企业会计准则实施问答（第一批）（http://kjs.mof.gov.cn/zt/kjzzss/sswd/）。
>
> 问：企业对于当期直接减免的增值税，应当如何进行会计处理？
>
> 答：对于当期直接减免的增值税，企业应当根据《增值税会计处理规定》（财会〔2016〕22 号）的相关规定进行会计处理，借记"应交税费——应交增值税（减免税款）"科目，贷记"其他收益"科目。

交纳增值税的账务处理如下。

1. 交纳当月应交增值税的账务处理。企业交纳当月应交的增值税，借记"应交税费—应交增值税（已交税金）"科目（小规模纳税人应借记"应交税费—应交增值税"科目），贷记"银行存款"科目。

2. 交纳以前期间未交增值税的账务处理。企业交纳以前期间未交的增值税，借记"应交税费—未交增值税"科目，贷记"银行存款"科目。

3. 预缴增值税的账务处理。企业预缴增值税时，借记"应交税费—预交增值税"科目，贷记"银行存款"科目。月末，企业应将"预交增值税"明细科目余额转入"未交增值税"明细科目，借记"应交税费—未交增值税"科目，贷记"应交税费—预交增值税"科目。房地产开发企业等在预缴增值税后，应直至纳税义务发生时方可从"应交税费—预交增值税"科目结转至"应交税费—未交增值税"科目。

4. 减免增值税的账务处理。对于当期直接减免的增值税，借记"应交税金—应交增值税（减免税款）"科目，贷记损益类相关科目。

摘自关于印发《增值税会计处理规定》的通知（财会〔2016〕22号）

那么，主营业务收入减少变为其他收益对企业有什么影响？先看上市公司牧原食品账务报告，见下表。

牧原食品财务报告表

金额单位：元

项目	2020 年半年报	2019 年半年报
一、营业总收入	21 032 854 624.91	7 159 864 726.96
其中：营业收入	21 032 854 624.91	7 159 864 726.96
利息收入		
已赚保费		
手续费及佣金收入		
二、营业总成本	9 527 045 520.62	7 568 780 488.84
其中：营业成本	7 909 027 939.31	6 867 438 276.73
利息支出		
手续费及佣金支出		

项目	2020 年半年报	2019 年半年报
退保金		
赔付支出净额		
提取保险责任准备金净额		
保单红利支出		
分保费用		
税金及附加	22 358 862.45	10 860 639.68
销售费用	95 864 442.37	47 887 925.46
管理费用	1 070 437 867.83	279 936 054.74
研发费用	150 977 372.18	38 811 986.64
财务费用	278 379 036.48	323 845 605.59
其中：利息费用	378 033 341.95	335 383 299.75
利息收入	110 852 990.01	13 884 060.22
加：其他收益	**320 901 529.55**	**212 205 620.27**
投资收益（损失以"－"号填列）	24 816 667.78	16 872 779.15
其中：对联营企业和合营企业的投资收益	14 754 785.85	11 849 695.26
以摊余成本计量的金融资产终止确认收益		
汇兑收益（损失以"－"号填列）	−3 102 614.79	6 792 467.74
净敞口套期收益（损失以"－"号填列）		
公允价值变动收益（损失以"－"号填列）		
信用减值损失（损失以"－"号填列）	−3 088 357.00	
资产减值损失（损失以"－"号填列）		−3 376 020.46
资产处置收益（损失以"－"号填列）	−14 918.61	10 067 999.64
三、营业利润（亏损以"－"号填列）	11 845 321 411.22	−166 352 915.54
加：营业外收入	47 811 428.14	24 124 468.01
减：营业外支出	140 389 006.60	11 815 293.59
四、利润总额（亏损总额以"－"号填列）	11 752 743 832.76	−154 043 741.12
减：所得税费用	−5 281 878.34	−4 483 346.01
五、净利润（净亏损以"－"号填列）	11 758 025 711.10	−149 560 395.11

（摘自《牧原食品 2020 年半年度报告》，网址为 http://static.cninfo.com.cn/finalpage/ 2020-07-18/1208044798.PDF）

根据上表整理关键项目，见下表。

相关资料

金额单位：元

项目	2020 年半年报	2019 年半年报
营业收入	21 032 854 624.91	7 159 864 726.96
其他收益	320 901 529.55	212 205 620.27
农产品增值税税率	9.00%	9.00%
按会计司直接减免增值税核算（其他收益）	1 892 956 916.24	644 387 825.43
账务处理差错	−1 572 055 386.69	−432 182 205.16
借：营业收入	1 892 956 916.24	
贷：其他收益		1 892 956 916.24

说明：

注 1：营业收入、其他收益直接取数于上表。

注 2：按会计司直接减免增值税核算（其他收益），计算公式为营业收入乘 9%。

通过计算结果可以看出 2020 年半年度报告中其他收益都小于按会计司最新问答回复处理的计算，如果按会计司的回复最新的会计处理来进行账务处理差错更正，2019 年半年和 2020 年半年至少需要减少营业收入 1 892 956 916.24 元，同时增加其他收益 1 892 956 916.24 元。

按以上最新问答的回复，假设牧原食品原会计处理将农产品直接减免的增值税，原来直接记入主营业务收入，为方便计算金额按收入 100 计算，会计分录如下：

借：应收账款或者银行存款　　　　　　　　　　　　　　　100

　　贷：主营业务收入　　　　　　　　　　　　　　　　　　100

按问答的规定编制会计分录如下。

借：应收账款或者银行存款　　　　　　　　　　　　　　　100

　　贷：主营业务收入　　　　　　　　　　　　　　　　　　91

　　　　应交税费——应交增值税（销项税额）　　　　　　　　　9

月底会计处理如下。

借：应交税费——应交增值税（减免税额）　　　　　　　　9

　　贷：其他收益　　　　　　　　　　　　　　　　　　　　9

综合以上分录，两者的差异主要还在于收入明细科目的不同，对利润没有影响，直接减免的增值税被从收入中分拆出来记入"其他收益"科目。

第 8 章
第八大难题：是费用还是成本

解决费用还是成本实务难题需要从
《企业会计准则》源头入手，通过一个个
实务案例解决两者的边界，以及不同费用
的划分。

►► 是费用还是成本

费用还是成本难题源头在于《企业会计准则》中对成本与费用都定义为基本准则中的费用，指日常活动中发生的、会导致所有者权益减少的、与向所有者分配利润无关的经济利益的总流出。实际是应该包括成本，分为生产成本（费用）、存货（暂时资本化）和主营业务成本或者合同履约成本（费用化）和非生产成本：四项费用即管理、销售、研发、财务费用（费用化）。（具体会计上的划分标准可以参考《2020年注册会计师全国统一考试辅导教材》。）

那么，对成本是如何定义呢？先看百度百科的定义。

成本是生产和销售一定种类与数量产品以耗费资源用货币计量的经济价值。企业进行产品生产需要消耗生产资料和劳动力，这些消耗在成本中用货币计量，就表现为材料费用、折旧费用、工资费用等。企业的经营活动不仅包括生产，也包括销售活动，因此在销售活动中所发生的费用，也应计入成本。同时，为了管理生产所发生的费用，也应计入成本。同时，为了管理生产经营活动所发生的费用也具有形成成本的性质。

成本是为取得物质资源所需付出的经济价值。企业为进行生产经营活动，购置各种生产资料或采购商品，而支付的价款和费用，就是购置成本或采购成本。随着生产经营活动的不断进行，这些成本就转化为生产成本和销售成本。

成本是为达到一定目的而付出或应付出资源的价值牺牲，它可用货币单位加以计量。

成本是为达到一种目的而放弃另一种目的所牺牲的经济价值。

——摘自百度百科

再看会计类教材对费用与成本的定义。

费用有狭义和广义之分。广义的费用泛指企业各种日常活动发生的所有耗费，狭义的费用仅指与本期主营业务收入相配比的那部分耗费。费用应按照权责发生制和配比原则确认，凡应属于本期发生的费用，不论其款项是否支付，均确认本期费用；反之，不属于本期发生的费用，即使其款项已在本期支付，也不确认为本期费用。

在确认费用时，首先应当划分生产费用与非生产费用的界限。生产费用是指与企业日常经营活动有关的费用，如生产产品所发生的原材料费用、人工费用等；非生产费用是指不属于生产费用的费用，如用于购建固定资产所发生的费用，不属于生产费用。其次，应当分清生产费用与产品成本的界限。生产费用与一定的期间相联系，而与生产的产品无关；产品成本与一定品种和数量的产品相联系，而无论发生在哪一期。最后，应当分清生产费用与期间费用的界限。生产费用应当计入产品成本；而期间费用直接计入当期损益。

在确认费用时，对确认期间费用的费用，必须进一步划分为管理费用、销售费用和财务费用（还有研发费用）。对于确认为生产费用的费用，必须根据该费用发生的实际情况，分别不同的费用性质将其确认为不同产品所负后果的费用；对于几种产品共同发生的费用，必须按受益原则，采用一定方法和程序将其分配计入相关产品的生产成本。

——摘自 2020 年注册会计师全国统一考试辅导教材《会计》

成本与费用区分存在业务与财务的不同认识的冲突以及准则与实务冲突，实质上就算我从事二十几年的财务实务工作，一样都很难辨别费用还是成本，或者说准确认定具体是管理费用还是销售费用。这背后到底是什么原因呢？我认为至少有三方面的原因：

第一，企业核心竞争力体现的需要。

毛利率、毛利额是企业财务管理的核心指标。一家企业的核心竞争力从财务指标角度看，毛利率或者毛利额是外部角度投资者最关注的指标，企业的研发、品牌、生产等综合竞争力的体现就在于此，比如酒类企业的毛利率可以达到 90% 以上，代表企业有茅台、五粮液等；软件业的翘楚微软公司等一样有很高的毛利率。当然，还有以苹果公司为代表的 IT 类企业。优秀企业有一个共同的特点就是在行业内毛利率都是领先的。

企业在会计核算时就自然会考虑到为体现企业核心竞争力的影响。基于同行业的一些案例并结合企业业务的实践，在《企业会计准则》框架内进行制定的有利于企业的高毛利率的成本核算制度，当然会有一些创新式的企业毛利率案例的产生，比如实务中会有一些毛利率达到 100% 的产品。比如，软件企业或者高技术的服务企业前期主要投入的是人力成本，产生巨额收入是在获得产品上市许可后，产品已经成型并且标准化模块化不再发生投入，就会产生100%毛利率的情况。当然，实际上从产品的全生命周期角度来看，产品是存在成本的，只是前期会计上因为未来收入的不确定性，在当时的时点上基于会计估计进行了费用化的处理，这可能会产生会计进行盈余管理的空间，成本、费用的区分是基于管理层的判断。

第二，企业不同的成本管理方法和实践产生成本与费用的不同划分。

企业实务中存在不同的成本管理方法和实践，从实务工作经验来看主要存在四种：第一种实际成本法；第二种标准成本法；第三种目标成本法；当然还有先进的作业成本法。相信大家都比较了解实际成本法，它是运用比较广泛并且历史最久远的一种方法。标准成本法实际上是基于美国通用汽车公司生产流水线的运用产生的，在我国的实践主要还在外资的制造型企业，用标准成本来控制企业的成本管理，主要通过对差异的分析和管理来达成企业的成本管控目标。目标成本法是源于日本丰田汽车等企业以及日本企业对企业经营利润最原始的追求，主要的思想是在扣除企业的一切费用之后，来计算产品目标毛利率以保证企业的经营毛利额，倒逼企业产品成本的目标达成。作业成本法把直接成本和间接成本（包括期间费用）作为产品（服务）消耗作业的成本同等地对待，拓宽了成本的计算范围，使计算出来的产品（服务）成本更准确真实。从全成本的视角多维度管理作业，提高作业效率，考核组织和员工，改变作业的执行方式，消除无价值的作业。以上四种成本管理思想不同，在成本和费用区别上就会带来巨大的差异和冲突，在会计的实践中，应该是百花齐放。

第三，外部会计师的不同认定产生成本与费用划分的不同。

企业会计实务中，成本和费用区分的最终认定者实际上是出具企业财务审计报告的外部会计师。当然，具体到成本与费用的划分上，实践中基于会计专业水平和案例了解等，个人认为会计师的力量还是比较强大，基本上是会按会计师个人的职业判断为最重要的决定力量。

总之，成本与费用的划分是一个会计实务的难解之题，还会有很多因素来对此进行影响，比如企业所得税会影响到企业税负，再比如高新技术企业的认定，等等。相信会计实务中还会有各种各样的情况对成本与费用的划分产生影响，等我们会计人去解决。

►► 成本与费用到底如何区分

1. 成本与费用区分存在的问题和悖论

会计上的成本与费用如何区分呢？实务中，业务领导对会计上将产品或服务发生的支付区分为产品的成本与费用，经常提出挑战。为什么一项性质相同的支出需要被区分成产品的成本与费用呢？比如说，提供一项服务产生了收入，为什么只将服务的直接部门发生的支出记入了成本，将客服发生的支出记入了费用中？实际上都是为此项业务服务。特别是与产品、服务相关的间接成本需要按一定方法分配。另一个问题是产品或服务的毛利率又是一个财务与业务的冲突点，特别是在分析各类产品的毛利率并提出建议时，业务部门对产品的成本构成提出挑战，在间接费用的分配方法上会提出各种各样的不同意见。

从业务来说，成本与费用实际上没有本质的差异，都是企业的支出，而且是为了产生收入所花费的。会计上对成本和费用的人为区分产生了一个悖论，成本与费用的区别标准是让会计人为进行判断的。比如说，逻辑上与产品量化一一对应的材料清单成本有数量关系的认定为成本。但半变动、固定费用是引起对成本与费用区分最难确定的部分，实际上所有的费用都很难说与收入的产生无关。

2.《企业会计准则》对成本与费用的规定

产品成本的定义：《企业会计准则——基本准则》第三十五条规定，企业为生产产品、提供劳务等发生的可归属于产品成本、劳务成本等的费用，应当在确认产品销售收入、劳务收入等时，将已销售产品、已提供劳务的成本等计入当期损益。

实际上，《企业会计准则——基本准则》中成本与费用都是在基本准则第七章费用中进行规定的。只是成本需要在记入会计收入时才会从资产转入利润表中，费用是在发生时就记入当期损益中。

从企业的现金流来看，会计口径的成本或者费用都是经营活动发生的现金流出。会计口径的成本与费用的区别只是一个人为的会计游戏，对于经济业务的实质没有产生变化。

3. 应对建议

第一，根据内部的经营分析，可以将成本和费用合并，口径上运用与成本和费用的性态有关的定义，比如固定成本、变动成本、半变动成本按总额进行分析，并给出不同角度分析的结果。

第二，在对外会计报告核算上，需要结合企业的实际情况，平衡各方利益，特别是管理层、股东、审计师在成本与费用区分上的冲突。

第三，对于成本与费用会计上的处理，建议可以按不同口径进行明细披露，特别是在半变动成本和固定成本的支出上。

▶▶ 管理费用与销售费用如何区分

有人说："成本也是费用，是对象化的费用"。有人说："不同的成本法理论，成本和费用的区别也是不一样的。"现行会计准则下的成本方法还是传统的制造成本法，都是制造业为王时代的产物。成本与费用的判断是基于会计的职业判断，主要依据还是财政部的成本核算办法。

1. 实务中管理费用与销售费用的区分困境

在会计实务中，管理费用与销售费用的区分存在以下困境：

第一，《企业会计准则》对销售费用与管理费用的区别实际上是按排除法列示的，不列入销售费用的就是列入管理费用。

第二，销售费用的定义范围是存在各种不同认定的。从人员来看，在实务中企业对销售相关费用的认定是千差万别的，有些企业可能将一些部门列入销售管理的范围，但有一些不列入销售管理。按公司组织构架进行区分还按经济实质来区分，实际上是没有定论的。从费用的性质来看，一样存在以上问题，每个企业都有不一样的费用故事，就是同一家企业同一性质的费用，还可能有不同的经济实质，如何划分还是需要进行人为判断。

第三，销售费用与管理费用的会计定义已经和业务创新产生了冲突。随着互联网等新行业、新技术、新商业模式的出现，已经很难定义哪些费用是为销售商品和材料，以及劳务中发生的。比如，互联网企业很常见的与广告支出相关的。

再比如，线上线下获客、运营等到底是销售费用还是管理费用。在商业模式的哪个阶段是销售费用，哪个阶段是管理费用，实际上是没有标准答案的。但实务中，无论是 CFO 或者会计机构负责人都要为此签字保证，还有会计师要出具审计报告。《企业会计准则》对此规定的不确定产生了不必要的风险。

2.《企业会计准则》对销售费用与管理费用的规定

"6601 销售费用"科目核算企业销售商品和材料、提供劳务的过程中发生的各种费用，包括保险费、包装费、展览费和广告费、商品维修费、预计产品质量保证损失、运输费、装卸费等以及为销售本企业商品而专设的销售机构（含销售网点、售后服务网点等）的职工薪酬、业务费、折旧费等经营费用。

企业发生的与专设销售机构相关的固定资产修理费用等后续支出，也在本科目核算。

"6602 管理费用"科目核算企业为组织和管理企业生产经营所发生的管理费用，包括企业在筹建期间内发生的开办费、董事会和行政管理部门在企业的经营管理中发生的或者应由企业统一负担的公司经费（包括行政管理部门职工工资及福利费、物料消耗、低值易耗品摊销、办公费和差旅费等）、工会经费、董事会费（包括董事会成员津贴、会议费和差旅费等）、聘请中介机构费、咨询费（含顾问费）、诉讼费、业务招待费、房产税、车船使用税、土地使用税、印花税、技术转让费、矿产资源补偿费、研究费用、排污费等。

3. 应对建议

第一，《企业会计准则》的问题。应该需要学习原行业会计制度和原会计工作基础规范等，给出明确的解释或者选择。

第二，《企业会计准则》配套的法律问题。与国际接轨的《企业会计准则》需要与国际接轨的法律配套，才能落地。具体到此问题就是要明确企业会计、审计师等相关法律责任。

第三，会计实践问题。加大对基层的实务会计人员培训和支持保护的力度。让《企业会计准则》的执行者能有对等的职业风险。让已接轨《国际会计准则》的会计师、审计师们在承担国际风险的前提下，取得同等水平的国际报酬。

解决费用还是成本的实务难题还是需要从《企业会计准则》源头入手，最终能制定企业单项会计准则用来规范费用与成本的会计计量、确认和列报，并且从基本准则入手解决好如何划分成本与费用，以及不同费用之间的划分等会计基本的问题。

案例　柔宇科技固定资产费用化与成本化的难题

2020 年 12 月 31 日，上海证券交易所（简称"上交所"）受理了深圳市柔宇科技股份有限公司（简称"柔宇科技"）的上市申请。外界一直以来对柔宇科技就存在很大的争议，到底是投资者看好的科技独角兽还是烧钱的吞金兽？"上市申请公开招股说明书"让所有对此有兴趣的人可以透过公开的信息，从投资机构的视角做出自己的判断。当然，我基于知识和经验，只从财务报表数据对其进行分析。

1．固定资产成为关键审计事项的报表

柔宇科技的审计报告将固定资产及在建工程作为关键审计事项，主要是 2019 年底固定资产高达 43.98 亿元，占当期资产总额的 57.49%。这在实务中还是不多见的，特别是科创性企业，一般是轻资产公司多，以人力投入为主。资产代表一家企业的核心能力，当一家企业在固定资产上投入一半以上资产，就基本上是一家重资产公司，一般传统的制造业企业需要投入大量的重资产（先建工厂）。

图 1 是柔宇科技财报披露的固定资产和在建工程的信息。

> **2. 固定资产和在建工程的账面价值**
> **（1）事项描述**
> 相关会计年度：2017 年度、2018 年度和 2019 年度。
> 报告期内各期末，公司固定资产及在建工程账面价值分别为 128 939.38 万元、409 211.81 万元和 439 805.81 万元，占当期资产总额的比例分别为 43.13%、68.25% 和 57.49%。公司管理层对以下事项的判断，会对固定资产及在建工程的账面价值和固定资产折旧政策造成影响，包括：1）确定哪些开支符合资本化的条件；2）确定在建工程转入固定资产的时点是否准确；3）估计固定资产的使用寿命及净残值。
> 由于确认固定资产及在建工程账面价值涉及重大的管理层判断，且其对财务报表具有重要性，因此，大华会计师将其确定为关键审计事项。
> **（2）合并资产负债表**

项目	2020 年 6 月 30 日	2019 年 12 月 31 日	2018 年 12 月 31 日	2017 年 12 月 31 日
货币资金	84 750.57	145 421.32	13 282.60	83 164.88
应收票据	650.43		552.45	
应收账款	9 760.26	8 759.30	4 149.41	2 919.55
预付款项	8 825.81	933.66	1 729.08	544.82
其他应收款	512.1	591.1	4 535.16	3 353.91
存货	48 041.18	59 516.50	16 516.66	10 307.22
其他流动资产	63 993.10	65 896.64	116 458.22	33 719.95
流动资产合计	216 533.45	281 118.52	157 223.58	134 010.33
可供出售金融资产			1 390.72	1 390.72
长期股权投资	486.36	500.04		
其他权益工具投资	1 349.76	1 327.58		
固定资产	450 921.70	401 476.26	133 144.01	3 198.80
在建工程	11 315.81	38 329.55	276 067.80	125 740.58
无形资产	31 194.12	31 946.87	29 797.57	29 385.40
长期待摊费用	918.78	1 065.36	919.78	883.91
递延所得税资产				394.73
其他非流动资产	8 074.75	9 198.43	1 030.02	3 970.34
非流动资产合计	504 261.28	483 844.09	442 349.90	164 964.48
资产总计	720 794.73	764 962.61	599 573.48	298 974.81

图 1

公司的非流动资产主要为固定资产、在建工程、无形资产等，具体分析见下表。

非流动资产各项目占比

金额单位：万元

项目	2020 年 6 月 30 日		2019 年 12 月 31 日		2018 年 12 月 31 日		2017 年 12 月 31 日	
	金额	占比	金额	占比	金额	占比	金额	占比
固定资产	450 921.70	89.75%	401 476.26	83.29%	133 144.01	30.19%	3 198.80	1.96%
在建工程	11 315.81	2.25%	38 329.55	7.95%	276 067.80	62.61%	125 740.58	76.87%

无形资产	31 194.12	6.21%	31 946.87	6.63%	29 797.57	6.76%	29 385.40	17.96%
长期待摊费用	918.78	0.18%	1 065.36	0.22%	919.78	0.21%	883.91	0.54%
递延所得税资产		0.00%		0.00%		0.00%	394.73	0.24%
其他非流动资产	8 074.75	1.61%	9 198.43	1.91%	1 030.02	0.23%	3 970.34	2.43%
非流动资产合计	502 425.16	100.00%	482 016.47	100.00%	440 959.18	100.00%	163 573.76	100.00%

[摘自《深圳市柔宇科技股份有限公司首次公开发行股票并在科创板上市招股说明书（申报稿）》，网址为 http://static.sse.com.cn/stock/information/c/202012/07c7ce69b6804c0f902de510cb70f65a.pdf]

2. 固定资产罕见成为关键审计事项的报表

柔宇科技的审计报告将固定资产及在建工程作为关键审计事项，图1"相关会计年度：2017年度、2018年度和2019年度。报告期内各期末，公司固定资产及在建工程账面价值分别为128 939.38万元、409 211.81万元和439 805.81万元，占当期资产总额的比例分别为43.13%、68.25%和57.49%。合并资产负债表2019年12月31日固定资产401 476.26万元，在建工程38 329.55万元，主要是固定资产及在建工程账面价值2019年底高达43.98亿元，占当期资产总额的57.49%。这在实务中还是不多见的，特别是科创性企业一般是轻资产公司居多，以人力投入为主。资产代表一家企业的核心能力，当一家企业投入一半以上资产在固定资产上，就基本上是一家重资产公司，一般传统的制造业需要投入大量的重资产先建工厂。

进一步研究公司的生产模式，公司的手机产品是外包给合肥闻泰科技有限公司（简称"闻泰信息"）生产的。（下表"公司FlexPai柔派手机主要通过ODM合作方式进行生产，主要为FlexPai柔派手机的部分设计、加工及组装环节，委外厂商为闻泰信息"）2019年向闻泰信息的采购额含税为14 094.03万元（下表2019年供应商名称上海闻泰信息技术有限公司采购金额14 094.03万元）。2019年的主营业务收入为 22 697.77 万元、主营业务成本为 22 732.60 万元。其中，原材料为 11 773.58 万元，2019 年期末存货——原材料余额为 16 421.26 万元。假设向闻泰信息采购的增值税税率为 13%，计算闻泰信息 2019 年原材料占比为 44.24%。在 2019 年从原材料来看，闻泰信息至少外包闻泰科技一半以上的生产，相关资料见下表。

利润表部分信息

金额单位：万元

项　目	2019 年
闻泰采购额（含税）	14 094.03
闻泰采购额（不含税）	12 472.59
主营业务收入	22 697.77
主营业务成本	22 732.60
其中：原材料	11 773.58
存货——原材料	16 421.26
2019 年原材料合计	28 194.84
闻泰采购占比	44.24%

柔宇科技主要经营模式说明文字如图 2 所示。

（二）主要经营模式

1、采购模式

公司有专门的团队采购原材料/组件、设备和服务，以满足公司柔性电子产品和解决方案的研发、生产、制造和公司的运营。

公司重视供应链体系建设，并持续提升供应链管理能力。一方面，公司进行滚动产品需求预测，平衡产品需求与公司的零部件和原材料库存水平，以实现提前计划并对变化的市场条件作出反应；与此同时，公司密切监控市场上原材料和零部件的供应情况，并将信息与公司数据库历史采购数据进行对比分析，便于公司科学地进行采购决策。另一方面，公司重视与供应商伙伴的合作，与全球相关领域供应商建立良性互动，在新产品新技术研发中与供应商进行前瞻性合作与探讨，共同推动柔性电子产业发展。

2、生产模式

公司结合客户需求，采用周/月滚动的方式进行需求预测和排产，对整体的订单分析和销售预测进行评审决议后，通过生产销售会议来确定生产排程和物料准备。对于小范围生产计划的调整，通过自身周/月计划调节来完成匹配，若出现大规模的销售和生产无法匹配的情况，通过公司经营会议决策调整。

公司对于少量非核心生产加工工序，采用外协的方式，借助外协商在专有行业的专业优势，加快产品生产进度，降低整体的生产成本，提高生产效率。公司与外协厂商签署委托生产协议，外协厂商根据公司要求完成指定产品的加工生产。公司向外协厂商提供设计生产方案，指导监督其按要求完成加工，支付其委托加工费。公司对外协厂商建立了严格的筛选标准，目前外协厂商筛选过程及审查方式均依据内部相关制度进行，并从技术、成本、质量、交期、服务等方面进行对比分析，筛选符合公司需求的外协厂商。

> 公司 FlexPai 柔派手机主要通过 ODM 合作方式进行生产，主要为 FlexPai 柔派手机的部分设计、加工及组装环节，委外厂商为闻泰信息。公司负责提供全柔性屏幕、全柔性传感器、转轴的开发、工业设计（ID 设计）、产品操作系统设计（ROM）及部分软件设计等，闻泰信息完成整个合同产品的其他设计等。

图 2

报告期内前五大供应商采购情况如图 3 所示。

公司生产流程图如下：

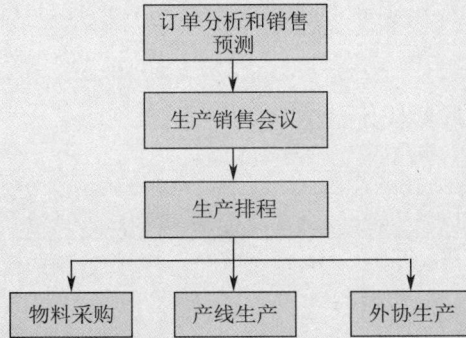

（三）报告期内前五大供应商采购

年度	序号	供应商名称	采购金额（万元）	占年度采购总额的比重
2020 年 1—6 月	1	上海宝冶集团有限公司	30 637.29	49.22%
	2	DAIFUKU CO. LTD.	5 106.60	8.20%
	3	深圳供电局有限公司	3 005.67	4.83%
	4	中兴通讯股份有限公司	2 377.36	3.82%
	5	深圳泛华工程集团有限公司	1 533.25	2.46%
		合计	42 660.17	68.53%
2019 年	1	上海闻泰信息技术有限公司	14 094.03	13.71%
	2	深圳供电局有限公司	8 265.47	8.04%
	3	深圳泛华工程集团有限公司	4 951.38	4.81%
	4	上海宝冶集团有限公司	4 743.50	4.61%
	5	Gold Sun Technology Co. Ltd.	3 700.34	3.60%
		合计	35 754.72	34.77%

年度	序号	供应商名称	采购金额（万元）	占年度采购总额的比重
2018年	1	SFA Engineering Corp.	25 445.13	11.62%
	2	Applied Materials South East Asia Pte.Ltd.	20 103.95	9.18%
	3	DAIFUKU CO. LTD.、大福自动搬送设备（苏州）有限公司	16 198.86	7.40%
	4	上海宝冶集团有限公司	16 154.02	7.38%
	5	CANON INC.	14 567.37	6.65%
		合计	92 469.33	42.23%
2017年	1	上海宝冶集团有限公司	35 035.84	12.42%
	2	Applied Materials South East Asia Pte.Ltd.	11 939.27	4.23%
	3	SFA Engineering Corp.	11 137.01	3.95%
	4	ULVAC Inc	10 668.70	3.78%
	5	DAIFUKU CO. LTD.、大福自动搬送设备（苏州）有限公司	8 183.92	2.90%
		合计	76 964.74	27.28%

注：受同一实际控制人控制的供应商合并计算其采购金额。

图 3

柔宇科技经营成果资料如图 4 所示。

报告期内，公司的营业收入、营业毛利、扣除非经常性损益后归属于母公司股东的净利润实现情况如下：

金额单位：万元

项目	2020 年 1-6 月	2019 年度	2018 年度	2017 年度
营业收入	11 607.37	22 697.77	10 904.58	6 472.67
营业成本	10 053.62	22 732.60	11 743.06	6 425.01

报告期内，公司主营业务成本按性质分类如下：

金额单位：万元

项目	2020 年 1-6 月		2019 年度		2018 年度		2017 年度	
	金额	比例	金额	比例	金额	比例	金额	比例
原材料	5 150.50	51.97%	11 773.58	51.98%	10 699.27	91.23%	5 209.57	81.28%
直接人工	172.75	1.74%	1 204.72	5.32%	366.06	3.12%	305.83	4.77%

项目								
制造费用	4 588.08	46.29%	9 670.55	42.70%	662.26	5.65%	894.09	13.95%
合计	9 911.33	100.00%	22 648.85	100.00%	11 727.59	100.00%	6 409.49	100.00%

公司主营业务成本包括原材料、直接人工和制造费用，其中原材料占主要部分。报告期内随着公司产销量不断提高，各类型成本与收入保持同步增长。公司全柔性显示屏生产线 2018 年 6 月点亮投产，固定资产逐步转固折旧增加，导致 2019 年和 2020 年 1—6 月营业成本中制造费用的比重上升。

报告期内各期末公司存货情况如下：

金额单位：万元

项目	2020 年 6 月 30 日			2019 年 12 月 31 日		
	账面余额	跌价准备	账面价值	账面余额	跌价准备	账面价值
库存商品	14 425.79	3 191.28	11 234.51	18 338.24	1 056.94	17 281.30
在产品	1 639.81	395.27	1 244.54	2 291.13	386.86	1 904.27
原材料	16 635.33	1 864.02	14 771.31	16 421.26	1 551.31	14 869.95
周转材料	4.61	—	4.61	3.59		3.59
半成品	9 459.19	678.97	8 780.22	12 140.84	164.79	11 976.05
发出商品	12 783.22	916.83	11 866.39	11 502.80	519.46	10 983.34
委托加工材料	188.36	60.23	128.13	1 753.19	28.84	1 724.35
在途物资	11.47	—	11.47	773.67		773.67
合计	55 147.78	7 106.60	48 041.18	63 224.72	3 708.20	59 516.52

图 4

［摘自《深圳市柔宇科技股份有限公司首次公开发行股票并在科创板上市招股说明书（申报稿）》http://static.sse.com.cn/stock/information/c/202012/07c7ce69b6804c0f902de510cb70f65a.pdf］

3. 折旧费用到底应该费用化还是成本化

折旧计入成本还是费用？是管理费用还是研发费用？量产前和量产后如何处理？费用和成本如何区分？柔宇科技还是个不错的案例。

从折旧结果来看，设备大多数用于研发，计入"研发费用"。公司累计折旧为 51 238.02 万元。其中，2017 年到 2020 年 6 月底研发费用折旧和摊销为 27 368.29 万元，占合计折旧费用的 52.16%；2017 年到 2020 年 6 月底，管理费用折旧和摊销为 9 076.24 万元，占合计折旧费用的 17.30%；销售费用折旧和摊销为 208.47

万元，占比 0.4%，可以忽略不计。假设主营业务成本中的制造费用大多数为折旧和摊销费用为 15 814.98 万元，占 30.14%，存货中的折旧和摊销忽略不计，见下表。

折旧和摊销费用列表

金额单位：万元

项目	2020 年 1—6 月	2019 年	2018 年	2017 年	合 计	占比
研发费用（折旧和摊销）	16 690.25	7 875.85	2 617.98	184.21	27 368.29	52.16%
管理费用（折旧和摊销）	1 889.51	3 450.71	2 094.23	1 641.79	9 076.24	17.30%
销售费用（折旧和摊销）	30.04	100.22	50.06	28.15	208.47	0.40%
营业成本（制造费用）	4 588.08	9 670.55	662.26	894.09	15 814.98	30.14%
合计	23 197.88	21 097.33	5 424.53	2 748.24	52 467.98	100.00%
库存商品	14 425.79	—	—	—		0.00%
在产品	1 639.81	—	—	—		0.00%
累计折旧	—	—	—	—	51 238.02	97.66%

净利润项目分析见下表。

净利润项目分析

金额单位：万元

项目	2020 年 1 月—6 月	2019 年度	2018 年度	2017 年度
净利润	−96 053.72	−107 319.28	−80 217.97	−35 931.28
加：信用减值损失	−546.76	1 113.16	—	—
资产减值准备	4 011.25	4 906.75	1 754.25	1 927.80
固定资产折旧、油气资产折耗、生产性生物资产折旧	18 528.30	28 271.61	3 572.04	588.38
无形资产摊销	939.63	1 652.84	1 294.77	1 079.15

［摘自《深圳市柔宇科技股份有限公司首次公开发行股票并在科创板上市招股说明书（申报稿）》http://static.sse.com.cn/stock/information/c/202012/07c7ce69b6804c0f902de510cb70f65a.pdf］

具体限于招股说明书披露信息，用以上数据与现金流量表间接法核对，差异可能是主营业务成本（制造费用）中估计还需要剔除其他人工等费用，所以研发费用的占比应该还会提高，按此信息再计算占比，见下表。

增加现金流量占比

金额单位：万元

项目	2020 年 1—6 月	2019 年	2018 年	2017 年	合计	占比	现金流量表占比
研发费用（折旧和摊销）	16 690.25	7 875.85	2 617.98	184.21	27 368.29	52.16%	53.71%
管理费用（折旧和摊销）	1 889.51	3 450.71	2 094.23	1 641.79	9 076.24	17.30%	17.81%
销售费用（折旧和摊销）	30.04	100.22	50.06	28.15	208.47	0.40%	0.41%
营业成本（制造费用）	4 588.08	9 670.55	662.26	894.09	15 814.98	30.14%	31.034
用现金流量表估计营业成本和存货中的折旧	−81.50	16 844.83	−1 190.23	−1 265.77	14 307.33	—	28.08%
合计	23 197.88	21 097.33	5 424.53	2 748.24	52 467.98	100.00%	—
库存商品	14 425.79	—	—	—		0.00%	
在产品	163 981	—	—	—		0.00%	
累计折旧	—	—	—	—	51 238.02	97.66%	
现金流量表（固定资产折旧）	18 528.30	28 271.61	3 572 04	588.38	50 960.33	—	—

注：列"占比"计算公式为行"研发费用（折旧和摊销）"除以行"合计"，计算过程 27 368.29 ÷ 52 467.98 ＝ 52.16%。

列"现金流量表占比"，计算公式为行"研发费用（折旧和摊销）"除以行"合计""现金流量表（固定资产折旧）"，计算过程 27 368.29 ÷ 50 960.33 ＝ 53.71%

用"现金流量表估计营业成本和存货中的折旧"等于"现金流量表（固定资产折旧）"减去"研发费用（折旧和摊销）"减去"管理费用（折旧和摊销）"减去"销售费用（折旧和摊销）"。

营业成本（制造费用）合计为 15 814.98 万元与用现金流量表估计营业成本和存货中的折旧合计 14 307.33 万元，差异额为 1 507.65 万元，差异率为 9.53%，已经比较接近，可能是 2017 年以前还存在损益表营业成本会计权责发生制与现金流量表收付实现制之间的差异，限于资料有限就不再进行分析。

（1）固定资产项目原值折旧金额如图 5 所示。

公司主要固定资产包括房屋建筑物、机器设备等，相关权属的取得方式为自行购买，目前均由公司占有和使用，权属清晰，不存在纠纷或潜在风险。公司固定资产维护和运行状况良好，不存在重大闲置资产、非经营性资产和不良资产。

截至 2020 年 6 月 30 日，公司主要固定资产情况如下：

金额单位：万元

项目	原值	累计折旧	净值	成新率
房屋建筑物	153 727.75	4 308.46	149 419.29	97.20%
机器设备	326 660.13	39 612.50	287 047.63	87.87%
运输设备	420.89	251.85	169.04	40.16%
器具工具	12 706.85	3 909.40	8 797.45	69.23%
电子设备及其他设备	8 644.10	3 155.81	5 488.29	63.49%
合计	502 159.72	51 238.02	450 921.70	89.80%

图 5

（2）研发费用构成和变动分析，如图 6 所示。

报告期内，公司研发费用主要项目情况如下：

金额单位：万元

项目	2020 年 1—6 月		2019 年度		2018 年度		2017 年度	
	金额	占比	金额	占比	金额	占比	金额	占比
折旧与摊销	16 690.25	28.64%	7 875.85	13.44%	2 617.98	5.36%	184.21	1.15%
薪酬福利费	13 004.38	22.32%	19 124.65	32.63%	18 899.16	38.70%	7 702.92	48.01%
股份支付	11 465.03	19.68%	10 667.73	18.20%	6 068.74	12.43%	2 985.53	18.61%
材料费	8 910.98	15.29%	9 189.49	15.68%	11 441.43	23.43%	1 583.83	9.87%
委外研发费	3 819.12	6.55%	5 067.49	8.64%	2 406.34	4.93%	74.58	0.46%

项目								
物业水电费	2 790.34	4.79%	2 668.53	4.55%	3 694.27	7.56%	106.43	0.66%
修理修缮费	477.94	0.82%	222.6	0.38%	280.26	0.57%	2.37	0.02%
专利费	313.34	0.54%	1 848.93	3.15%	1 709.31	3.50%	1 326.66	8.27%
检验测试费	40.19	0.07%	111.14	0.19%	127.49	0.26%	120.51	0.75%
其他	758.02	1.30%	1 841.23	3.14%	1 594.18	3.26%	1 956.53	12.20%
合计	58 269.59	100.00%	58 617.64	100.00%	48 839.16	100.00%	16 043.57	100.00%
与同期营业收入的比例	502.01%	—	258.25%	—	447.88%	—	247.87%	—

图 6

报告期 2017 至 2020 年 1—6 月，公司研发费用分别为 16 043.57 万元、48 839.15 万元、58 617.64 万元和 58 269.60 万元（见图 6 折旧与摊销栏），占各期营业收入比例分别为 247.87%、447.88%、258.25% 和 502.01%。公司重视技术研发和升级，报告期内研发投入不断增加，研发费用规模呈持续上升趋势。

（3）管理费用构成和变动分析，如图 7 所示。

报告期内，公司管理费用主要项目情况如下：

金额单位：万元

项目	2020 年 1-6 月		2019 年度		2018 年度		2017 年度	
	金额	占比	金额	占比	金额	占比	金额	占比
股份支付	8 238.52	52.93%	3 341.73	17.54%	1 309.99	7.44%	704.67	4.61%
薪酬福利费	3 111.45	19.99%	7 282.56	38.22%	10 202.85	57.96%	10 127.70	66.25%
折旧与摊销	1 889.51	12.14%	3 450.71	18.11%	2 094.23	11.89%	1 641.79	10.74%
专业机构服务费	1 040.91	6.69%	2 101.88	11.03%	902.29	5.12%	844.09	5.52%
办公费	334.31	2.15%	568.1	2.98%	508.00	2.88%	494.09	3.23%
租赁费	282.6	1.82%	821.01	4.31%	712.41	4.05%	500.08	3.27%
交通费	131.36	0.84%	430.87	2.26%	332.69	1.89%	141.19	0.92%

财产保险费	128.09	0.82%	223.33	1.17%	171.44	0.97%	0.79	0.01%
物业水电费	85.43	0.55%	258.4	1.36%	271.52	1.54%	154.07	1.01%
差旅费	30.83	0.20%	107.57	0.56%	74.58	0.42%	276.5	1.81%
其他	292.44	1.87%	467.95	2.46%	1 028.95	5.84%	402.75	2.63%
合计	15 565.45	100.00%	19 054.11	100.00%	17 608.95	1.00	15 287.72	1.00
占同期营业收入的比例	134.10%	—	83.95%	—	161.48%	—	236.19%	—

图 7

报告期 2017 年度至 2020 年 1—6 月，公司管理费用分别为 15 287.73 万元、19 054.09 万元、17 608.95 万元和 15 565.45 万元，占各期营业收入的比例分别为 236.19%、161.48%、83.95% 和 134.10%。报告期内管理费用率 2017—2019 年逐年下降，主要是公司 2017—2019 年业务规模扩大，市场销售增长较快导致，2020 年 1—6 月管理费用率有所上升，主要是公司对管理人员进行股权激励，且 2020 年 6 月底因股票期权激励计划终止，导致加速行权，使得股份支付金额增加。

（4）销售费用构成和变动分析，如图 8 所示。

报告期内，公司销售费用构成情况如下：

金额单位：万元

项目	2020 年 1—6 月		2019 年度		2018 年度		2017 年度	
	金额	占比	金额	占比	金额	占比	金额	占比
业务宣传费	6 243.27	42.81%	8 843.60	51.57%	5 429.69	50.43%	1 155.29	28.94%
股份支付	6 118.78	41.96%	2 081.28	12.14%	1 053.59	9.79%	384.61	9.63%
薪酬福利费	1 803.34	12.37%	4 274.40	24.92%	3 147.07	29.23%	1 641.34	41.11%
差旅费	74.26	0.51%	400.01	2.33%	352.68	3.28%	254.82	6.38%

项目								
办公费	66.28	0.45%	787.72	4.59%	139.41	1.29%	75.15	1.88%
快递物流费	58.03	0.40%	139.05	0.81%	196.54	1.83%	135.05	3.38%
租赁费	42.45	0.29%	155.88	0.91%	152.6	1.42%	135.13	3.38%
折旧与摊销	30.04	0.21%	100.22	0.58%	50.06	0.46%	28.15	0.71%
专业机构服务费	1.80	0.01%	16.46	0.10%	59.48	0.55%	120.84	3.03%
其他	145.51	1.00%	351.77	2.05%	184.97	1.72%	62.26	1.56%
合计	14 583.76	100.01%	17 150.39	100.00%	10 766.09	100.00%	3 992.64	100.00%
占同期营业收入的比例	125.64%		75.56%		98.73%		61.68%	

报告期内，公司销售费用分别为 3 992.65 万元、10 766.09 万元、17 150.39 万元和 14 583.75 万元，占各期营业收入的比例分别为 61.68%、98.73%、75.56% 和 125.64%。报告期内，公司销售费用逐年增长，主要是公司为了开拓市场建立并拓展、完善营销渠道所致。

图 8

2、按成本类别分类

报告期内，公司主营业务成本按性质分类如下：

金额单位：万元

项目	2020 年 1—6 月		2019 年度		2018 年度		2017 年度	
	金额	占比	金额	占比	金额	占比	金额	占比
原材料	5 150.50	51.97%	11 773.58	51.98%	10 699.27	91.23%	5 209.57	81.28%
直接人工	172.75	1.74%	1 204.72	5.32%	366.06	3.12%	305.83	4.77%
制造费用	4 588.08	46.29%	9 670.55	42.70%	662.26	5.65%	894.09	13.95%
合计	9 911.33	100.00%	22 648.85	100.00%	11 727.59	100.00%	6 409.49	100.00%

公司主营业务成本包括原材料、直接人工和制造费用，其中原材料占主要部分。报告期内随着公司产销量不断提高，各类型成本与收入保持同步增长。公司全柔性显示屏生产线 2018 年 6 月投产，固定资产逐步转固折旧增加，导致2019 年和 2020 年 1—6 月营业成本中制造费用的比重上升。

图 9

（6）存货物构成和变动分析如图 10 所示。

报告期内各期末公司存货情况如下：

金额单位：万元

项目	2020 年 6 月 30 日			2019 年 12 月 31 日		
	账面余额	跌价准备	账面价值	账面余额	跌价准备	账面价值
库存商品	14 425.79	3 191.28	11 234.51	18 338.24	1 056.94	17 281.30
在产品	1 639.81	395.27	1 244.54	2 291.13	386.86	1 904.27
原材料	16 635.33	1 864.02	14 771.31	16 421.26	1 551.31	14 869.95
周转材料	4.61		4.61	3.59		3.59
半成品	9 459.19	678.97	8 780.22	12 140.84	164.79	11 976.05
发出商品	12 783.22	916.83	11 866.39	11 502.80	519.46	10 983.34
委托加工材料	188.36	60.23	128.13	1 753.19	28.84	1 724.35
在途物资	11.47		11.47	773.67		773.67
合计	55 147.78	7 106.60	48 041.18	63 224.72	3 708.20	59 516.52
项目	2018 年 12 月 31 日			2017 年 12 月 31 日		
	账面余额	跌价准备	账面价值	账面余额	跌价准备	账面价值
库存商品	6 814.02	1 119.63	5 694.39	5 303.49	1 220.19	4 083.30
在产品	613.03	183.43	429.60	111.09	26.47	84.62
原材料	9 394.25	856.10	8 538.15	4 802.97	387.13	4 415.84
周转材料	11.80		11.80			0.00
半成品	906.50	228.11	678.39	1 441.14	187.87	1 253.27
发出商品	932.41	226.21	706.20	459.42	3.73	455.69
委托加工材料	469.48	11.37	458.11	19.02	4.53	14.49
合计	19 141.49	2 624.85	16 516.64	12 137.13	1 829.92	10 307.21

图 10

报告期内，随着公司业务规模的扩大，存货规模相应增长，存货价值从 2017 年末的 10 307.22 万元增长至 2020 年 6 月末的 48 041.18 万元。2017 年末、2018 年末、2019 年末和 2020 年 6 月末，存货占流动资产比重分别为 7.69%、10.51%、21.17% 和 22.19%，占比相对较低。

（7）经营成果分析如图 11 所示。

报告期内，公司的营业收入、营业毛利、扣除非经常性损益后归属于母公司股东的净利润实现情况如下：

金额单位：万元

项目	2020 年 1–6 月	2019 年度	2018 年度	2017 年度
营业收入	11 607.37	22 697.77	10 904.58	6 472.67
营业成本	10 053.62	22 732.60	11 743.06	6 425.01
营业毛利	1 553.76	−34.84	−838.48	47.66
归属于母公司股东的净利润	−96 053.72	−107 319.28	−80 217.97	−35 931.28
扣除非经常性损益后归属于母公司股东的净利润	−74 389.69	−98 564.94	−78 619.87	−35 899.76

图 11

［摘自《深圳市柔宇科技股份有限公司首次公开发行股票并在科创板上市招股说明书（申报稿）》http://static.sse.com.cn/stock/information/c/202012/07c7ce69b6804c0f902de510cb70f65a.pdf］

报告期内，公司面临的产业环境持续向好，凭借较强的自主研发及创新能力，以及在各应用领域积累的丰富经验和对客户需求的全面、精准的理解，通过有效市场开拓和客户渗透，实现了公司业务的快速发展，营业收入持续增长，营业毛利整体保持上升趋势

综合以上来信息来看，我认为公司对固定资产折旧计入费用还是成本，以及具体是三项费用中的哪一项，需要进一步说明区别的依据以及标准。从公司的毛利来看，在收入是否达到产线的量产标准是正常生产还是未达产，存在说不透的地方的。我国《企业会计准则》在此方面与《国际会计准则》相比还是存在不足。

上述案例就与《国际会计准则》产生了差异。

以上就很好地用会计语言分清了正常产能和非正常产能，可以为投资者对此公司的关键问题取得答案，是否公司已经能进行量产，并且什么时间达到了正常产能，到底是销售产生了瓶颈还是技术不成熟产生的问题。简单按现有财务结果可能会产生误判。

《国际会计准则》规定，生产过程中固定制造费用应当基于生产设备的正常产能进行分摊。如果产能利用率低或者设备闲置，使得有部分固定制造费用未被分摊，则该部分未被分摊的固定制造费用应当计入当期损益（通常是主营业务成本）。

所谓正常产能，是指在考虑了定期维护而导致的产能损失的正常情况下，可以预期几个期间或季节的平均产量。通常来说，实际产量如果与正常产能相近，可以被视为正常产能并被用作分摊固定制造费用的基础。这一原则的提出，使得在产量很少或设备闲置时，不会增加单位存货中分摊的固定制造费用，从而虚高存货成本，而在产量很高时，单位存货中分摊的固定制造费用下降，亦使得这些存货的成本不会超过正常产能下生产的存货成本。

（摘自《中国企业会计准则与 IFRS 差异——存货》）

第 9 章

第九大难题：现金流量表

我发现只要到一家企业深查现金流量表，再细问编制现金流量表的方法，比如投资活动与筹资活动的划分标准是什么？现金流量表的编制底稿来源是什么？底稿是否能与会计账对平？一般几个简单问题就能试探出会计的水平，大多数人只能达到三张会计主表和表内关系平衡的水平，这在企业会计实务中是普遍存在的情况。他们基本是通过调整会计科目的方法来还原现金流量表，而不是直接通过现金及现金等价物的原始流水一笔笔编制。

►► 现金流量表的本质

现金流量表应该是最早出现的会计报表，源于货币的出现。但从现代会计的历史来看，现金流量表的出现晚于利润表和资产负债表。最早出现的是利润表，因英国南海公司的财务丑闻才产生资产负债表。美国铁路公司为引入英国和欧洲的资本，对巨额铁路固定资产不进行折旧处理了，结果需要更新铁轨资产时，才发现需要巨额的资本再投入，这才开始重视起现金流量表的运用。

第二条　现金流量表，是指反映企业在一定会计期间现金和现金等价物流入和流出的报表。

现金，是指企业库存现金以及可以随时用于支付的存款。

现金等价物，是指企业持有的期限短、流动性强、易于转换为已知金额现金、价值变动风险很小的投资。

——摘自《企业会计准则第 31 号——现金流量表（2006）》

我国的现金流量表主表是运用了直接法和间接法进行编制，但中国香港的上市公司和美国的上市公司对于经营活动的现金流量运用采用的是间接法，从净利润入手，通过对非付现项目的调整编制经营活动产生的现金流量净额。

►► 现金流量表产生难题的原因

现金流量表实务难题存在以下三个方面：

1. 现金流量表的实务与理论都落后于企业的发展

从历史上看会计的发展，先出现利润表，后有资产负债表，最后才产生了现金流量表，并且到目前为止，现金流量表在各国还存在直接法和间接法的实务应用。从理论上看，现金流量表实际上还远没有利润表和资产负债表成熟，我们可以看到不论是资产负债表观还是损益表观轮流执政主导会计理论，现金流量表还是处于资产负债表观与利润表观之下的一个会计报表的地位。但我认为实际上现金流量表观最先出现。无论是中国在没有复式记账时就对现金流水账进行了记录，还是复式记账的发源地意大利等国的海上贸易,最开始一定是源于现金的平衡才会让记账存活下来。但目前在智能财务都要来到的时代,却没有看到有现金流量表的创新和变革,并上升到与资产负债表和利润表一样的会计理论层面。正是基于以上会计理论或者说会计准则层面的停滞,让现金流量表在企业会计实务中边缘化,退化成一张主表的一项核算工作,并没有起到管控企业现金的作用。

2. 现金流量表与企业资金管理实务脱节

现金流量表无论是采用直接法还是间接法,都与企业的资金管理存在脱节的现象。表现如下:

一是现金流量表的分类与资金管理在自然分类上存在脱节。现金流量表先分为经营活动、投资活动、筹资活动,这三种活动又分流入和流出,但在企业资金管理实务中都是先分为流入和流出,再进行其他项目的细分,这就产生现金流量表与资金管理存在"两张皮"的现象。

二是现金及现金等价物与现实中的支付宝等新兴支付方式存在脱节。电子支付在中国的兴起和普及让企业现金及现金等价物在实务中存在多种形式,比如支付宝或者第三方支付公司可用资金余额以及银行,或者商业承兑汇票等可直接支付供应商款项,这种支付方式的运用与现金流量表中的披露会存在脱节的现象,出现让人无法理解的一些情况,比如支付宝等资金无法记入现金及现金等价物,银行或商业承兑汇票收取或者支付无法记入现金流量表中等让报表使用者产生疑问的奇特现象。

三是现金流量表的披露不足,无法直接看清企业的资金全貌。企业管理层或者说投资人等利益相关方对于现金实际可动用或者说实际的营运资金情况在现金流量表中是无法看到的。企业的资金管理者最关心企业到底有多少可以运用的资金,但我们通过现金流量表或者说三张会计主表,实际都无法直接获取此类信息。

3. 企业管理层通过财务技术对现金流量表进行美化

在实务工作中,掌握财务技术的实务工作者可以通过各种手法来达成现金流量表的美化。上市公司康得新通过集团资金池对现金进行创造性的美化,以及康美药业通过现金造假来达成同样的目的。当然,实务中大量的方法还是通过会计期末加速现金回笼等一些比较常见的美化报表的手法。

现金流量表难题的解决需要会计实务界、会计理论界以及会计准则制定机构三方一起努力来平衡和协调才能实现。特别是对上市公司等需要运用会计信息进行决策情况下，现金流量表是三张主表中表述企业现金流情况最真实和完整的报表，可以对企业进行估值。现金流量表确认、计量和列报可以说是反映企业现金成色的称重器。

因此，实务中一定会有解决现金流量表难题的方法，以及大量的案例和书籍会介绍了一些可行的解决方法。

▰▰▰ 实务案例 ▰▰▰

案例　茅台的现金还纯不纯——看拆出资金 908 亿元背后的会计处理

贵州茅台酒股份有限公司（简称"茅台"）于 2020 年 7 月 29 日发布 2020 年度半年报公布业绩，如图 1 所示。

七、公司主要会计数据和财务指标

（一）主要会计数据

金额单位：元

主要会计数据	本报告期（1—6月）	上年同期	本报告期比上年同期增减 (%)
营业收入	43 952 804 663.50	39 487 788 339.74	11.31
归属于上市公司股东的净利润	22 601 655 085.51	19 951 025 609.22	13.29
归属于上市公司股东的扣除非经常性损益的净利润	22 672 726 309.64	20 031 439 180.39	
经营活动产生的现金流量净额	**12 620 963 440.03**	**24 086 920 146.43**	**−47.6**
	本报告期末	上年度末	本报告期末比上年度末增减 (%)
归属于上市公司股东的净资产	137 226 533 893.55	136 010 349 875.11	0.89
总资产	172 197 875 165.58	183 042 372 042.50	−5.92
期末总股本	1 256 197 800.00	1 256 197 800.00	

图 1

（摘自《贵州茅台酒股份有限公司 2020 年半年度报告》，网址为 http://www.cninfo.com.cn/new/disclosure/detail？plate=sse&orgId=gssh0600519&stockCode=600519&announcementId=1208093512&announcementTime=2020-07-29）

2020 年上半年度，主营业务收入比上年同期增长了 11.31%，净利润增长了 13.29%，扣除非经常性损益的净利润增长了 13.19%，应该说取得了不错的业绩。但从财务角度看，经营活动产生的现金净额有点异常，2019 年同期下降了 47.60%，从 24 086 920 146.43 元下降为 12 620 963 440.03 元，下降额为 11 465 956 706.40 元。

1. 现金的流量情况

我于是再细查引起这种情况的原因，如图 2 所示。

（一）主营业务分析

1 财务报表相关科目变动分析表

金额单位：元

科目	本期数	上年同期数	变动比例（%）
营业收入	43 952 804 663.50	39 487 788 339.74	11.31
营业成本	3 752 326 517.73	3 211 620 131.28	16.84
销售费用	1 163 333 510.55	1 986 959 217.73	−41.45
管理费用	2 972 613 711.83	2 715 858 665.11	9.45
财务费用	−72 845 014.14	−1 912 781.60	不适用
研发费用	23 591 481.34	52 596 141.25	−55.15
经营活动产生的现金流量净额	12 620 963 440.03	24 086 920 146.43	−47.6
投资活动产生的现金流量净额	−973 044 191.77	−1 136 383 617.75	不适用
筹资活动产生的现金流量净额	−23 734 215 533.06	−19 032 229 837.96	不适用
研发支出	51 910 983.98	132 606 945.82	—

营业收入变动原因说明：主要是本期销售渠道调整及产品结构变化。

营业成本变动原因说明：主要是本期生产成本增加、产品结构变化及根据新收入准则调整运输费至主营业务成本。

销售费用变动原因说明：主要是受疫情影响，本期茅台酒市场投入费用减少及根据新收入准则调整运输费至主营业务成本。

管理费用变动原因说明：主要是本期职工薪酬费用、商标许可使用费、原料基地费等增加。

研发费用变动原因说明：主要是本期计入"管理费用"科目的研发支出减少。经营活动产生的现金流量净额变动原因说明：**主要是本期客户存款和同业存放款项净增加额减少。**

投资活动产生的现金流量净额变动原因说明：主要是本期购建固定资产、无形资产和其他长期资产支付的现金减少。筹资活动产生的现金流量净额变动原因说明：主要是本期分配现金股利增加。

研发支出变动原因说明：主要是本期公司研发项目减少。

图 2

图 2 说明中给出了"主要是本期客户存款和同业存放款项净增加额的减少"的回复。再查看现金流量表中的具体细节，如图 3 所示。

按合并现金流量表中的客户存款和同业存放款项净增加额来看，与 2019 年同期由净增加 12 093 110 793.79 元到 2020 年减少到 1 405 731 110.91 元，此项净额影响经营现金流量下降额为 13 498 841 904.60 亿元，占总下降额 11 465 956 706.40 元的 116.87%。

2019 年年报中查到对茅台的客户存款和同业存放款净增加额减少的原因主要是公司控股子公司茅台财务公司归集的其他成员单位资金的减少，图 4 中注明"客户存款和同业存放款项净增加额减少主要是公司控股子公司贵州茅台集团财务有限公司归集集团公司其他成员单位资金增加额减少"。

合并现金流量表
（2020 年 1—6 月）

金额单位：元

项目	附注	2020 年半年度	2019 年半年度
一、经营活动产生的现金流量：			
销售商品、提供劳务收到的现金		46 446 232 767.28	43 329 084 454.18
客户存款和同业存放款项净增加额		**−1 405 731 110.91**	**12 093 110 793.79**
向中央银行借款净增加额			
向其他金融机构拆入资金净增加额			
收到原保险合同保费取得的现金			
收到再保业务现金净额			
保户储金及投资款净增加额			
收取利息、手续费及佣金的现金		1 461 262 584.32	1 642 408 720.13
拆入资金净增加额			
回购业务资金净增加额			
代理买卖证券收到的现金净额			
收到的税费返还			
收到其他与经营活动有关的现金	43（1）	86 852 437.51	1 187 058 209.18
经营活动现金流入小计		46 588 616 678.20	58 251 662 177.28
购买商品、接受劳务支付的现金		3 383 088 147.36	2 791 246 885.34
客户贷款及垫款净增加额		2 992 500 000.00	−6 950 000.00
存放中央银行和同业款项净增加额		**−2 723 483 218.23**	**−35 208 120.44**
支付原保险合同赔付款项的现金			

拆出资金净增加额		200 000 000.00	
支付利息、手续费及佣金的现金		30 187 486.52	61 648 544.55
支付保单红利的现金			
支付给职工及为职工支付的现金		5 169 052 616.78	4 577 377 642.53
支付的各项税费		23 225 911 172.20	24 399 863 418.27
支付其他与经营活动有关的现金	43（2）	1 690 397 033.54	2 376 763 660.60
经营活动现金流出小计		33 967 653 238.17	34 164 742 030.85
经营活动产生的现金流量净额		**12 620 963 440.03**	**24 086 920 146.43**

图 3

（摘自《贵州茅台酒股份有限公司 2020 年半年度报告》网址为：http://www.cninfo.com.cn/new/disclosure/detail？ plate=sse&orgId=gssh0600519&stockCode=600519&announcementId=1208093512&announcementTime=2020-07-29）

合并现金流量表
2019 年 1—12 月

金额单位：元

项目	附注	2019 年度	2018 年度
一、经营活动产生的现金流量：			
销售商品、提供劳务收到的现金		94 980 138 631.64	84 268 695 732.62
客户存款和同业存放款项净增加额		**−437 417 306.80**	**1 010 398 131.22**

（1）客户存款和同业存放款项净增加额减少主要是公司控股子公司贵州茅台集团财务有限公司归集集团公司其他成员单位资金增加额减少。

图 4

（摘自《贵州茅台酒股份有限公司 2020 年半年度报告》http://www.cninfo.com.cn/new/disclosure/detail？ plate=sse&orgId=gssh0600519&stockCode=600519&announcementId=1208093512&announcementTime=2020-07-29）

茅台实际上是合并上市公司的子公司和非上市公司子公司，按以上综合来看，实际上合并现金流量表中的客户存款和同业存款净增加额就是茅台非上市公司的现金存款存放在上市公司茅台财务公司的当期增减情况，假设前提是所有茅台公司的存款都放在财务公司进行核算。2020 年上半年茅台的非上市公司存放在财务公司的比去年同期现金减少净流入 13 498 841 904.60 元。

2. 现金存量情况

以上看的是会计中的净流量，再看现金净存款的情况，如图 5 所示。

（三）资产、负债情况分析

☑适用　□不适用

1.资产及负债状况

金额单位：元

项目名称	本期期末数	本期期末数占总资产的比例（％）	上年同期期末数	上年同期期末数占总资产的比例（％）	本期期末金额较上年同期期末变动比例（％）	情况说明
货币资金	25 452 397 286.65	14.78	115 557 859 884.77	69.98	−77.97	详见注释
拆出资金	90 843 530 648.08	52.76	390 000 000.00	0.24	23 193.21	详见注释
预付款项	932 133 598.25	0.54	1 419 684 643.15	0.86	−34.34	主要是预付货款减少
其他应收款	70 837 732.70	0.04	434 475 450.46	0.26	−83.7	详见注释
存货	26 294 649 615.03	15.27	24 014 000 582.14	14.54	9.5	
其他流动资产	63 116 855.14	0.04	20 261 269.25	0.01	211.51	主要是公司留抵增值税进项税额增加
发放贷款和垫款	2 966 437 500.00	1.72	29 298 750.00	0.02	10 024.79	公司控股子公司贵州茅台集团财务有限公司向成员单位发放贷款
固定资产	14 872 913 965.35	8.64	15 013 818 268.24	9.09	−0.94	
无形资产	4 801 717 177.57	2.79	3 465 769 564.70	2.1	38.55	主要是取得土地使用权增加
预收款项	—	—	12 256 895 355.57	7.42	不适用	根据新收入准则，本报告期"预收款项"改为"合同负债"及"其他流动负债"列示
合同负债	9 463 614 701.94	5.5	—	—	不适用	同上
其他流动负债	1 107 861 114.02	0.64	—	—	不适用	同上
应付职工薪酬	249 274 088.23	0.14	411 911 154.84	0.25	−39.48	本期末应付职工薪酬较上期减少
应交税费	4 568 927 085.93	2.65	3 257 952 776.89	1.97	40.24	本期末应交税金较上期增加

					公司控股子公司贵州茅台集团财务有限公司吸收集团其他成员单位存款减少
吸收存款及同业存放	9 666 161 322.28	5.61	23 566 122 679.15	−14.27	58.98

注：①根据财政部《关于修订印发 2019 年度一般企业财务报表格式的通知》（财会〔2019〕6 号）的相关规定，公司将原计入货币资金的"存放同业款项"调整至"拆出资金"项目列示。②执行新金融工具准则的企业，基于实际利率法计提的金融工具的利息包含在相应金融工具的账面余额中。"其他应收款"科目中的"应收利息"仅反映相关金融工具已到期可收取但于资产负债表日尚未收到的利息。

图 5

（摘自《贵州茅台酒股份有限公司 2020 年半年度报告》，网址为 http://www.cninfo.com.cn/new/disclosure/detail ？ plate=sse&orgId=gssh0600519&stockCode=600519&announcementId=1208093512&announcementTime=2020-07-29）

我看到后产生了以下疑问：

（1）这张表是按财政部《关于修订印发 2019 年度一般企业财务报表格式的通知》编制的吗，还是原来就是错报了？

第一，没有查到关于"公司将原计入货币资金的'存放同业款项'调整到'拆出资金'项目列示"具体规定。

第二，查询该公司 2019 年 7 月 18 日发布的《关于会计政策变更的公告》没有涉及此项货币资金中的"存放同业款项调整到拆出资金"项目的内容，如图 6 所示。

贵州茅台酒股份有限公司
关于会计政策变更的公告

重要内容提示：

本次会计政策变更对公司财务状况、经营成果及现金流量没有产生影响。

一、概述

2019 年 4 月 30 日，财政部发布了《关于修订印发 2019 年度一般企业财务报表格式的通知》（财会〔2019〕6 号）。对一般企业财务报表格式进行了修订，适用于执行企业会计准则的非金融企业 2019 年度中期财务报表和年度财务报表及以后期间的财务报表。

公司第二届董事会 2019 年度第四次会议审议通过了《关于会计政策变更的议案》，决定对原会计政策进行相应变更。

二、会计政策变更的主要内容

资产负债表项目：

（一）原列报项目"应收票据及应收账款"分别计入"应收票据"项目和"应收账款"项目；

（二）原列报项目"应付票据及应付账款"分别计入"应付票据"项目和"应付账款"项目。

三、本次会计政策变更对公司的影响

资产负债表项目变动情况见下表。

会计政策变更的内容和原因	受影响的报表项目名称	影响金额（增加／减少：元）	
		2018 年 12 月 31 日合并	2018 年 12 月 31 日母公司
公司将应收票据及应收账款项目分别计入应收票据项目和应收账款项目	应收账款		8 070 882 641.67
	应收票据	563 739 710.00	
	应收票据及应收账 款	−563 739 710.00	−8 070 882 641.67
公司将应付票据及应付账款项目分别计入应付票据项目和应付账款项目	应付账款	1 178 296 416.59	1 028 650 340.08
	应付票据		
	应付票据及应付账 款	−1 178 296 416.59	−1 028 650 340.08

以上会计政策变更对公司财务状况、经营成果及现金流量没有产生影响。

四、独立董事、监事会的结论性意见

1. 独立董事意见

公司依照财政部相关规定，对公司会计政策进行变更，符合财政部、中国证券监督管理委员会、上海证券交易所的相关规定，决策程序符合有关法律、法规和《公司章程》的规定，未发现损害公司及股东特别是中小股东利益的情况。同意公司本次会计政策变更。

2. 监事会意见

公司依照财政部相关规定，对公司会计政策进行变更，符合有关法律、法规和《公司章程》的规定，不存在损害公司及股东利益情形，同意公司本次会计政策变更。

五、备查文件

（一）公司第二届董事会 2019 年度第四次会议决议；

（二）公司第二届监事会 2019 年度第三次会议决议；

（三）独立董事关于公司第二届董事会 2019 年度第四次会议有关议案的独立意见。

特此公告

贵州茅台酒股份有限公司董事会

2019 年 7 月 18 日

图 6

（资料来源 http://www.cninfo.com.cn/new/disclosure/detail？ plate=sse&orgId=gssh060005 19&stockCode=600519&announcementId=1206456127&announcementTime=2019-07-18）

我们再看看存放同业款项是什么？

存放同业是指商业银行存放在其他银行和非银行金融机构的存款，本科目核算企业（银行）存放于境内、境外银行和非银行金融机构的款项。存放中央银行的款项在"存放中央银行款项"科目核算，不在存放同业科目核算。

本科目属于资产类科目，企业增加存放同业的存款，借记本科目，贷记"存放中央银行款项"等科目；减少同业存放的存款做相反的会计分录，期末余额在借方。

（2）是会计政策变更还是会计差错？

茅台背后实际上是财务公司存放同业的款项如何记账的问题，是记入资产负债表的"货币资金"和现金流量表中的"现金及等价物"，还是如同商业银行一样记入"拆出资金"中。从茅台披露的资料来看，运用2019年4月30日财政部发布的报表格式修改来解释，2020年半年报中原来列在资产负债表下"货币资金"中的"存放同业款项"移到"拆出资金"中，没有解释清楚。2020年6月30日"拆出资金"余额约为908亿元，占期末总资产的52.76%，比2019年同期的3.9亿元增加904.1亿元。到底是会计政策变更还是重大的会计差错的变更，需要公司给出进一步的信息。

再看茅台关于现金及等价物的会计政策，如图7所示。

7. 现金及现金等价物的确定标准

现金等价物包括库存现金、银行存款、其他货币资金、存放中央银行可随时支取的备付金、存放同业款项、拆放同业款项、同业间买入返售证券，以及企业持有的期限短（一般指从购买日起三个月内到期）、流动性强、易于转换为已知金额现金、价值变动风险很小的投资。

图 7

在资产负债表中，从原记入"货币资金"的"存放同业款项"调整到"拆出资金"项目列示，无论是存放同业款项还是拆放同业款项等都一直在茅台现金流量表中现金及现金等价物中列报，并不因为以上"货币资金"中的"存放同业款项"

列示到"拆出资金"而产生影响。

但在 2019 年半年报表的会计政策披露中没有这么详细，如图 8 所示。

（3）2020 年半年报中"存放同业"款项在资产负债表附注"拆出资金"与现金流量表下的"存放同业款项"金额不平，如图 8 所示。

拆出资金

金额单位：元

项目	期末余额	期初余额
存放同业款项	90 446 791 895.57	117 181 364 283.89
拆出资金	400 000 000.00	200 000 000.00
减：减值准备	3 261 247.49	3 553 720.62
账面价值	90 843 530 648.08	117 377 810 563.27

使用受到限制的拆出资金

项目	期末数	期初数
不能随时支取的同业存款	—	2 600 000 000.00

现金和现金等价物的构成

☑适用 □不适用

金额单位：元

项目	期末余额	期初余额
一、现金	108 917 807 272.51	121 003 839 599.64
其中：库存现金	26 937.20	206 105.10
可随时用于支付的银行存款	18 620 157 955.28	6 330 455 897.32
可随时用于支付的其他货币资金	—	—
可用于支付的存放中央银行款项	172 154 512.23	192 833 313.34
存放同业款项	**90 125 467 867.80**	**114 480 344 283.88**
拆放同业款项	—	—
二、现金等价物	—	—
其中：三个月内到期的债券投资	—	—
三、期末现金及现金等价物余额	108 917 807 272.51	121 003 839 599.64
其中：母公司或集团内子公司使用受限的现金和现金等价物	—	—

图 8

（摘自《贵州茅台酒股份有限公司 2020 年半年度报告》http://www.cninfo.com.cn/new/disclosure/detail？plate=sse&orgId=gssh0600519&stockCode=600519&announcementId=1208093512&announcementTime=2020-07-29）

3. 茅台的现金到底纯不纯

我从事财务工作多年，看到现在一样有点头晕，还是搞不清楚以上几个问题，到底茅台有多少现金？还真不好说，背后有太多复杂的会计技术，或者说会计艺术的问题需要回答，主要是财务公司的现金属性是什么？在资产负债表以及现金流量表上如何列报。

当然，背后的会计原理一定是对的，期初余额加本期增加减去本期减少，一定是等于期末余额。

以上只是基于财务报表数据的一点分析，希望引起大家对财务分析的兴趣。

第 10 章
第十大难题：持续经营

持续经营是企业会计实务一直存在的难题，实际上企业的财务或者会计人员最关心的就是企业在未来是否可以持续地经营下去，但正是这样关系到自身利益的问题却成了一大难题。相信背后的原因是多方面，但最关键的还在于会计人员的主动性。

►► 持续经营的本质

持续经营是指企业会计确认、计量和报告应当以持续、正常的生产经营活动为前提。一般情况下，假定企业将会按当前的规模和状态继续经营下去，不考虑停业、破产、清算或大规模削减业务等因素，明确这个基本前提，会计人员就可在此基础上选择会计原则和方法，如资产能够按计量基础计算成本，费用能够定期进行分配，负债能够按期偿还，否则正常的核算就无法进行。

下面是《企业会计准则》对持续经营的解释。

第六条　企业会计确认、计量和报告应当以持续经营为前提。
——摘自《企业会计准则——基本准则》(中华人民共和国财政部令第76号)
......
（二）列报基础

本准则规定，企业应当以持续经营为基础编制财务报表。持续经营是会计的基本前提，也是会计确认、计量及编制财务报表的基础。在编制财务报表的过程中，企业管理层应当全面评估企业的持续经营能力。企业管理层在对企业持续经营能力进行评估时，应当利用其所有可获得的信息，评估涵盖的期间应包括企业自资产负债表日起至少12个月，评估需要考虑的因素包括宏观政策风险、市场经营风险、企业目前或长期的盈利能力、偿债能力、财务弹性以及企业管理层改变经营政策的意向等。评价结果表明对持续经营能力产生重大怀疑的，企业应当在附注中披露导致对持续经营能力产生重大怀疑的影响因素以及企业拟采取的改善措施。

企业在评估持续经营能力时应当结合考虑企业的具体情况。通常情况下，如果企业过去每年都有可观的净利润，并且易于获取所需的财务资源，则对持续经营能力的评估易于判断，这表明企业以持续经营为基础编制财务报表是合理的，而无须进行详细的分析。反之，如果企业过去多年有亏损的记录等情况，则需要通过考虑更加广泛的，相关因素来作出评价，比如目前和预期未来的获利能力、债务清偿计划、替代融资的潜在来源等。

企业如果存在以下情况之一，则通常表明其处于非持续经营状态：

（1）企业已在当期进行清算或停止营业；

（2）企业已经正式决定在下一个会计期间进行清算或停止营业；

（3）企业已确定在当期或下一个会计期间没有其他可供选择的方案而将被迫进行清算或停止营业。企业处于非持续经营状态时，应当采用清算价值等其他基础编制财务报表，比如破产企业的资产采用可变现净值计量，负债按照其预计的结算金额计量等。在非持续经营情况下，企业应当在附注中声明财务报表未以持续经营为基础列报、披露未以持续经营为基础的原因以及财务报表的编制基础。

——摘自《企业会计准则应用指南（2020）》（企业会计准则第 30 号
——财务报表列报）

►► 经济危机对持续经营的挑战

因新冠肺炎疫情的影响，世界各国都采取了封城或者封国等防疫措施，大多数企业的经营活动无法进行，收入基本上为零。但我们还是可以看到企业的会计仍在进行记账活动，并对企业的设备等计提折旧。这种现象表明，会计的"四大假设"之一的"持续经营假设"存在以下三方面的不足。

第一，持续经营假设只对经营陷入困境的企业进行判断，没有进行进一步的细分。比如此次新冠肺炎疫情等让所有企业经营陷入暂时的经营停滞的判断条件。我认为应该结合历史上发生过的案例，补充完善持续经营假设，新增持续经营暂时性暂停，让会计记录更加真实准确地反映企业的经营情况。

第二，持续经营假设在会计实务中的创新和探索不足。我国的《企业会计准则》源于财政部会计司的成文法，在会计案例对成文法的影响上只限于在《国际会计准则》有修订时，向企业实务界进行意见的征集，并且《企业会计准则》在企业实务中是只能在现有准则框架内进行会计处理，产生了会计实务的僵化处理，对《企业会计准则》的创新和探索基本是依靠会计理论界以及审计师等的理论研究。因持续经营假设的实务创新和探索的不足，所以导致会计实务的僵化处理。

第三，持续经营假设判断的标准不足，再加上会计后续处理的规定不细化。企业会计实务中"持续经营假设"的判断实际是由会计师在年度审计时依据企业的现金流情况进行判断，但企业实务中特别是上市公司并购的实践中会存在因为被收购方的业绩不达标，让企业的控股股东失去对收购子公司的控制，让被收购的企业陷入无法经营的困境中。这样的案例表明，企业持续经营并不是现金流断裂的一种情况，比如股东因为巨额对赌的冲突一样会让企业陷入无法持续经营的情况。当然，解决的方案可以是会计准则层面对持续经营假设判断标准进行明确的规范，并对相关的会计进行细化，不能只依靠审计准则来判断企业持续经营。

持续经营是企业会计实务一直存在的难题，实际上企业的财务或者会计人员最关心的就是企业在未来是否可以持续地经营下去，但正是这样关系到自身利益的问题，在我们专业会计处理上却成了一大难题。相信背后的原因是多方面，但最关键的还在于会计人的主动性。

第11章
会计实务难题综合运用案例

　　针对实务盘点、资本化还是费用化、关联交易、合并报表、所得税与增值税、外币计量、收入确认、费用与成本的区分、现金流量表、持续经营产生的难题，是需要通过实践案例去解决。本章通过一个个案例运用带给读者实战的体验。

招股说明书是了解一家企业最好最全的资料，主要用途当然是让投资人拿出真金白银投入企业。作为投资人最关心的基石之一历史财务报告，实际上是最隐晦难懂的，股神巴菲特就是通过阅读企业的财务报表进行投资并成为股神的，相信一定是有财务密码存在于企业的投股说明书中，就巴菲特这样的投资专家通过自己掌握的解码读懂并进行价值投资的决策来取得巨额的投资回报。实际上，会计作为一门商业语言，通过财务报表等来讲企业的资本故事，语言一定是为人所用的，招股说明书的用途就决定了财务报表一定是配合资本故事的逻辑来进行选择性地披露，并将最美丽的内容让投资人看，将需要隐藏的内容用美丽的会计外衣加上财务密码披露。现在就用上市公司孩子王招股说明书中隐藏的五段财务密码为例，来一起看看如何解码企业的财报。

密码一：实际控制人代付的股权激励 2 900.01 万元是否入账

孩子王儿童用品股份有限公司（以下简称"孩子王"）2017 年至 2019 年财报数据，如图 1 至图 3 所示。

(1) 现金流量表补充资料

金额单位：元

将净利润调节为经营活动现金流量：

	2019年	2018年	2017年
净利润	377 408 834.81	275 966 307.91	93 799 328.71
加：资产减值损失	(4 603 491.97)	1 178 024.69	573 702.17
固定资产折旧	76 396 775.34	61 274 420.01	52 133 602.47
无形资产摊销	6 812 036.13	6 605 888.85	5 016 046.44
长期待摊费用摊销	78 607 707.12	70 587 588.99	60 948 785.22
处置固定资产、无形资产和其他长期资产的损失	3 878 036.20	3 182 179.37	2 158 441.77
财务费用	4 062 907.31	(3 919 297.52)	14 305 624.55
投资收益	(49 654 089.11)	(34 563 284.72)	(18 536 681.74)
公允价值变动收益	(473 796.89)		
折现收益的摊销	(4 777 324.22)	(1 262 384.73)	(823 655.79)
递延收益摊销	(326 232.74)	(247 842.18)	(245 723.52)
递延所得税资产(增加)/减少	(7 107 739.08)	(18 805 410.20)	3 461 801.63
递延所得税负债(减少)/增加	6 871 296.60	3 776 531.03	
员工激励	1 993 978.46	8 007 319.70	41 803 786.60
存货的(增加)/减少	(214 263 233.91)	(146 598 624.28)	32 825 745.92
经营性应收项目的减少/(增加)	64 127 045.14	(32 800 446.33)	115 883 739.71
经营性应付项目的增加	546 648 162.44	331 762 740.88	219 689 955.06
	885 600 871.63	524 143 711.47	622 994 499.20

图 1

（摘自《孩子王儿童用品股份有限公司已审财务报表 2017 年度、2018 年度及 2019 年度》，网址为 http://reportdocs.static.szse.cn/UpFiles/rasinfodisc/RAS_000173289D98A53FDD
A09BFC89ED523F.pdf）

（9）关键管理人员薪酬及员工激励

金额单位：万元

关联方名称	2020 年 1—6 月	2019 年	2018 年	2017 年
关键管理人员薪酬	189.19	887.31	809.01	804.16
实际控制人汪建国向员工激励	—	—	—	—
汪建国	—	199.4	527.75	2 172.86

2017 年，在公司完成全国中小企业股份转让系统挂牌后，为稳定公司核心员工，汪建国向公司员工进行激励，合计金额 2 900.01 万元。①激励范围：对公司各业务部门经理以上（中层）人员进行激励；②激励标准：根据年度考核指标、员工工作年限、特殊项目贡献等事项进行综合评定后，以奖金形式发放。2017 年至 2019 年，分期发放 2 172.86 万元、527.75 万元和 199.40 万元。

图 2

［摘自《孩子王儿童用品股份有限公司招股说明书（申报稿）》，网址为 http://reportdocs.
static.szse.cn/UpFiles/rasinfodisc/RAS_000177290E1C1A3FD4A0FA165AC6883F.pdf］

孩子王儿童用品股份有限公司　　　　　　　　招股说明书（申报稿）

（2）股份支付费用分析

2017 年、2018 年，公司记入管理费用的股份支付费用分别为 2 007.52 万元和 272.99 万元，主要是报告期内公司对员工实施股权激励形成的相关费用。

为吸引和保留优秀人才，充分调动员工积极性，有效地将股东利益、公司利益和核心员工个人利益结合在一起，公司于 2016 年 3 月设立了员工持股平台南京维盈。2017 年 7 月，原合伙人高骁健将其持有的南京维盈 11.81 万元合伙份额（对应出资比例 11.81%）认缴权以零对价转让给新合伙人刘长春，2018 年 3 月原合伙人颜俊将其持有的南京维盈 1.50 万元合伙额（对应出资比例 1.50%）认缴权以零对价转让给新合伙人刘浩。2019 年 7 月，刘长春和刘浩分别向南京维盈出资 802.85 万元和 101.97 万元，出资完成。本次刘长春和刘浩的出资价格与南京维盈其他合伙人出资价格一致。

根据《企业会计准则第 11 号——股份支付》规定，2017 年 7 月和 2018 年 3 月，员工持股平台南京维盈内部合伙额转让行为符合准则规范的"企业授予职工期权、认股权证等衍生工具或其他权益工具，对职工进行激励或补偿，以换取职工提供的服务"的要求及实施要件。上述股份支付符合《企业会计准则第 11 号——股份支付》所规范的以权益结算的股份支付，确认和计量原则为：按股份在授予日的公允价值，将当期取得的服务计入相关的资产成本或当期费用。

图 3

［摘自《孩子王儿童用品股份有限公司招股说明书（申报稿）》，网址为 http://reportdocs.
static.szse.cn/UpFiles/rasinfodisc/RAS_000177290E1C1A3FD4A0FA165AC6883F.pdf］

图 1 至图 3 是招股说明书中的三段资料，总计 497 页的招股说明书，如果不是专业财务人员估计是很难将三段资料找到并联系在一起解决一个事项的。它的背后是涉及一笔由孩子王的实际控制人支付核心员工股权激励费用，可能影响净利润 2 900 万元。

从财务角度看，三张图放在一起是有平衡关系的：（图 1）现金流量表净利润调整到经营净现金流表中的"员工激励"等于（图 2）关联交易披露中"汪建国"数据加上（图 3）"管理费用"附注中的股份支付费用 2017 年和 2018 年数据。（我猜测汪建国支付的 2 900 万元未记入公司费用中，并且只有 2 900 万元是付现的，其他股份支付并没有发生现金支付。）具体资料见下表。

管理费用具体数据

金额单位：万元

来源	计算逻辑	2019 年	2018 年	2017 年
图 1	a	199.40	800.73	4 180.38
图 2	b	199.40	527.75	2 172.86
图 3	c	0.00	272.99	2 007.52
校对	a=b+c	0.00	−0.01	0.00

以上三段数字背后是可以平衡的，是否很神奇？图 1 等于图 2 加图 3。实际上，图 1 的现金流量表中的间接法体现出从净利润调整非付现项目后等于直接法下的经营活动产生的净现金金额是一个必须要平衡的等式，所以会有一项已经发生，但未支付现金的股权激励总费用的披露。表 2 是在招股说明书中的关联交易中披露的孩子王实控人作为关联人与公司发生的一笔在实务中不常见到的高达 2 900.01 万元的个人向核心员工的激励。一般来说，员工的股权激励费用都是由公司负担的，很少会有老板这么大方，相信背后一定是有客观原因和精彩资本故事等人们去解读。因为从招股说明书来看，"孩子王"的资本故事从新三板到拆 VIE，再到 A 股，是一个跌宕起伏的好剧本。表 3 是在"管理费用"附注中披露的员工股权激励费用。基于以上的解码后，我们可以看清此笔 2 900.01 万元的股份支付费用可能是没有记入"孩子王"拟上市公司的账本中。

密码二：负的所得税费用 1 038 万元代表什么

图 4 为 2018 年所得税费用为 −1 038.29 万元。

2017 年至 2020 年 1—6 月所得税费用列表

金额单位：万元

项目	2020 年 1—6 月		2019 年		2018 年		2017 年	
	金额	占比	金额	占比	金额	占比	金额	占比
营业利润	20 192.46	99.72%	47 135.69	99.11%	26 174.37	98.55%	10 013.09	98.88%
加：营业外收入	122.97	0.61%	708.69	1.49%	426.24	1.60%	276.7	2.73%
减：营业外支出	66.25	0.33%	285.01	0.60%	42.27	0.16%	163.63	1.62%
利润总额	20 249.17	100.00%	47 559.37	100.00%	26 558.34	100.00%	10 126.16	100.00%
减：所得税费用	3 662.69	—	9 818.49	—	−1 038.29	—	746.23	—
净利润	16 586.48	—	37 740.88	—	27 596.63	—	9 379.93	—
报告期内，公司净利润主要来源于营业利润。随着公司业务规模的持续增长，净利润规模呈稳步上升趋势。								

图 4

[摘自《孩子王儿童用品股份有限公司招股说明书（申报稿）》，网址为 http://reportdocs.static.szse.cn/UpFiles/rasinfodisc/RAS_000177290E1C1A3FD4A0FA165AC6883F.pdf]

负数所得税费用一样是在实务中一样是不多见的，特别是申报 A 股的上市公司，一般会计利润与企业所得税利润差异都比较少见，而产生负的所得税费用就更加少见了。通俗地说，会计口径与所得税法口径的差异在 2018 年是巨大的。让我们再看看所得税费用的细节，所得税类别如图 5 所示。

2017 年至 2020 年 1—6 月当期与递延所得税费用列表

金额单位：万元

项目	2020 年 1—6 月	2019 年	2018 年	2017 年
当期所得税费用	4 148.28	9 842.14	398.92	397.56
递延所得税费用	−485.59	−23.64	−1 437.20	348.67
合计	3 662.69	9 818.50	−1 038.28	746.23

图 5

[（摘自《孩子王儿童用品股份有限公司招股说明书（申报稿）》，网址为 http://reportdocs.static.szse.cn/UpFiles/rasinfodisc/RAS_000177290E1C1A3FD4A0FA165AC6883F.pdf）]

从细节看，2018年所得税费用的负数比总额还要大，即−1 437.20万元（图5），在说明中还是没能看清原因，只介绍是因为7家子公司2018年起实现税务盈利，开始一次性确认了递延所得税资产。2017年或者以前这7家是不确认递延所得税资产的，因为原来是亏损的，见下表。

所得税费用与会计利润的关系

金额单位：万元

项目	2020年1—6月	2019年	2018年	2017年
按适用税率计算的所得税费用	5 062.29	11 889.84	6 639.59	2 531.54
某些子公司适用不同税率的影响	−784.75	−573.34	−18.64	28.09
不可抵扣的费用	23.37	88.57	232.17	1 091.66
利用以前年度可抵扣亏损	−1 542.28	−671.98	**−5 006.92**	−4 652.27
税率变动对期初递延所得税余额的影响	—	−114.41	—	—
无须纳税的收益	—	246.84	—	—
使用前期未确认递延所得税资产的可抵扣暂时性差异及可抵扣亏损的影响	—	−931.12	**−3 708.34**	—
研发费用加计扣除	−319.22	−397	−424.61	−258.22
未确认的可抵扣暂时性差异 的影响和可抵扣亏损	1 223.27	774.76	1 248.48	2 005.42
合计	**3 662.68**	10 312.16	−1 038.27	746.22
利润总额	20 249.17	47 559.37	26 558.34	10 126.16
占比	**18.09%**	20.64%	−3.91%	7.37%

随着公司以前年度亏损的弥补，公司所得税费用于2019年增长较快，全年所得税费用为9 818.50万元，占利润总额的比例为20.64%。2020年1—6月，公司所得税费用为3 662.68万元，占利润总额的比例为18.09%。

［摘自《孩子王儿童用品股份有限公司招股说明书（申报稿）》，网址为 http://reportdocs.static.szse.cn/UpFiles/rasinfodisc/RAS_000177290E1C1A3FD4A0FA165AC6883F.pdf］

上表第一行是按所得税法计算的公司税前利润。从中可以看到更加多的财务和税务的密码，2018年亏损−5 006.92万元，可利用以前年度可抵扣亏损（上表"利用以前年度可抵扣亏损2018年为−5 006.92万元"），以及与所得税费用相关−3 708.34万元（使用前期未确认递延所得税资产及可抵扣亏损的影响为−3 708.34万元），是基于对子公司未来盈利预估的人为判断带来的会计利润的企业所得税收益。

负的所得税费用产生原因基本是找到了，但这到底如何解读就看投资人各自的决策角度了。

密码三：集团关联公司代收代付款项记入收入的风险是什么

集团关联公司代发行人收取的款项见下表。

代收代付交易列表

金额单位：万元

关联方名称	2020年1—6月	2019年	2018年	2017年
代发行人收取的款项				
江苏孩子王实业有限公司	156 491.83	668 191.76	438 414.07	222 071.57
深圳市远翔商业保理有限公司		3 567.39	10 037.01	
合计	156 491.83	671 759.15	448 451.08	222 071.57
发行人代其收取的款项				
成都亿诺达企业管理有限公司	—	2 971.70	2 205.40	876.01
郑州亿童联企业管理咨询有限公司	—	—	—	186.59
青岛亿诺达企业管理有限公司	—	—	—	181.09
西安亿诺达企业管理有限公司	—	—	—	210.52
合计	0.00	2 971.70	2 205.40	1 454.21
报告期内与江苏孩子王的交易情况：公司与江苏孩子王的代收金额较高，主要是因为江苏孩子王负责公司各类线上平台的运营，因此交易中通过线上平台/扫码购等方式的消费均由江苏孩子王代收交易款项后与孩子王结算。报告期内，随着公司业务规模的不断扩大，上述占比也相应提高。报告期内，公司与江苏孩子王的合作模式具体参见本招股说明书"第六节业务和技术"之"一、发行人主营业务、主要产品或服务的情况"……"（二）主要经营模式及业务流程"……"6、与江苏孩子王的合作模式"。2020年3月31日，公司与江苏孩子王签署了《合作协议的终止协议》，约定停止与江苏孩子王的全部合作关系。				

报告期内，发行人代成都亿诺达收取的款项金额及占其主营业务收入的比重见下表。

成都亿诺达收取的款项金额及占其主营业务收入的比重

金额单位：万元

项目	2020年1—6月	2019年	2018年	2017年
代收款金额（含税）	—	2 971.70	2 205.40	876.01
代收款金额对应的销售收入（不含税）	—	2 615.09	1 902.83	753.47
成都亿诺达主营业务收入	—	5 165.28	5 061.15	4 142.42
占成都亿诺达主营业务收入的比例	—	50.63%	37.60%	18.19%

报告期内，江苏孩子王代成都亿诺达收取的款项金额及占其主营业务收入的比重情况见下表。

江苏孩子王代成都亿诺达收取的款项金额及占其主营业务收入的比重

金额单位：万元

项目	2020 年 1—6 月	2019 年	2018 年	2017 年
代收款金额（含税）	—	1 474.09	1 652.07	1 247.20
代收款金额对应的销售收入（不含税）	—	1 294.76	1 422.25	1 066.20
成都亿诺达主营业务收入	—	5 165.28	5 061.15	4 142.42
占成都亿诺达主营业务收入的比例	—	25.07%	28.10%	25.74%

报告期内，成都亿诺达不存在由上海童渠代为收取款项的情况。

报告期各期末，公司其他应收款余额主要由应收供应商款项、代收代付款、应收租赁费等构成，具体情况见下表。

公司其他应收款余额构成与占比

金额单位：万元

项目	2020 年 6 月 30 日		2019 年 12 月 31 日		2018 年 12 月 31 日		2017 年 12 月 31 日	
	金额	占比	金额	占比	金额	占比	金额	占比
应收供应商款项	5 633.39	86.84%	3 815.33	58.00%	5 219.26	34.31%	4 948.50	48.03%
代收代付款	—	—	2 268.12	34.48%	9 181.33	60.35%	4 602.79	44.68%
应收租赁费	503.27	7.76%	385.39	5.86%	719.61	4.73%	696.87	6.76%
备用金	221.70	3.42%	67.74	1.03%	32.18	0.21%	32.55	0.32%
其他	128.58	1.98%	41.56	0.63%	60.46	0.40%	21.23	0.21%
合计	6 486.94	100.00%	6 578.14	100.00%	15 212.84	100.00%	10 301.94	100.00%

2017 年末至 2019 年末，公司其他应收款余额主要为应收供应商款项和代收代付款，占比超过 90%。应收供应商款项主要为报告期内根据公司与供应商签署的采购合同，供应商依照月度及年度商品采购总额向公司提供进货折扣及返佣，形成应收供应商款项；代收代付款主要为报告期内，公司利用江苏孩子王运营包括孩子王 App、微信公众号、小程序、微商城等在内的网上平台，江苏孩子王定期与孩子王结算相关销售款项，形成代收款项。

2020 年 3 月末，公司与江苏孩子王终止合作，与其代收代付款清理完毕。

其他应收款账龄情况见下表。

其他应收款账龄情况

金额单位：万元

项目	2020 年 6 月 30 日		2019 年 12 月 31 日		2018 年 12 月 31 日		2017 年 12 月 31 日	
	金额	占比	金额	占比	金额	占比	金额	占比
180 天以内	6 084.52	93.80%	6 385.30	97.07%	15 206.62	99.96%	10 295.10	99.93%
181 天至 360 天	353.00	5.44%	168.93	2.57%	0.04		0.66	0.01%
361 天以上	49.42	0.76%	23.91	0.36%	6.18	0.04%	6.18	0.06%
合计	6 486.94	100.00%	6 578.14	100.00%	15 212.84	100.00%	10 301.94	100.00%

报告期各期末，公司其他应收款账龄主要集中在 180 天以内。2017 年年末、2018 年年末、2019 年年末和 2020 年 6 月末，公司 180 天以内的其他应收款占比分别为 99.93%、99.96%、97.07% 和 93.80%。整体上看，公司报告期各期末其他应收款账龄较短，可回收性较好。报告期内，公司不存在大额其他应收款不能回收的情形。

报告期各期末，公司其他应收款前 5 名情况见下表。

公司其他应收款前 5 名情况

金额单位：万元

项目	序号	单位名称	账面余额	占比（%）	款项性质	账龄
2020-06-30	1	惠氏（上海）贸易有限公司	1 907.21	29.4	供应商款项	180 天以内
	2	上海优壹电子商务有限公司	1 888.02	29.11	供应商款项	180 天以内
	3	菲仕兰食品贸易（上海）有限公司	789.76	12.17	供应商款项	180 天以内
	4	北京腾讯文化传媒有限公司	331.19	5.11	供应商款项	180 天以内
	5	财付通支付科技有限公司	145.39	2.24	结算资金	180 天以内
合计			5 061.57	78.03		

项目	序号	单位名称	账面余额	占比（%）	款项性质	账龄
2019-12-31	1	江苏孩子王实业有限公司	2 256.06	34.3	代收代付款	180 天以内
	2	上海优壹电子商务有限公司	1 363.71	20.73	供应商款项	180 天以内
	3	惠氏（上海）贸易有限公司	1 121.21	17.04	供应商款项	180 天以内
	4	菲仕兰食品贸易（上海）有限公司	745.53	11.33	供应商款项	180 天以内
	5	南京市麒麟科技创新园（生态科技城）开发建设 管理委员会	240	3.65	政府补助款	180 天以内
合计			5 726.51	87.05		
2018-12-31	1	江苏孩子王实业有限公司	7 058.74	46.40	代收代付款	180 天以内
	2	深圳市远翔商业保理有限 公司	2 117.95	13.92	代收代付款	180 天以内
	3	惠氏（上海）贸易有限公司	1 924.91	12.65	供应商款项	180 天以内
	4	菲仕兰食品贸易（上海）有限公司	1 351.30	8.88	供应商款项	180 天以内
	5	上海优壹电子商务有限 公司	1 266.11	8.32	供应商款项	180 天以内
合计			13 719.01	90.17		
2017-12-31	1	江苏孩子王实业有限公司	4 600.60	44.66	代收代付款	180 天以内
	2	菲仕兰食品贸易（上海）有限公司	2 005.13	19.46	供应商款项	180 天以内
	3	惠氏（上海）贸易有限公司	1 090.14	10.58	供应商款项	180 天以内
	4	上海优壹电子商务有限公司	722.33	7.01	供应商款项	180 天以内
	5	广州市合生元生物制品有 限公司	424.77	4.12	供应商款项	180 天以内
合计			8 842.97	85.83		

［摘自《孩子王儿童用品股份有限公司招股说明书（申报稿）》，网址为 http://reportdocs. static.szse.cn/UpFiles/rasinfodisc/RAS_000177290E1C1A3FD4A0FA165AC6883F.pdf］

关联公司代收货款涉及合规风险、财务风险、税务风险。一般企业代收主要原因可能有三点：第一，牌照合规问题；第二，合并收款客户体验问题；第三，公司业务重组的时间问题。相信要解读背后的业务记入财务报表的收入、成本和利润有多少，是否合规？税务上是否有税务成本和风险，因为一般收款与开票要一致，企业是如何解决此类问题和风险的，招股说明书中只说了一部分。如果需要进一步完整地解读，还需要从不同渠道获得全部的信息，才能从投资者的角度进行解读。

密码四：向供应商收取的费用是收入还是成本

报告期内，公司主营业务毛利按业务类型划分情况见下表。

公司主营业务毛利按业务类型划分情况

金额单位：万元

项目	2020年1-6月		2019年度		2018年度		2017年度	
	金额	占比	金额	占比	金额	占比	金额	占比
母婴商品	75 103.72	71.00%	176 241.65	72.11%	156 893.63	79.26%	133 337.21	85.99%
母婴服务	7 249.71	6.85%	24 869.87	10.18%	16 938.23	8.56%	11 626.28	7.50%
供应商服务	19 661.60	18.59%	40 998.44	16.78%	23 405.43	11.82%	10 096.81	6.51%
广告业务	932.63	0.88%	2 291.81	0.94%	723.1	0.37%	——	
平台服务	2 827.35	2.67%	——		——		——	
合计	105 775.01	100.00%	244 401.77	100.00%	197 960.39	100.00%	155 060.30	100.00%

报告期内，公司以母婴商品销售贡献的毛利为主，供应商服务贡献的毛利逐年增加。2017年、2018年、2019年和2020年1—6月，公司母婴商品销售形成的毛利分别为133 337.21万元、156 893.63万元、176 241.6万元和75 103.72万元，占主营业务毛利的比例分别为85.99%、79.26%、72.11%和71.00%。报告期内，公司供应商服务贡献的毛利额及占比呈逐年增加趋势，使得母婴商品销售贡献的毛利额占比逐年下降。综上所述，随着公司线上线下全渠道布局的日趋完善，公司品牌效应不断显现，母婴商品、母婴服务、供应商服务三者合计显示销售规模及贡献的毛利持续扩大。

［摘自《孩子王儿童用品股份有限公司招股说明书（申报稿）》，网址为 http://reportdocs. static.szse.cn/UpFiles/rasinfodisc/RAS_000177290E1C1A3FD4A0FA165AC6883F.pdf］

公司有一条业务线叫供应商服务产生的收入。从会计角度看，这类向供应商收取的费用到底应该记入收入还是应该冲减成本？从净利润角度看，实际上是没有影响的，但从投资估值的角度是不同的，会计背后是总额法和净额法的争论。实际上，供应商收取的费用都是源于向客户销售带来的，但是否记入收入就存在会计争议了。按新收入准则规定来看，实际上又是供应商，又是客户应该是要合并来看比较合理，要不就存在通过总额法来做大收入的可能性，达到估值收入的最大化。电商或者销售类公司都存在此类问题，但"孩子王"的此类收入的占比在不断提高，背后原因还是需要进一步分析的。

密码五：软件收入是否可持续

图 6、图 7 是其他业务收入列表。

金额单位：万元

项目	2020 年 1—6 月		2019 年度		2018 年度		2017 年度	
	金额	占比	金额	占比	金额	占比	金额	占比
招商业务	3 090.57	96.52%	6 484.52	71.33%	5 682.99	93.70%	4 956.63	96.58%
软件销售	—	—	2 274.20	25.02%	—	—	—	—
其他	111.31	3.48%	331.77	3.65%	382.22	6.30%	175.77	3.42%
合计	3 201.88	100.00%	9 090.49	100.00%	6 065.20	100.00%	5 132.40	100.00%

公司其他业务收入主要包括招商业务收入、软件销售收入等。招商业务收入主要是公司在门店经营过程中，通过深度挖掘顾客服务需求，充分发挥大店资源优势，创造更多盈利增长点，与第三方专业机构合作，将门店部分区域租赁开放给早教、摄影等母婴行业周边服务商户，形成招商租金收入。2018 年、2019 年公司招商业务收入持续增加，主要是由于公司致力于打造全场景的业务生态体系，随着公司门店数量的不断增加，对外租赁面积也相应增多。2020 年 1—6 月，公司实现招商收入 3 090.57 万元。受新肺炎冠疫情影响，公司门店一季度复工率低，周边商户复工也受到影响，因此，公司综合考虑大物业针对门店的各项租金减免等因素，对相关商户也给予不同程度的租金减免，在一定程度上影响了招商收入的实现。

图 6

2019 年，孩子王的软件销售收入就达到了 100% 的毛利率，以及 2 274.20 万元的收入额。（2019 年软件销售 2 274.20 万元，毛利率 100%，并且 2017 年、2018 年以及 2020 年 1—6 月都无发生额）。

报告期内，公司其他业务毛利率具体情况见下表。

项目	2020 年 1—6 月	2019 年底	2018 年底	2017 年度
招商业务	49.63%	46.74%	43.96%	42.98%
软件销售	—	100.00%	—	—
其他	100.00%	100.00%	100.00%	100.00%
其他业务毛利率	51.38%	62.01%	47.49%	44.94%

　　报告期内，公司招商业务毛利率相对稳定，且呈上升趋势，主要是因为随着公司品牌效应的增强，公司与商场物业的仪价能力也不断提升，使得租赁成本增幅低于租赁收入增幅。2020 年 1—6 月，受到疫情影响，公司门店所在大物业给予公司不同程度的免租优惠，相应地降低了公司的租赁成本，毛利率有所提升。软件销售毛利率为 100%，主要是因为上海童渠以开发自用软件为主，仅 2019 年零星对外销售部分软件，且上述软件均为前期已经取得软件著作权的软件产品，因此无对应的战本。

图 7

［摘自《孩子王儿童用品股份有限公司招股说明书（申报稿）》，网址为 http://reportdocs. static.szse.cn/UpFiles/rasinfodisc/RAS_000177290E1C1A3FD4A0FA165AC6883F.pdf］

　　"孩子王"五段财务密码背后一样是会计的十大实务难题。

　　密码一：实际控制人代付的股权激励 2 900.01 万元是否入账？背后是关联交易的难题。实务中股权激励都会涉及关联方的利益平衡。我认为孩子王的老板通过代付来解决股权激励，让孩子王可以轻装上阵申报 IPO，可能是一条不错的出路。从会计上让股权激励复杂的会计处理变为关联交易合规性披露。至少让股权激励费用总额变为可控，不至于因为上市申报预期改变，如小米集团等互联网公司上市前引发的前期已授予的股权激励的公允价格暴涨，同步带来巨额的股权激励费用引发上市前会计报表从盈利变为亏损（在香港联交所上市的小米集团等互联网公司上市条件对会计利润盈利没有硬性要求，孩子王申报深圳交易所创业板上市的前提条件就是企业需要有会计盈利）。孩子王将股权激励化身为关联交易难题还是很值得我们学习。

　　密码二：所得税费用 −1 038 万元的代表什么？背后是资本化还是费用化的难题，负的所得税费用产生递延所得税资产，实际上是所得税的资本化，让当期的会计净利润变大，所得税资产摊销到以后各期的净利润中。案例中的孩子王一样按《企业会计准则》的规定解答了此项难题，当然，不一定是最完全的，但至少是实战的成功案例。

密码三、密码四：企业在 IPO 时采用总额法还是净额法确认收入问题，引发的原因无非是企业估值以及上市条件中收入最低的门槛要求。从投资者的角度看企业估值，收入有专门的估值指标市销率，如果用净额法进行会计核算，导致收入减少，对企业的估值产生不利的影响。更为重要的是，上市申报条件中对会计收入有最低要求，需要企业满足要求才能申报。案例中的孩子王在招股说明书中，中介机构还是给出了答案，最终从孩子王批准上市的结果来看，至少是合格的标准。

密码五：软件收入是否可持续？背后还是收入确认的难题。当然，一样是值得学习和借鉴的。商业模式上是值得大多数零售企业学习的，如何运用私有的线下变量，无论是从供应商，还是从企业自用软件向供应商等利益相关者的销售创造收入都是企业的商战实践。最为关键的是，是否可以持续获取收入？从会计角度看，就是创造的收入是否有商业实质。从经营角度看，是否可以持续经营下去。

总之，财务解码只是通过专业知识了解企业的点滴信息，真要用作投资等专业用途，实际上还有很长的路要走。

案例二　京东物流的优先股是债还是股

京东物流股份有限公司（以下简称"京东物流"）可转换可赎回优先股公允价值变动是其巨亏的主要原因，如果公司挂牌之后的估值达到转股条件，则公司转亏为盈，且资产负债表神奇地从资不抵债变为资本充足。

国内的自营物流巨头京东物流已于 2021 年 4 月 26 日进行港股上市聆讯。相关信息显示，其 2020 年营业收入达到 733.74 亿元，与国内的另一家自营为主的物流巨头顺丰控股（002352.SZ）的同期营业收入 1539.87 亿元有一定的差距。但京东物流 2020 年亏损高达 40.37 亿元，与顺丰同期盈余 73.26 亿元产生巨大的反差。

到底是什么让京东物流 2020 年产生了 40.37 亿元的巨亏？

从京东物流 2020 年的利润表可以看出，可转换可赎回优先股公允价值变动 48.61 亿元是京东物流产生 40.37 亿元巨亏的原因。占毛利额 62.93 亿元比重高达 77.24%。京东物流优先股利润表相关数据见下表。

京东物流优先股为债或为股对利润表的影响

项目	2018 年（人民币百万元）	2019 年（人民币百万元）	2020 年（人民币百万元）	2018—2020 年（人民币百万元）
利润表（优先股为债）				
收入	37 873 445	49 847 639	73 374 716	161 095 800
毛利	1 080 180	3 432 214	6 293 639	10 806 033
毛利率	2.85%	6.89%	8.58%	6.71%
固定费用	−3 605 029	−5 276 893	−5 481 826	−14 363 748
可转换可赎回优先股公允价值变动	−239 142	−315 477	−4 861 109	−5 415 728
占毛率额比重	−22.14%	−9.19%	−77.24%	−50.12%
除税前亏损	−2 763 991	−2 160 156	−4 049 296	−8 973 443
所得税	−556	−77 330	12 007	−65 879
年度亏损	**−2 764 547**	**−2 237 486**	**−4 037 289**	**−9 039 322**
利润表（优先股变为股）				
收入	37 873 445	49 847 639	73 374 716	161 095 800
毛利	1 080 180	3 432 214	6 293 639	10 806 033
毛利率	2.85%	6.89%	8.58%	6.71%
固定费用	−3 605 029	−5 276 893	−5 481 826	−14 363 748
除税前亏损	−2 524 849	−1 844 679	811 813	−3 557 715
所得税	−556	−77 330	12 007	−65 879
年度亏损	**−2 525 405**	**−1 922 009**	**823 820**	**−3 623 594**
差异	−239 142	−315 477	−4 861 109	−5 415 728

（数据来源：根据京东物流招股说明书整理）

但是，如果会计上将优先股处理为债转股后，2020 年京东物流将从巨亏 40.37 亿元变为盈利 8.23 亿元（为方便阅读，以亿元为金额单位），2018—2020 年将累计减亏高达 54.15 亿元。

京东物流引发的是债还是股的问题，实质上和小米当初发行的优先股相同。2018 年 2 月，京东物流发行 10.04 亿股优先股，A 轮融资募集资金 25.10 亿美元（投后估值 132.11 亿美元），占所有权的 19%。对赌的条件是公司估值不低于

200 亿美元。按此计算 A 轮股权的市值要达到 38 亿美元，投资者换股溢价率将达到 151.39%。2020 年年末，会计账面价值为 219.18 亿元，成本 159.73 亿元加上 2020 年发行 A 轮 4.43 亿元，溢价率为 133.51%，也就是说，在上市前公司对 A 轮投资者的优先股按债的公允价值估值还没有达到对赌的转股条件。

正如小米当时越临近上市优先股公允价值越上涨一样。2020 年，京东物流 A 轮融资优先股公允价值变动最快，达到 48.61 亿元。2018 年和 2019 年仅为 2.39 亿元和 3.15 亿元。当然，另一个是汇率因素，人民币与美元的汇率波动风险，实质上一样会产生比较大的影响。2018 年汇率波动对京东物流不利影响达到 12.50 亿元，2020 年产生了有利影响 14.55 亿元，当然，累计来看影响仅为 0.86 亿元。

会计存在三种处理方式：一种认定为债；一种认定为股；一种认定为夹层权益（美国会计准则）。这是源于各国的企业融资，特别是资本市场的实践所产生的。比如，德国就是以债权融资为主，美国运用各种创新的融资工具产生了介于债和股之间的夹层权益，它既有债的属性，又有股的属性，主要还是为了保护投融资各方的利益。当然，这就产生了国际会计准则和美国会计准则这类业务的不同处理和认定。

回到中国资本市场，还是以股权投资为主，源于资本在风险投资上的强势，基本上都有让创始人或者投资标的对赌的条款，产生了以股权投资为名，但实质上从会计角度看是向创始人或投资标的公司借款的一种保证收益的投资方式。从小米集团和京东物流的上市财报中，能从会计的视角还原融资的经济本质。当背负巨额融资用于公司业务投入后，只有上市成功并让市值超过 200 亿美元才能实现 A 轮投资人转股一瞬间就可以从财报上巨盈 54.15 亿元。

当然，具体到京东物流被认定为债，相信审计师是依据京东 A 轮融资对赌合同并结合各种内外部证据，借用评估师对 A 轮融资的公允价值进行评估，在招股说明书指定为以公允价值计量的金融负债的会计处理的认定。

如果对赌成功，债转股后的资产负债表神奇地从资不抵债变为资本充足！京东物流优先股资产负债表见下表。

京东物流优先股由债转股对资产负债表的影响

项目	2018 年（人民币百万元）	2019 年（人民币百万元）	2020 年（人民币百万元）	2018—2020 年（人民币百万元）
资产负债表（优先股为债）				
非流动资产总额	6 342 753	15 777 656	25 583 214	47 703 623
流动资产总额	22 101 312	24 275 462	29 139 888	75 516 662
资产总额	28 444 065	40 053 118	54 723 102	123 220 285
权益	—	—	—	—
股本	610	610	611	1 831
储备	1 178 058	2 215 313	3 368 733	6 762 104
累计亏损	−2 095 273	−4 333 365	−8 511 016	−14 939 654
非控制性权益	—	32 446	2 248 040	2 280 486
权益总计	−916 605	−2 084 996	−2 893 632	−5 895 233
负债				
可转换可赎回优先股	17 462 915	18 069 639	21 918 414	57 450 968
具有优先权的权益工具	—	—	597 380	597 380
非流动资产负债总计	17 462 915	23 684 960	31 277 683	72 425 558
流动负债总计	11 897 755	18 453 154	26 339 051	56 689 960
负债总额	29 360 670	42 138 114	57 616 734	129 115 518
权益及负债总额	28 444 065	40 053 118	54 723 102	123 220 285
资产负债率（A 轮融资为债）	103.22%	105.21%	105.29%	104.78%
资产负债表（优先股为股）				
非流动资产总额	6 342 753	15 777 656	25 583 214	47 703 623
流动资产总额	22 101 312	24 275 462	29 139 888	75 516 662
资产总额	28 444 065	40 053 118	54 723 102	123 220 285
权益	—	—	—	—
股本	610	610	611	1 831
储备	1 178 058	2 215 313	3 368 733	6 762 104
可转换可赎回优先股	—	—	—	—
具有优先权的权益工具	15 973 564	17 462 915	18 512 678	—
累计亏损	−2 095 273	−4 333 365	−8 511 016	−14 939 654
可转换可赎回优先股公允价值变动	239 142	315 477	4 861 109	5 415 728
汇兑差异	1 250 209	291 247	−1 455 373	86 083

非控制性权益	—	32 446	2 248 040	2 280 486
权益总计	16 546 310	15 984 643	19 024 782	51 555 735
负债	—	—	—	—
可转换可赎回优先股	—	—	—	—
具有优先权的权益工具	—	—	—	—
非流动资产负债总计	—	5 615 321	9 359 269	14 974 590
流动负债总计	11 897 755	18 453 154	26 339 051	56 689 960
负债总额	11 897 755	24 068 475	35 698 320	71 664 550
权益及负债总额	28 444 065	40 053 118	54 723 102	123 220 285
资产负债率（A 轮融资为股）	41.83%	60.09%	65.23%	58.16%

京东物流资产负债率如图 8 所示。

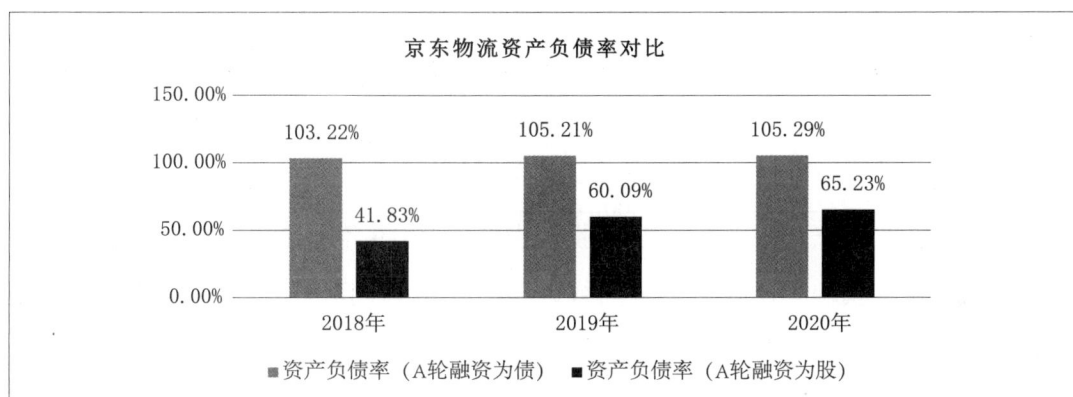

京东物流资产负债率对比

图 8

是债是股，还是非债非股的会计魔术，从 A 轮融资为债或为股而导致资产负债表产生天壤之别的资产负债率就可以看出，认定为债时，是资不抵债，资产负债率都高于 100%，权益为负数；认定为股时，资产负债率从 2018 年融资时的 41.83% 到 2019 年 60.09% 及 2020 年 65.23%，与顺丰控股同期的相关数据 48.35%、54.08%、48.94% 还是比较接近的。京东物流到底哪个数据是真实的，是资不抵债还是能与顺丰控股一争高下？

总之，京东物流的 A 轮融资的对赌还没有水落石出，最终的财务结果将会在京东物流上市挂牌后的第一份财报中给出。当然，背后是 A 轮融资的股东赢了，京东物流的创始人赢了，只要是市场认同京东物流的业绩是正确估值和股权，可能是 A 轮股东、创始人、公司三方的共赢。

案例三 吉祥航空持有东方航空股权投资的会计魔术

上海吉祥航空股份有限公司（以下简称"吉祥航空"）对持有的中国东方航空集团有限公司（以下简称"东方航空"）股权记入长期股权投资，运用权益法核算只在 2019 年 12 月 31 日当天是成立的。但到了 2020 年第一季度，在没有发生其他变化的情况下，在东方航空以及航空业因疫情巨亏后，吉祥航空就变更了会计处理方法，从而对净利润不产生影响。

2021 年 4 月 30 日，吉祥航空（603885.SH）发表关于会计处理调整说明的公告，主要内容如下。

> 结合吉祥航空对东方航空 (600115.SH) 股权的持有目的及实际影响情况，基于审慎性原则，为准确反映股权投资现状，2020 年度公司将持有的东方航空股权列报为"其他权益工具投资"并进行相应会计处理，不涉及追溯调整，对公司财务状况、经营成果和现金流量无重大影响。

这其实是吉祥航空持有东方航空股权投资在 2019 年到 2021 年 4 月背后一系列的会计处理连续剧。让我们从时间线到与巴菲特公司对标差异，再到其他综合收益等三个方面进行讲述，还原会计故事背后的商业实质。

1. 会计处理变更的时间线

2019 年 12 月 30 日前，这笔投资作为"其他权益工具投资"，用股权的公允价值进行会计处理，审计师为立信会计师事务所。但在 2019 年 12 月 31 日，也就是这一年的年末最后一天变为"长期股权投资处理"。吉祥航空称，这是因为吉祥航空董事长王均金先生被选举为东方航空董事，公司认为对东方航空有重大影响，东方航空成为吉祥航空的合营公司，在会计上进行调整，将东方航空的会计利润按公司持股比例计入投资收益。审计师还是立信会计师事务所。

到了 2020 年第一季度报告，又变回"其他权益工具投资"处理，同期东方航空巨亏 41.91 亿元。

东方航空 2020 年亏损 118 亿元，如果吉祥航空不调整会计处理，其投资收益以股权计算的话，应该为 −9.64 亿元（−118 × 8.17%）。

第一季报未披露细节，通过查询吉祥航空 2019 年年报可知，2019 年 12 月 31 日，长期股权投资下的东方航空余额为 67.46 亿元。而 2020 年第一季报"其他权益工具"投资余额为 46.41 亿元，这是否就是东方航空的股价变动的影响额为 21.05 亿元？2020 年，"其他权益工具投资"科目期初余额为零，而第一季报"其他综合收益"变动幅度同比高达 −40 769.56%，吉祥航空披露称，"报告期内受疫情影响，公司全力投入抗疫工作，对标的公司影响等发生变化。基于审慎性原则，为准确反映股权投资现状，记入'其他权益工具投资'核算，不影响公司损益。"

一般上市公司季度报告是未经审计的，于 2020 年 4 月 30 日发布的第一季报直接否定了经立信会计师事务所审计的 2019 年年报的会计处理。公司对东方航空股权记入长期股权投资运用权益法核算只在 2019 年 12 月 31 日当天是成立的，但到了 2020 年 1 月 1 日到 3 月 31 日，在没有发生其他变化的情况下，在东方航空以及航空业因为新冠肺炎疫情产生亏损后，吉祥航空就变更了会计处理方法，还原到 2019 年 12 月 30 日之前的处理方式，从而对公司的净利润不产生影响。

2020 年 8 月 5 日，吉祥航空同意聘任赵宏亮为公司总裁，当年第三季度报告上的主管会计工作负责人变为赵宏亮。到了 2021 年 1 月 16 日，会计师变更为大华会计师事务所，而大华会计师事务所 2020 年年度审计认同公司的会计处理，2020 年度吉祥航空对利润表按两种不同的会计处理方法编制，见下表。

两种不同的会计处理方法编制对比

金额单位：亿元

项　　目	其他综合收益 （2020 年）	投资收益 （2020 年）	差　　异 （2020 年）
营业收入	101.02	101.02	0.00
营业成本	102.73	102.73	0.00
毛利额	−1.71	−1.71	0.00
固定费用	4.75	4.75	0.00
投资收益（包含东方航空股价变动的减值损失）	—	−13.49	13.49
利润总额	−6.46	−19.95	13.49
减：所得税费用	−1.60	−1.60	0.00
净利润	−4.86	−18.35	13.49

其他综合收益	−13.49	—	−13.49
综合收益总额	−18.35	−18.35	0.00

（数据来源：作者根据吉祥航空公司财报数据整理）

会计政策变更的原因，个人猜想可能有三：其一，新冠肺炎疫情打乱了原计划，原核算方法可以按权益法将预期的东方航空2020年的利润通过所占股权比例记入"投资收益"科目，帮助吉祥航空增加利润（东方航空2019年年报净利润达31.95亿元），但被新冠肺炎疫情打破航空业盈利的常态，变为全行业亏损；其二，考虑融资借款成本因素，可能对借款有利，并可以拿到低成本的借款；其三，考虑股价因素的影响，在航空业同行业的巨亏之下，可以减少会计利润亏损对公司股价的影响。

吉祥航空对东方航空的股权投资，与巴菲特的伯克希尔公司对相关标的公司的投资亏损有什么不同？为什么巴菲特想做但限于美国会计准则变化（源于国际会计准则趋同）做不到的会计处理，吉祥航空在与国际会计准则等同下完成了？

从吉祥航空与伯克希尔公司2021年和2020年第一季报的利润表对比中可以看到，其一，对股权股资的会计处理存在差异。吉祥航空将"其他综合收益"直接记入"所有者权益"，不影响净利润；伯克希尔公司记入"投资收益"（让巴菲特在股东大会上吐槽的2020年第一季度公司巨亏496亿美元，其中就有高达702亿美元来源于公司持股的投资，包括对各航空公司的股权投资）。但反观吉祥航空的股权投资同期亏损21.51亿元，净利润仅仅亏损4.95亿元。假若采用吉祥航空相同会计处理方法，伯克希尔公司2020年第一季度净利润应该高达206亿美元，不是巨亏496亿美元。

其二，每股收益的计算公式不同。吉祥航空的每股收益是不包括其他综合收益的，伯克希尔公司是包括其他综合收益。

从商业实质看，以上只是小学数学的加减法计算，但显示企业的经营成果却有惊人的戏剧性的效果。到底是伯克希尔公司"悲剧"好看，还是吉祥航空的"喜剧"好看？

两点思考：

问题一，在新金融工具准则之下，股权投资能分类指定为其他综合收益进行损益核算吗？

在不考虑特殊指定的情况下，企业持有股票应当分类为以公允价值计量且其变动计入当期损益的金融资产，这就是伯克希尔公司的会计处理方法。

我国会计准则规定：在初始确认时，企业可以将非交易性权益工具投资指定为以公允价值计量且其变动计入其他综合收益的金融资产，并按规定确认股利收入。该指定一经确认，不得撤销。企业投资其他上市公司股票或者非上市公司股权的，都有可能属于这种情况。后续计量规定：除了获得的股利收入（明确作为投资成本部分收回的股利收入除外）计入当期损益外，其他相关的利得和损失（包括汇兑损益）均应当计入其他综合收益，且后续不得转入损益。当金融资产终止确认时，之前计入其他综合收益的累计利得或损失应当从其他综合收益中转出，计入留存收益（非同一控制下企业合并确认的或有对价构成金融资产不得指定）。

具体地，在对东方航空 8.17% 的股权投资会计处理上，吉祥航空将其指定为以公允价值计量且其变动计入其他综合收益的金融资产，应该还是符合会计准则规定的。通俗地说，就是此笔股权投资除了分回股利，在出售前都不会影响到企业的净利润，只会影响到其他综合收益，表现为股东权益的增减，当然，出售产生的收益一样不能通过投资收益科目记入利润表，只能直接调整期初收益。实际上就是让此笔投资价值变动的情况隐藏在资产负债表股东权益下其他综合收益中。当然，考虑到东方航空持有吉祥航空 15% 的股权，且双方交叉持股的特殊性，这种会计处理方式到底是孰优孰劣还未可知。

问题二，每股收益是否要将其他综合收益包括在内？

是伯克希尔公司计算每股收益的方法合适，还是中国上市公司将其他综合收益剔除来计算每股收益的方法合适？是否可以按不剔除其他综合收益后的净利润来分红？如果其他综合收益负数大于净资产，按此分红的公司会有倒闭的风险吗？

案例四　中兴通讯 2017 年到 2020 年第三季度运营资金财务分析

1. 运营资金分析

中兴通讯 2017 年到 2020 年第三季度相关财报资料见下表。

运营指标与数据

项目	2020年9月30日	以2017为基期	2019年12月31日	以2017为基期	2018年12月31日	以2017为基期	2017年12月31日	用销售成本计算
应收账款周转天数	78.75	-49.71	126.63	-1.83	137.38	8.92	128.46	—
应收票据融资周转天数	19.60	14.34	17.54	12.28	21.11	15.85	5.26	—
存货周转天数	277.36	105.84	238.34	66.82	212.98	41.45	171.52	—
预付账款周转天数	2.32	-0.56	2.58	-0.30	3.92	1.04	2.88	—
合计：生产周期	378.03	69.91	385.09	76.97	375.38	67.26	308.12	—
应付账款周转天数	111.21	-97.88	117.52	-91.57	124.24	-84.86	209.10	—
应付票据周转天数	78.03	67.51	63.98	53.47	57.90	47.38	10.52	—
预收账款周转天数	78.83	36.49	92.95	50.60	92.12	49.78	42.35	—
合计：应付周期	268.08	6.12	274.45	12.49	274.26	12.30	261.96	—
现金循环周期	109.95	63.79	110.64	64.48	101.12	54.96	46.16	—
营运资金日占用资金（人民币万元）	1 837.64	—	1 561.87	—	1 571.71	—	2 054.95	—
营运资金年占用资金（人民币万元）	20 205 584.00	107 201.03	172 806.07	77 951.26	158 933.55	64 078.74	94 854.81	—
中兴通讯营运资金以2017年底为基准每天需要补充10 68万元人民币	—	1 068	—	—	—	—	—	—
校对	0.00		0.00		0.00		0.00	

中兴通讯营运资金以 2017 年底为基准计算到 2019 年第三季度，每天需要补充 1 068 万元（烧钱率都不少）。企业融资压力巨大。特别是 2017 年需要补充营运资金达 64078.74 万元，占累计需要补充运营资金（107 201.03 万元）的 59.77%。

中兴通讯的现金循环周期不断加长，从 2017 年底的 46.16 天增长到 2020 年 9 月底的 109.95 天，增长近 63.79 天，主要是生产周期增长了 69.91 天产生的，其中存货周转天数增长了 105.84 天。

从以上可以看出，企业的存货周转效率明显下降，从 2017 年存货周转天数为 41.45 天增长到 2020 年 9 月底的 277.36 天。存货周转的下降，一方面产生了企业运营资金近 107 亿元的占用，另一方面可能产生存货跌价的现实损失，进一步查看中兴通讯的年度审计报告，发现审计师将存货列为关键审计事项进行了重点的披露（2019 年 12 月 31 日，存货在合并报表的账面价值为人民币 2 768 850.80 万元，占资产总额的 20%；在公司财务报表的账面价值为人民币 1 969 290.40 万元，占资产总额的 14%）。存货和合同资产从 2017 年底的 352.47 亿元增长到了 2020 年 9 月底 509.70 亿元，见下表。

存货与合同资产列表

金额单位：亿元

资产（亿元）	2017 年 12 月 31 日	2018 年 12 月 31 日	2019 年 12 月 31 日	2020 年 9 月 30 日
存货	262.34	250.11	276.89	393.53
合同资产	0.00	84.62	95.38	116.16
存货合计	262.34	334.74	372.26	509.70

注：小数点后数字四舍五入保留两位。

图 9 说明存货跌价准备计提的原因。为阅读方便，图 7 中个别数字有改动，但不影响阅读与分析。

三、关键审计事项（续）

关键审计事项：	该事项在审计中是如何应对：
存货跌价准备	

于 2019 年 12 月 31 日，存货在合并报表的账面价值为人民币 276.89 亿元，占资产总额的 20%；在公司财务报表的账面价值为人民币 196.93 亿元，占资产总额的 14%。	我们执行的审计程序主要包括：了解计提存货跌价准备的流程和内部控制，测试了关键内部控制设计和执行的有效性。对存货盘点进行了监盘并关注了残、次、冷、背的存货是否被识别。	
存货跌价准备的提取，取决于对存货可变现净值的估计。存货的可变现净值的确定，需要管理层对存货的售价，至完工时将要发生的成本、销售费用以及相关税费的金额进行估计。关于售价的估计，有合同约定价格的，按照合同约定价格；对于没有约定的，合同取消或变更的存货，需要判断其后续的变现方式，估计其可变现净值。	通过检查原始凭证对于存货货龄的划分进行了测试。对管理层计算的可变现净值所涉及的重要假设进行评价，例如销售价格和至完工时发生的成本、销售费用以及相关税金等。	
存货跌价损失对财务报表影响重大，涉及管理层的重大判断和估计。因此，我们将存货跌价准备识别为关键审计事项。	对于有合同约定价格的存货，我们抽取样本检查了合同价格；对于没有约定价格的，合同取消或变更的存货，我们抽取样本检查了管理层估计其可回收金额时采用的关键假设，并检查了期后销售情况。	

图 9

2. 收入、利润趋势分析

收入、利润趋势分析见下表。

2017 年 12 月 31 日—2020 年 9 月 30 日收入、利润趋势表

单位：亿元

项目	2017 年 12 月 31 日	2018 年 12 月 31 日	2019 年 12 月 31 日	2020 年 9 月 30 日	累计	占收入比重
主营业务收入	1 088.15	855.13	907.37	741.29	3 591.94	100.00%
营业利润	67.81	−6.12	75.52	39.39	176.60	4.92%
净利润	53.86	−69.49	57.77	32.15	74.28	2.07%

主营业务收入从 2017 年 12 月 31 日的 1 088.15 亿元下降到 2019 年 12 月 31 日的 907.37 亿元。营业利润率累计为 4.92%，净利润率为 2.07%。从收入、利润趋势来看，2018 年下降比较严重，并且产生了大幅的亏损。2017—2020 年 9 月 30 日累计净利润只有 74.28 亿元，累计的营业利润只有 176.70 亿元，同期累计的营运资金占用的新增资金就达到了 107.20 万元，占营业利润的 60.70%，净利润的 144.31%。

综上所述，中兴通讯在现金流管理上，特别是与存货相关的管理上存在运营效率下降的问题，从财务上看是存货快速增长和收入下降带来的，并且存在存货减值以及与此相关的未来产品利润下降的潜在损失。如果解决存货运营效率问题将是中兴通讯眼前面对的主要问题。无论中兴通讯的融资能力有多强，都需要建立在企业主业的运营效率不断优化上才能负担得起，以满足现在的融资成本以及未来收入增长同步带来的运营资金投入的需要。

企业现金流管理财务分析是解决会计实务难题的基础管理和分析工具。通过对中兴通讯案例的学习，希望读者可以掌握此工具，并动脑分析自己所在企业或者感兴趣的企业的现金流。"现金为王"是自古未变的财务管理之道，只有真正了解和懂得企业所面对的资金真实的情况，才能理解产生会计十大难题的根源之一，如何在符合《企业会计准则》的前提下，达成融资所需要的各种财务指标。特别是持续经营难题，实际上还是源于企业现金流管理的真实信息基础上的一项会计职业判断。

案例五　新经济之下或有事项会计准则的不足及改进

或有事项是源于信息的不对称产生，信息不对称不止于外部投资者，企业内部编制财务报表的财务部门一样存在或有事项的信息不对称问题。再加上《企业会计准则》对此类业务的规定还没有会计报表科目详尽，在实务中就出现了或有事项的财务问题，特别是上市公司或有事项的披露与列报不及时、不准确是普遍存在的问题。

1. 现行会计准则对或有事项的会计确认、计量和报告的相关规定总结

根据对《企业会计准则》的理解，整理相关资料见下表。

或有事项的会计确认、计量和报告

项目	预计负债 a	预计负债 b	或有负债 c	或有负债 d	资产 A	资产 B	或有资产 C
一、或有事项 其中：有利事项	（a）可能性超过50%并符合三项认定条件	（b）不符合三项认定条件：①承担的现实义务；②履行导致经济利益流出；③金额能可靠计量			（A）达到100%并符合资产确认条件	（B）可能性超过50%，不到100%并符合资产确认条件	（C）可能性小于等于50%或者不符合资产确认条件
不利事项			（c）可能性大于5%，但小于50%并符合负债确认条件	（d）可能性小于等于5%或者不符合负债确认条件			
二、会计确认	确认	不确认	不确认	不确认	确认	不确认	不确认
三、会计计量	①按最佳估计数确定；②预期可获得补偿不能超过一项资产；③后续账面价值需要在资产负债表日进行复核调整最佳估计数				按《企业会计准则》处理		
四、披露要求	第一，预计负债种类、形成原因及其经济利益流出的说明；第二，各类金额和本期变动的情况；第三，与预计负债有关的预期补偿金额和本期已确认的预期补偿金额	第一，或有负债的种类及其形成原因；第二，经济利益流出不确定性的说明；第三，有负债预计产生的财务影响，以及获得补偿的可能性；第四，预期补偿金额和本期已确认的预期补偿金额；无法预计的，应当说明原因	第一，预计负债种类、形成原因以及经济利益流出不确定性的说明；第二，各类预计负债的期初、期末金额和本期变动的情况；第三，与预计负债有关的预期补偿金额和本期已确认的预期补偿金额	不披露		产生原因，预计产生的财务影响等	不披露

五、具体应用						
未决诉讼或有未决仲裁	借：管理费用——诉讼费 营业外支出 贷：预计负债——未决诉讼					
债务担保	借：其他应收款——担保应收款／营业外支出 贷：银行存款					
产品质量保证	借：应收账款——新收入准则认定为履约义务（客户）销售费用 贷：预计负债——产品质量保证					
亏损合同	借：成本费用 贷：预计负债					
重组义务						
承诺						
环境污染整治						
包括但不限于以上的或有事项						

2. 现行会计准则对或有事项的规定存在三点不足

第一点不足，或有事项确认分类标准中可能性取得成本和可验证性实务落地困难。

试想企业会计期末结账时如何及时取得需要外部专业人员估计可能性的专业意见？比如，未决诉讼就需要专业人员提供可能性是否超过 50% 或者 5% 的不利事项进行会计确认；如超过 50% 需要入表，记入预计负债和费用，在 5% 到 50% 时需要在会计报表附注中按要求进行披露，但达不到 5% 就不需要披露。在实务中披露对企业不利事项会对上市公司股权产生影响。这样就会加大对可能性比例的操控，人为预估本来就无法量化，大概率产生对企业有利估计的选择。

第二点不足，或有资产与或有负债的可能性比例不对称引起会计确认披露悖论。

从理论上说，资产与负债确认的条件应该是一致的，对企业的或有事项确认，无论是有利还是不利的都应该按一样的标准才是比较客观和公允的，但按现有的规定来看，资产的入表计量可能性达到 100%，负债的标准超过 50%；而披露标准相反，负债超过 5% 的可能性就需要披露，但资产需要超过 50% 才进行披露。对于使用者进行决策会产生困难，特别是当或有事项的未来结果对会计报表有重要影响时。

第三点不足，或有事项的定义范围过小，没有对企业的或有事项进行全面计量，特别是在新经济之下，如虚拟经济就存在大量企业的虚拟资产或者负债都应该通过或有事项准则进行规范化的会计计量、确认与披露。特别是互联网企业存在大量的虚拟资产，比如，现行准则规定注册用户都是以费用化为主，但实际上可能是企业的核心资产。当然，它实际就是一项对企业有重大影响的或有事项，需要通过未来企业的经营成功或者失败的可能性来进行会计计量。

比如，阿里巴巴前期的巨额亏损的报表就是现行会计准则对或有事项计量规定不足产生的，如果我们现在来看当时阿里巴巴真实的会计报表，应该需要将阿里巴巴的虚拟客户投入费用成功的可能性进行估计（按结果来看为 100%）需要记账为资产，而不是计入费用。我们再从投资者视角看财报，阿里巴巴不断有投资者以更加高的估值投入巨额资金，会为企业带来长期的价值，正如投入到制造业的机器设备一样。互联网企业需要对财报进行调整，调整后的财报就不会是巨亏状态。

再看看失败的案例，如共享单车 ofo 就是对或有事项不利计量的不足而产生与会计准则的悖论。虚拟资产给 ofo 带来了大量的用户协议，报表的押金负债隐含的或有事项，在 ofo 巨量用户未来用车实际承诺有效期间，实际上应该同时进行一项资产与负债的计量。用户在支付了押金后是有权利要求 ofo 在合同有效期内提供共享单车服务的。但 ofo 收取押金时，没有足够的现金流支撑，为有效期内的用户提供服务。现行会计准则中对 ofo 的隐性巨额负债没有在报表中体现，产生财报的失真，引发了共享单车 ofo 式的企业倒闭，以及数量众多用户的押金损失的社会事件。

如果财报将此项隐含的或有事项记入负债，ofo 的管理层至少会提早知道，在收到天量用户单车押金的同时，一样会产生巨额的未来履行押金合同所需要支出的天量或有负债，企业的利润表将在确认负债的同时预提巨额的或有服务费用，通过利润表看得清清楚楚，收取用户押金的同时产生的费用可能会高于押金。

3. 对或有事项的规定存在三点不足的改进

针对上述或有事项三点不足，建议可按以下建议改进。

第一点不足改进建议如下：

（1）对于或有事项可能性估计进行进一步细化，比如诉讼可以分为一审、二审、三审，具体流程统一规定对会计报表有质的影响比例；

（2）从或有事项的金额和性质上突出重要性并分类或有事项的计量，比如可以按性质分为对持续经营有影响和无影响，再比如或者事项金额占企业资产的比重高低来进行分类；

（3）细化现有会计准则或有事项的披露，建议制定推出单独的或有事项报表，见下表。

第二点不足改进建议如下：

建议修改统一或有事项的资产与负债在会计确认、计量及披露上的一致性，减少不对称规定引起的滥用谨慎性原则，隐藏或有事项的资产来达到调节会计利润的目标。从酒鬼酒的案例就可以看出运用了现行会计准则对或有事项的有利事项确定性达到 100% 才能确认为资产的滥用，引发会计报表的失真。

第三点不足改进建议如下：

修改或有事项计量的范围，不但要将在新经济企业实务中出现的数字资产和数字负债加入或有事项的披露中，还要进行会计实践与理论的研究和探索，找出适应新济经的或有事项会计准则，让会计准则真实、公允、全面地反映企业实际经营情况。

总之，或有事项的会计计量应该是全面反映企业所有未入表的资产和负债，对于不符合资产和负债计量标准的表外资产和负债只是限于货币计量的假设一样需要通过合理的方法进行会计信息的披露，重要的或有事项应该需要详细充分的披露，见下表（207 页）。

案例六　酒鬼酒 2013 年前消失的 1 亿元要回来 5 933 万元

2020 年 7 月 6 日，酒鬼酒股份有限公司发布公告《关于重大诉讼事项的进展公告》：6 年前为取得高息理财被人从农行分三次转走的 1 亿元，二审胜诉。

> 被告中国农业银行股份有限公司杭州华丰路支行、寿满江、陈沛铭、唐红星、罗光、郭贤斌在本判决生效之日起十五日内连带赔偿酒鬼酒供销有限责任公司（酒鬼酒股份有限公司子公司）人民币 5 933.666624 万元及利息（利息以 5 933.666624 万元为基数，按照 2013 年 12 月 12 日中国农业银行股份有限公司杭州华丰路支行该日一年期定期存款利率，自 2013 年 12 月 12 日起计算至给付之日止）。

但是对于公告中的"本次诉讼事项对公司的影响：本公司已于 2013 年对上述案件未追回资金作损失处理。本次诉讼事项判决对本公司本期利润或期后利润的影响尚需执行后予以明确，本公司将对本次诉讼事项相关进展情况持续进行信息披露。"我认为还是有商榷之处的。会计估计在会计实务中成为收付实现制的代表，此案件实质上，是公司管理层对于重大未决诉讼的一项会计估计，从公司的公告和年报来看，至少有三个重要时点需要估计，起诉时（估计为零）、一审宣判时（估计为零）、二审宣判时（估计为零）。看来只有执行入账了（收付实现制）。相信一千个会计去咨询管理层律师会有很多种估计，但从起诉到一审胜诉再到二审胜诉，公司的会计估计都是零影响，实在是让人无法理解了！我有三点想法在此提出：

第一，会计估计应该回到律师等专业人员对判决的估计上，不应该只按谨慎性

或有事项明细表

项目	具体事项描述	可能性估计与依据	事项金额范围	估计可能金额	预计负债	或有负债			资产	或有资产	
					a	b	c	d	A	B	C
或有事项											
其中:有利事项					可能性超过50%并符合三项认定条件				达到100%并符合资产确认条件	可能性超过50%不到100%并符合资产条件	可能性小于等于50%或者不符合资产确认条件
不利事项						不符合三项认定条件:①承担的现实义务;②履行导致经济利益流出;③金额能可靠计量	可能性大于5%但小于等于50%并符合负债确认条件	可能性小于等于5%或者不符合负债确认条件			
未决诉讼或未决仲裁											
被诉案例											
起诉案例											
债务担保											
产品质量保证											
亏损合同											
重组义务											
承诺											
环境污染整治											
包括但不限于上的或有事项											

原则运用收付实现制进行处理。从此案例可以看出，至少在一审判决出来后，对于二审公司胜诉和农业银行的赔偿能力都不能预估为零概率？不进行一分钱的会计处理，只进行重大诉讼的公告披露。

第二，从会计准则层面建议细化对未决判决的会计处理的规定。特别是对于不同判决时点上的会计估计的处理。

第三，对于会计估计与未来结果之间的差异，建议《企业会计准则》制订层面对于重大事项需要按追溯调整法进行处理。

或有事项为我们打开了思路，会计报表计量的范围可能有盲点。受限于会计准则的规定，企业大部分或有事项可能并没有在会计账本和报表中披露。但实际上是需要企业的内部管理层投入大量人力、物力和财力去管理和控制。或有资产可以为企业未来提供巨量的财富。比如研制新药的企业财报上表现的是巨额亏损，投入全部人力、财力研发新药的投入可能被费用化了，但新药的专利权可能列为或有事项不能入表。要解决会计实务的难题，就要学会打开会计准则之中隐藏的或有资产的世界。

案例七　重构全面的资产负债表观

新经济之下传统的会计报表面对新商业模式的挑战，让会计报表失真日益严重。新经济企业的会计报表表现的巨额亏损、资不抵债，无论是在资本市场的估值上，还是在现实的经营中，都是资本、客户、员工等利润相关方眼中的卓越的企业。与传统企业的财务报表账面巨盈，股权和估值都与新经济的火热产生了鲜明的对立。

到底是会计报表错了，还是新经济企业产生巨大泡沫呢？如何通过会计报表来找回真实的新经济企业的经营真相？从纯财务的角度，我认为是新经济企业在现有《企业会计准则》计量和确认中"消失的资产和负债"引发了让普通人无法理解的会计报表与企业实际经营的悖论。只有找回"消失资产和负债"才能重构全面的资产负债表观。

1. 找出涉及新经济企业与传统企业的差异并分析

从财务角度看，新经济企业特有投入分为三类：

第一类，产出虚拟线上运营平台。新经济企业需要建立线上运营的平台，将线上线下的业务都通过线上的平台统一整合，才能提高互联网企业特有的网络效应的巨大生产力。

第二类，产出虚拟客户。创建线上客户关系，让客户持续使用企业线上提供的产品和服务。

第三类，产出虚拟客户订单收入。创建线上客户购买订单，并通过各种商业模式转化为企业收入。

从财务角度来看，新经济投入分为三个阶段。

新经济企业的会计核算需要分三个阶段来分析投入的会计处理以及重构。

（1）第一阶段：线上平台建立投资筹建阶段。

第一类，产出虚拟线上运营平台。从投入来看，主要是平台研发需要人力投入（开发网站或者 App 所需要的技术人员的人力资本投入）；开发平台需要的固定资产投入（服务器、网络等）；开发到平台需要的软件采购等与线上平台上线有关的一切投入。

会计与传统企业的差异主要体现在平台研发人力投入，按我在互联网企业的经验来看，此阶段基本占企业投入的一半左右。差异体现在：传统制造业的筹建工厂中的生产设备在会计上是记入"在建工程"，达到可使用状态再记入"固定资产"，按可使用年限计提折旧并记入到产品的成本中。但新经济企业研发线上运营平台的直接投入中，研发人员的人力成本却在现行会计准则之下全部费用化，一次计入利润表，同时虚拟线上运营平台上线时的巨额投入与产出在企业的资产负债表中消失了。

如何找回消失的线上运营平台资产正是重构资产负债表观的关键。我认为涉及无形资产或者或有事项会计准则的迭代。按现行会计准则对无形资产的规定，研发费用资本化需要符合会计准则的条件，才能在开发阶段可以部分资本化，是基于产出专利或者非专利技术未来带来的订单收入，但运用到实务中自研的开发阶段资本化在新经济企业的实务中基本很少有案例，都是基于并购，企业才能让此部分公允价值记到资产负债表无形资产中。从或有事项的规定来看，或有事项可能性只有达到 100%，并且符合资产的三个条件才能确认为资产，运营平台上线时，之前发生的费用都只能费用化，上线后反倒是有可能按或有事项来确认运营平台新模块的资产。总之，新经济企业在会计报表之外隐藏巨大价值。

第二类，产出虚拟客户。从投入来看，主要是平台需要在上线前引入一些测试客户进行试运营的投入，此类投入不大。会计上可以简化处理，并入第一类产出，将虚拟线上运营平台作为线上运营平台的一部分进行会计核算。

第三类，产出虚拟客户订单收入。一般只有一些线下的原有客户的订单产生收入，线上基本没有产生收入。

（2）第二阶段：线上平台运营上线达到盈亏平衡点阶段。

第一类，产出虚拟线上运营平台。从投入来看，主要是运维和迭代平台研发需要人力投入（开发网站或者 App 所需要的技术人员的人力资本投入）；开发平台需要的固定资产投入（服务器、网络等）；开发到平台需要的软件采购等与线上平台上线有关的一切投入。

与传统制造业对工厂机器的生产运行差不多，线上运营平台一样存在运营维护引起的大修理和日常保养或者小修的费用，主要是迭代平台和开发新模块来满足用户的需要。

此时可引出传统制造大修理与新经济开发新模块存在差异的会计处理的问题，一个是资本化，一个是费用化，与第一阶段中的资产消失问题相同。

但到了第二阶段可能与第一阶段不一样的问题是消失的负债。上线后与大量客户订立了注册协议可能产生或有事项，需要保证未来线上运营平台的运营义务引发的或有负债或者是负债，按会计准则或有事项相关的规定可能性超过 50% 就需要计提预计负债。但在实务中新经济企业基本都没有严格按此进行会计处理，引发了很多新经济企业倒闭时存在大量的亏空。

第二类，产出虚拟客户。平台上线后就是投入全部的资源来吸引注册用户，并生产在平台上使用产品或者服务，产生活跃度后，再持续地购买平台的产品和服务，成为平台真正的虚拟客户资产。

从财务角度看，与传统零售业获取客户基本上差不多，都需要投入销售费用，开展各种营销活动带动客户订购产品与服务。会计上都是记入销售费用中。不同之处可能在于客户的获取上——新经济企业存在直接购买注册用户的投入，此投入能否资本化，在新收入准则之下通过新经济预收货款商业模式带来的增量投入部分费用应该是可以进行资本化的。当然，这与传统企业是一样的。

但从《企业会计准则》对或有事项的规定来看，不能确认为资产，所以，当新经济有天量的虚拟客户时，又有一项可以引发企业生死存亡的资产消失在企业的资产负债表中。当然，在特定经济情况下，虚拟客户一样可能是一项或有负债，当新经济企业因为竞争或者资金链等原因不能持续经营时，天量的客户就成了企业的巨额现实负债，共享单车行业就是最好的失败案例，当平台因为资金无法运营时就面对用户的起诉以及赔偿的风险。

第三类，产出虚拟客户订单收入。新经济企业的成功标准最后还是要回到客户价值的创造。具体体现在通过客户订单收入的产生来创造现金流赚取利润。新经济在收入创造上与传统经济的不同主要体现在：虚拟客户与创造直接收入的客户不同，主要有阿里巴巴的平台收税商业模式，百度的广告创富商业模式，以及特斯拉式的品牌自营直销商业模式。在会计上因为虚拟客户投入费用化，但带来的收入可能是供应商、广告主等第三方的收入，就会产生收入与成本失真的问题，大多数新经济企业的毛利率就会虚高，并且可能会为满足广告主等买单方的利益引发对虚拟线上用户的侵犯。

（3）第三阶段：线上平台运营盈利阶段。

第一类，产出虚拟线上运营平台，基本与第二阶段一样。

第二类，产出虚拟客户。从投入来看，此阶段基本新增客户很少，只是运营让现有用户提高购买频率才有收入和利润。

第三类，产出虚拟客户订单收入。

第三阶段具体到会计处理上，按现行《企业会计准则》的规定，虚拟客户的投入基本上都已经费用化，通过引流给其他平台就可以产出短期的高毛利的收入和利润。阿里巴巴就是最好的案例，无论是早期的淘宝还是近期分拆的支付宝变身的蚂蚁金服，实际上都是说明了《企业会计准则》引发的隐藏的资产（虚拟运营平台、虚拟客户拥有的巨大的商业价值）。当然，虚拟运营平台、虚拟客户等持续运营隐藏的巨额的负债与成本。

2. 新经济与传统财务报表的三个冲突

财务报表是一切财务工作的结果。无论是 IPO 时通过发审委的审核，还是银行放贷审核公司的依据，或者是政府产业政策、财政税收政策的支持；抑或是内部员工的全力以赴的拼搏，以及外部供应链或者客户的热爱和支持，最后都是基于对三张主表中反映的企业的高速增长、利润稳定，以及现金流情况良好的指标的信任。

但随着经济发展以及商业模式的不断迭代出新，特别是新经济的出现，三张主表的结果与新经济企业的发展前景，企业市值或者是实际投资估值出现了相反的结果。比如，美团公司在早期与饿了么、百度外卖等的竞争中，都是在拼死烧钱实现外卖O2O这个新业态创立，取胜后报表反映的是高增长的收入以及同步高增长的巨额亏损，需要不断地通过股权融资的资金注入来解决现金流的亏损缺口。从财务角度来看，按现有的财务准则的规定，这些公司投入巨额的获客成本都进入了利润表，但从最终的结果，特别是近期外卖员与订单算法的冲突，最后还是回到从财务角度计算每单的盈亏上来了。

我认为财务报表与新经济商业模式的冲突体现在三方面：

第一，新经济获取的客户资源等虚拟资产无法资本化，与实际经济价值背离产生冲突。

相信已经有大量的实例可以看到新经济公司的大量虚拟客户从获取到活跃，再到转化为付费用户，所投入的无论是直接支付给第三方，还是通过雇用人员生产内容、研发等来让线上客户成为企业的付费用户的巨额投入，基本上是基于现有的《企业会计准则》的规定，一般都费用化或者直接记入发生当期的销售费用。但实际上无论是美团，或者是其他企业在商业模式上都与传统的制造业购置机器不同，先需要购置线上的虚拟运营环境，以及让运营环境中的用户使用并热爱App应用，再成为App的付费用户，通过App来购买商品或者服务，当然，最后就成为一个细化领域的App的商业平台，让所有交易都通过App在线完成，再通过为各方创造的平台来收取自己的商业利益。

如何解决冲突，一方面已经有一些企业在实践中去按现有的《企业会计准则》解决一部分可以资本化的虚拟资产；另一方面，需要理论界创建新经济下的新的会计理论。最后，当然是需要由准则制定机构来出面协调研究制定适应新经济时代的《企业会计准则》。

第二，新经济之下收入、成本与基于制造业的传统会计成本划分之间的冲突。

京东数科招股说明书中存在成本核算时无法对收入按业务线进行拆分的问题。实质就是新经济之下的收入、成本关系已经与传统制造业下的收入、成本关系发生了变化，特别是可能很难找到按照直接投入与产出之间的关系来进行业务线收入与成本的细分，特别是当收入大量来源于线上的运营时，可能无法找到成本投入与收入的直接关系，并且大多数的成本是固定成本，要找到在不同的收入产品线之间进行分摊的依据，可能比制造业中分步法下的成本核算更加复杂，并且在现行的《企业会计准则》下的成本核算方法中无法找到实际的案例进行参考，只能依赖于企业各自的商业习惯与会计团队的判断，所以，在IPO时就会出现像蚂蚁集团与京东数科的案例。

第三，新经济之下资本与控制权分离，产生了融资是债还是股，或者既是债又是股和传统的负债与所有者权益分类的冲突。

从申报科创板的京东数科的股权架构中，可以看出与我们在传统的经济中看到的经典股权架构不同。实际上新经济企业都是公司创始人控制公司成为实控人，传统的资本基本上只有收益权或者投票权被限制在少数实控人手中。会计上就会产生一个问题，实际上大量的出资者占了出资大头，但实控人只出了一小部分资本就控制了公司。这样就产生了两个问题：问题一，实收资本在核算上如何体现实控人实收资本小但投票权大的价值？问题二，大量出资者在IPO之前与公司订立的对赌式的入股，会计上到底是负债还是权益，或者介于二者之间？是否负债和所有者权益已经不能满足以上现实核算的要求了，出现了一种以未来一定条件为前提的外部投资者的投入，需要一个全新的会计要素进行核算和体现。

3. 新经济下虚拟资产计量的解决之道

（1）在现有会计准则框架之下的处理。

①新经济企业会补充一些自身或者行业特有的调整后净利润的指标，用于对《企业会计准则》带来会计利润失真的修补。再如，在报表的经营中补充披露新经济的核心资产，如注册用户、活跃用户、GMV等行业或企业特有的数字资产。当然，还有合理地运用现有《企业会计准则》，如新收入准则的增量费用等来让一部

分数字资产资本化等。

②新建或有事项披露表，全面披露新经济企业消失的资产和负债。

对于在《企业会计准则》下不符合资产与负债定义产生的新经济企业特有的或有事项可以建立不用货币计量的新经济企业的数字资产负债表。会计确认、计量、报告上可以借用或有事项的理论框架进行计量、确认、报告，见下表。

数字资产负债报表

年 月 日

项目	累计投入	累计产出	累计利润	或有资产	或有负债
线上运营平台					
其中：模块 A					
模块 B					
线上注册用户					
其中：注册用户数					
活跃用户数					
购买用户数					
其他数字资产					

（2）未来解决之道的思考和建议。

第一，需要创建一个全新的数字资产报表来反映新经济企业的数字资产和负债。

会计记账的方法在历史上就不止有借贷记账法，还有序时记账法，可以创建一个序时记账法下以数字资产的原始数量对应的历史成本记账的会计报表，用于记录和反映新经济企业数字资产的投入和产出情况，以补充和创新一个全新的数字资产报表。当然，还可以加上公允价值的估计等反映数字资产的现实价值供投资者参考。

全新的数字资产报表可以是多维度、多假设下可变的报表，用于反映基于未来新经济企业的关键战略目标的达成结果带给公司的利润表和资产负债表的变化的补充。

第二，对《企业会计准则》进行修改和创新，特别是成本计量以及会计要素。

需要通过新经济企业的实务案例建立起数字经济之下的成本核算方法，解决目前数字资产的计量痛点。

第三，新经济下会计报表计量的创新。新经济的特点就是可变性，会计报表的结账周期已经可以用天或者小时来迭代。会计的持续经营假设已经面对挑战，特别是在新经济残酷的商战之下。比如，美团的百团大战等都证明新经济之下只有存者为王，赢家通吃。如何让会计的古老语言反映新经济的经济实质，还需要通过创新的会计假设、会计方法和会计报表等来快速的迭代，真实、准确地讲述出新经济的商业故事。

总之，会计唯有创新长存，不论是借贷记账法的发明还是标准成本法的创立，都是建立在新的商业改革带来的现实的先进管理的基础上的，从先进企业的内部实践变成通用的《企业会计准则》还有一段很长的路要走。

案例八　格力"董明珠的店"直播带货引发的财税难题

珠海格力电器股份有限公司（以下简称"格力电器"）是中国制造业的优秀企业，在销售领域通过经销商模式，运用返利政策主导产品的品牌价格，并成功地将格力品牌变为中国知名品牌。产品价格定位一直是自主定价，通过高于同行的毛利率体现了较高的核心竞争力。但如何平衡短期销售费用投入带来的利润波动，一直是所有品牌企业的最大难点和痛点，特别是对于上市公司来说，这样做会带来短期利润的减少。格力电器历史上就是通过经销商返利来解决此问题。但随互联网时代的到来，以线下经营为主的传统企业已经需要全面的转型线上经营来应对消费者消费习惯的变化，特别是新冠肺炎疫情加速了传统制造业转型线上销售的进程。

1. 格力电器董明珠店的线上运营与传统网站的特色

作为销售员出身的董明珠带领老牌线下销售企业格力电器快速转型，创立董明珠的店进行直播带货，并且是有一定自身特色的线上营销方式。

我理解格力电器直播带货的三点特色：

特色一，线上直播代言人由公司核心成员出任。

直播带货最大的投入在于品牌的创立，代言人外包是比较普遍的模式，大多数公司投入巨资让直播明星带货。可能在短期上带来一定的收益，但从长期来看，线上品牌投入可能成为带货明星们自身的品牌，需要面对明星流失带来的巨大的风险。格力电器就选择了自创带货明星，保证前期品牌的巨额投入掌握在公司手中。

特色二，线下巡回式的直播让线下与线上融合的新零售成为可持续的商业模式。

传统企业如格力电器的全面式的营销网络如何在线上发挥出最大的优势，实际上是现在所有中国品牌企业要面对的问题。格力将传统的系列促销活动搬到了线上，采用直播的方式，让线上和线下同步进行，使线上门店和线下销售网络成为优势。让全国格力的原有最终用户可以给地方的线下经营商带来原来不能获得外地客户的订单，打通全国格力销售的网络。当然，同时带来了经销商利益重新分配的问题。

特色三，与地方政府合作扩大销售品类成为自创的线上商城。

格力品牌与传统的规模优势可以通过与地方政府的合作找到有地方特色的优质产品引入格力的线上直播店，分摊格力的线上运营成本，同时扩大格力的线上产品的品类。

2. 线上运营活动带来新的财税挑战与应对

图 10 是格力电器展开澳门直播活动相关情况。

关于 10 月 18 日格力电器澳门直播活动的相关说明

为响应"粤港澳大湾区"建设战略布局，支持澳门融入国家发展大局，格力电器联合澳门相关团体将于 2020 年 10 月 18 日 20：00 联合举行全国巡回直播第六站活动。为回馈新老用户及合作伙伴，格力电器联合澳门相关团体推出"买家电，游澳门"惊喜活动，即日起至本月 18 日活动当天下单购买格力电器产品满额即可获得澳门旅游优惠券（优惠券统一于 18 日直播活动当天发放），具体内容如下：

购买金额 （人民币）	餐饮娱乐券 （澳门币）	澳门本地消费券 （澳门币）	酒店住宿
每满 999 元	300	700	无
每满 19 999 元	6 000	14 000	澳门酒店住宿一晚
每满 39 999 元	12 000	28 000	澳门度假村酒店住宿一晚（含早餐）
每满 59 999 元	18 000	42 000	澳门度假村高级套房住宿一晚（含早餐）

图 10

（1）直播活动引发的会计处理问题及应对方案。

新收入准则已经在上市公司全面实行，按新收入准则对此次直播活动进行处理就引发了一系列的会计难题和挑战：

第一，履约义务有几项？

我认为此次活动所得款项除原有的产品和服务外，至少产生了三项新的交付给客户的履约义务。第一项是餐饮娱乐券（澳门币），第二项是澳门本地消费券（澳门币），第三项是澳门酒店券。

第二，履约义务是一次性还是阶段性的履约义务？

三项新的履约义务可以是一次性的，也可以是一段时间的。因为都是服务，并且一般都有期限。有两种会计处理方法：

方法一，在提供服务时就是确认收入和成本，到期未要求履约时确认收入。

方法二，事前预估未履约的可能性，按在有效期内确认收入和成本，并定期检查实际履约率，预估是否正确且不断进行调整，到期后调整为实际履约成本。

两种方法的差异体现在收入和利润确认的时间性差异上，第一种方法的收入和成本是随机发生的，第二种方法的收入比较平衡，但成本会波动。

第三，履约义务的收入和成本价格如何拆分？履约义务的公允价值是实务中比较难确定的。

第一种是格力电器或者当地市场是否存在单独出卖此种产品并产生了一种公允的市场价格，可以按此公允价格与原产品的价格一样计算销售总价的分摊比率，分拆单项履约的收入。

第二种是没有单独公允价格，依照《企业会计准则》规定，需要按采购的成本价确定价格，可以按此成本价与原产品的成本价格计算占销售总价的分摊比率来分拆单项履约的收入。

（2）引发的税收问题及应对方案。

引发的税收问题先要分两种情况，购买方是公司还是个人。

情况一，客户是公司。

格力电器不存在个人所得税的代扣代缴义务，可能存在赠品增值税的纳税负担，如果将三项赠品开具发票给公司的话。

情况二，客户是个人。

第一，是否需要代扣代缴活动产生的个人所得税？按照税法规定，一般需要采用两种方式来计税处理。一是按赠送客户进行会计处理，代扣代缴客户的个人所得税税率为20%，可以由客户负担或者企业负担。一般实务中都为企业负担，可以按成本价的25%计算得出。二是按产品卖给客户处理，需要在开具发票时将附产品外的三项履约义务按单项开具发票给客户，可能不用缴纳个人所得税。

第二，以什么价格代扣代缴？

按税法的规定是公允的产品价格来代扣代缴。具体可能会运用成本价、销售价等，需要结合企业的会计处理以及当地主管税务局的认定。

第三，是否有最优税收方案可以筹划？

在实务中没有最优税收筹划方案，税负只是活动投入的一小部分。要看企业财务在什么阶段参与，以及业务方的决策能否支持税务筹划方案落地。

总之，格力电器的线上直播转型可能是一场新的传统企业向老式的互联网企业发起挑战的开端，原有的所谓的互联网创新的红利已经结束，有可能在新的商战中传统企业通过转型建立起新的线上与线下融合低成本全新的销售渠道，来终结所谓的互联网平台收税式的垄断销售渠道。希望格力电器能走出一条全新的路来，为最终的利益各方带来最好的产品和服务。

新经济下的会计计量难题还是有其自身特点的，新经济下产生新的商业模式已全面领先于制造业时代的会计准则，会计准则需要重构与迭代。

案例九　商铺"0元购"引发的会计核算难题

恒大集团有限公司（以下简称"恒大"）商铺"0元购"引发了会计们的热议。通过各种优惠来吸引购房者赌上一生的收入，购买人生最大的资产——房子，是各大地产商的核心竞争力，但最后的撒手锏还是价格优惠。恒大商铺"0元购"对普通购房人来说还是很有吸引力的，通过一次性支付房款，恒大将分10年每年返还购房者10%的购房款，等于是一次性购买一个负收益的理财产品。当然，已有财务专业人士，计算过按不同年收益率，比如10%，总价100万元理财的负收益为38.55万元，如果商铺现在出售价高于38.55万元就可以实现平衡。普通投资者的理财收益一般在5%左右，所以100万元的理财负收益22.79万元，就是说刚买的商铺出售价高于22.79万元就可以实现平衡，前提条件是恒大承诺的返现未来能兑现。

在此就不讨论理财方面的问题了，回到会计们头痛的记账问题上，到底商铺"0元购"如何记账呢？恒大的会计是记收入还是记金融负债呢？

1. 观点一：收入

相信作为恒大的会计来说，最佳的会计处理方案是需要将此销售业绩全额记收入中，具体如何处理呢？方法很多，比如将销售与返现分离为两个会计主体进行处理，销售放在项目公司，返现的理财产品放在合营理财公司，项目公司与合营理财公司订立购买专项理财产品的合同，就可以实现商铺现金收入（不考虑税收的全额入收入），并在合并报表上一样可以全额记收入。合营理财公司的收入不能并表，但利润可以并入合并报表。

2. 观点二：负债

作为监管或者房企上市公司的中小投资者或者债权人应该是此观点的持有者。明明就是本文开头所说的理财分析，恒大的产品本质上是在特定时点下资金紧张到极限的融资安排，实际上恒大是通过商铺出售来达到一次性取得购买者资金的目标，用于在国家对其资产负债率调控重压之下，去库存、降低资产负债率按期达标的一种无奈之举。

此类财务信息的使用者更加想运用实质重于形式的方式认定此产品为恒大的金融负债，将收到购买者的资金记入负债的方式进行处理，实质只是暂借款，将存货变为现金，并不能对资产负债率产生影响。因为从现金流入与流出角度看两者是相等的。

3. 观点三：收入加负债

持此观点者可能是会计师或者是会计准则制定者，是出于调和企业与利益相关者矛盾的角度出发，将业务分离为收入与金融负债，按商铺真实的公允价值记到收入，差额记到金融负债，后续按期计提还本的利息费用。

总之，最后将会是会计语言的使用者平衡的结果。

第 12 章
解决会计实务难题——财务的"八种武器"

前面谈到让所有财务人员头痛的十大实务难题，但实务中财务人员手中一样有"八种武器"可以使用。它们来自前辈们财务实践和理论经验的总结，可以让会计站在巨人的肩膀上解决实务中的难题。这"八种武器"分别是成本管理、会计核算、财务内控、财务分析、资金管理、财务预算、财务系统、税务筹划。当然，这"八种武器"还需要先掌握和学习好它们的使用方法，才能运用好这"八种武器"，为企业创造价值。财务的"八种武器"一直在每个财务人的武器库中，需要不断地学习，并在实践中运用，才能发挥它的最佳效力。

▶▶ 财务的八种武器之一：成本管理

企业是以创造收入为目标的，财务对应的就是成本管理。标准成本法的产生让美国的财务管理引领了一个时代，福特汽车、通用汽车等美国企业创造了一个个企业帝国。现在标准成本法还是广泛运用于制造业的成本管理中。目标成本法的创立让以丰田汽车为代表的日本企业实现了在世界的崛起。目标成本法比较完善，至今还在不断地发展创新。成本管理的内涵和外延扩张到了全流程、全员化、全生命。

1. 成本领先战略三个层次

现在一谈到成本就离不开降本。为什么成本管控的成功与否就是降本呢？源于在实务工作对成本领先战略的理解就是降本或者说是砍成本。所谓的成本领先战略只有降成本吗？下面将帮助你解开以上疑问。

成本领先战略是我国企业运用最广泛的战略，并凭借此战略成就中国制造业的世界工厂地位。我认为理论上它可以细化为三个层次的成本领先战略。第一层次是材料节约型和人工费用降低型成本领先战略；第二层次是简化产品型成本领先和改进设计型成本领先战略；第三层次是最先进的成本领先，生产创新及自动化型成本领先战略。

第一层次成本领先战略中外案例比较。

砍成本或降本等是第一层次的材料节约型和人工费用降低型成本领先战略。让我们一起看看美国的第一层次案例：

美国航空公司（以下简称"美航"）是全美最赚钱的航空公司之一。美航的成功，应归功于它的执行长柯南道尔所采取的一系列有效策略。其中最值得称道的是将成本降到极限的管理方案。

美航在加勒比海岸边有一栋货仓，早先一直雇了一个人整夜看守，后来柯南道尔决定要压缩这项开支。会上有人说："这不可能，我们雇用的这个人是用来防盗的。"柯南道尔说："能否把他换成临时工，隔天守夜一次，应该不会有人知道他在不在。"

过了一年，柯南道尔还想减少成本，便告诉下属："能否将此人换成狗来巡守仓库？"下属还真就这么做了，而且很有效。又过了一年，柯南道尔还想把成本继续往下压，下属说："我们现在已降到只雇用一只了。"柯南道尔说："你们干吗不把狗叫的声音录下来播放？"

就这样，柯南道尔为了省钱，直接开除了一条"毫无过错"的看门狗。

（摘自《企业研究》2014 年第 1 期）

从案例中我们可以看出美国企业在成本领先第一层次上已经达到了极致，仓库看守从原来只雇用一个人看守，减少为临时工隔天守夜，再到换成一条狗来看守，最后把狗都开除了，只用狗的叫声。结果还很完美，没有发生被盗等损失。

再让我们看另外一个案例：

温州瓯海的张某，本是一名巡逻队员，在一间仓库发现 2 000 多箱饮料后，他决定赚点外快。于是，他和三名收废品的人一起，一直忙了 12 个小时，才把这些饮料全部倒光。

3 万多只空瓶子加上 2 000 多个纸板箱，张某一共到手 115 元。这个雷人的小偷张某已被刑拘。

据张某交代，3 月份中旬的一天早上，自己在巡逻时看见西山东路的一间仓库并未上锁，门打开着。张某跑过去关门，出于好奇，他朝仓库里看，发现里面存放着很多饮料。

张某见四下无人，钻进仓库将饮料搬到门外倒了起来。

2 000 多箱凉茶，一共 30 000 多瓶，价值 17 万元。可在小偷眼里，它们也不过是一个个的塑料瓶子。

（摘自浙江在线 2014 年 7 月 24 日讯（钱江晚报记者苗丽娜）https://zjnews.zjol.com.cn/system/2014/07/24/020157801.shtml）

从案例中我们可以看到仓库没人看守，门锁都忘记锁上或者是门锁被节约掉了。小偷是光明正大进入仓库的。从结果看企业损失巨大。

对照以上两个案例，即成本领先第一层次的案例，我们就可以看出差距来，美国航空公司是在保证仓库安全的前提下来进行成本领先并且是有步骤进行的，看守从人到狗，再到狗叫声。当然，我相信公司还购买了财产保险，并且应该是在仓库安装了红外报警、监控系统等硬件技术防盗设备的前提下才会用以上手段进行成本降低的。但反观第二个案例仓库大门都没有上锁或者直接砍掉锁头的成本！当然，在没有出现损失时，一样可以达到成本领先，但这只是运气好，并不是真正的成本领先。从第二个案例中我们基本可以看出这家公司在第一层次的成本领先上是有误区的，不计后果地降低成本，没有计算风险，实质上是一种赌博。

国内常见的砍成本，我总结为减人、减料、减设备，为降成本不计长期后果，只要短期成本降低，无论什么费用都可以砍。上海福喜食品的"质量门事件"以及"三鹿奶粉事件"等都是最恶劣的反面案例。证明第一层次的成本领先，无论是降低材料和人工成本都是有前提和限度的，从财务角度来看就是在标准成本管控体系中，设计的理论极限耗用量应该是有限度的，成本控制应该是杜绝浪费和提高劳动生产率。成本管理人员不应该机械地用数字和百分比，简单武断地制作成本降低预算和指标等来要求降低料和工的费用，就如同跷跷板，压下了成本的一头，另一头翘起的是风险。

我认为各利益方的平衡才是管控的关键，而不是所谓的降本为第一要务。企业战略如果存在一样是在变化中的，并不是只在企业的管理最高层决策，而是在实战中企业的执行层应变中产生的。所以，降本会影响产品质量等，只有扩大产量，加大产能降低单位成本，进一步就是降价竞争，走上死循环自杀式的低价恶性竞争的不归路。为什么企业不走产品高质量、高效率，向管理和技术要产品高附加值之路呢？

第一层次成本领先战略的正确方法：一是提高劳动生产率，比如提高工人熟练度，实际工时比标准工时大幅减少，或者机器维护保管得好，减少标准机器工时，或者材料因为管控好从而减少材料的预估损耗，或者可通过生产流程的改进，让产线设计优化解决生产瓶颈提高单位时间的产出，以及提高单位时间的产能。二是降低材料成本。通过产品生命周期的不同，与材料供应商事前就购买量达到阶段性价格，签署合同来降低成本。

第二层次成本领先战略是简化产品型成本领先和改进设计型成本领先战略。

通过同一种产品在大部分物料共用的情况下，只是改变一两项占产品原材料成本比重比较高的物料，在不影响产品主要性能的情况下进行差异化定价。比如，某汽车产品的发动机有两个合格的供应商，一个供应商的发动机是铝制的，并且进口的成本比较高，适合高配型、定价高的产品用；另一个供应商的发动机因为是铁制的，成本大幅降低，产品的价格将更加有竞争力。两种发动机产品整车都符合国家标准，只是定价不同。中国企业中一样有成功的案例，比如华为技术有限公司（以下简称"华为"）就是改进设计型成本领先战略的典范，在全球市场上与思科、西门子、爱立信、阿尔卡特等老牌企业的竞争中，通过简化产品型和改进型成本领先战略一步步扩大自己在通信市场上的份额，并且华为在 2013 年营业额为 396 亿美元，超越爱立信，成为世界第一大电信设备制造商。华为于 1987 年注册成立，完成超越只用了短短的 26 年时间。华为的案例充分证明了中国企业是有能力通过第二层次的成本领先战略走出第一层次的低成本竞争的泥潭，为中国制造产品建立高质量、高附加值的形象。

第三层次是最先进的成本领先——生产创新及自动化型成本领先战略。

众所周知，奥运会的巨额资金投入，会给承办这一盛会的城市带来难以承受的财政负担。1976 年，蒙特利尔举办第 21 届奥运会花了 30 亿美元，巨额债务险些让当时的市政府破产，蒙特利尔在后来的 10 多年时间里都在偿还这笔债务。蒙特利尔的"惨痛教训"使得奥运会成了"烫手的山芋"，各国政府对其敬而远之。1978 年，第 23 届奥运会的申办城市只有洛杉矶。

美国商人尤伯罗斯私人承办本届奥运会后发现，所有"来钱"的路都被"提前"堵上了。按照传统思路，筹备奥运会通常有三个资金来源：政府资助、彩票和捐款。然而，加州禁止动用公共基金举办奥运会，美国政府甚至拒绝向奥运会提供哪怕是一分钱的资助；发行彩票在加州是非法的，也不能与美国奥委会和慈善机构争抢捐款。尤伯罗斯骑虎难下，只好对本届奥运会的组织方式进行前所未有的商业化改革。

尤伯罗斯的第一个商业创意是转播权招标。尤伯罗斯亲自上阵，最后将这次奥运会的电视转播权在美国拍卖，得到了 2 亿美元。在欧洲、亚洲分别得到了 2 000 万美元，另外，又得到了 2 000 万美元的广告转播权转让费。为了最大限度融资，这届组委会规定：在招标期间，有意转播奥运会的电视公司必须先支付 75 万美元作为招标定金，包括美国三大电视网在内的 5 家电视机构交付了定金，这些定金每天高达 1 000 美元的利息帮助尤伯罗斯度过了第一道难关。

尤伯罗斯的第二招是一改以往组委会"哀求赞助商"的做法，首次成功地将商业竞争的"熊熊战火"引向赞助商。他将正式赞助商的总数严格限定为 30 个，规定通过竞标的方式，每个行业只接受一家赞助商，利用商家争当行业龙头老大的心态，促使这 30 个行业内部进行激烈的竞争，进而最大限度地提高赞助价位。通过这一策略，他首先"点燃"了竞争最激烈的饮料行业的"战火"：面对 400 万美元的底价和强有力的竞争对手百事可乐，可口可乐公司最终痛下决心，以 1 260 万美元的天价成为软饮料行业的独家赞助商。

后面的企业招标中，尤伯罗斯如法炮制，直到将 30 家不同行业的企业都用最高价一一拿下。

尤伯罗斯的第三招是将与商家无丝毫联系的荣誉性的火炬接力变成"印钞机"。他开价 3 000 美元每公里拍卖美国境内奥运火炬传递路线的所有里程，对参加者只有两个要求：第一要身体好，第二要付 3 000 美元。美国人都为自己能当一名奥运火炬手而感到自豪，于是纷纷踊跃报名。通过这一活动成功募集到的 1 100 万美元被用于当地体育设施建设，推广体育活动，培养体育人才。尤伯罗斯还将观赛座位分为三六九等，标上不同价格，最贵的 VIP 座位竞卖达到 2 万美金。尤伯罗斯甚至公开宣称，即使总统来了，也要自己掏钱买票。

（摘自《企业研究》2014 年第 1 期）

让洛杉矶成功举办第 23 届奥运会，并赚钱的美国商人尤伯罗斯应该是达到了第三层次的成本领先——创新的成本领先，他将成本的源头收入的创新达到了极致。无中生有的三招：转播权招标、竞标赞助商、火炬接力"印钞机"应该已经将成本领先战略的运用达到了出神入化的境界，成本的产生根源于收入，只有将收入发挥到极致才是真正的成本领先，只将视线限制在成本上的成本领先是没有创造性的，只有从收入的源头去创新才有无限的创造性。

成本领先战略三个层次应用的总结，见下表。

成本领先战略表

成本领先战略层次	成本领先战略层次（5 种具体战略）	适用企业管理基础	控制目标	成本管控方法	标杆企业
第一层次	材料节约型成本领先战略	制度控制	正确做事	标准成本法、TOC 法①	大多数中国企业
	人工费用降低型成本领先战略				
第二层次	简化产品型成本领先战略	预算控制	完成任务	目标成本法、TOC 法	华为、西门子、爱立信
	改进设计型成本领先战略				
第三层次	生产创新及自动化型成本领先战略	评价控制与激励控制	挖掘潜能、创造财富	目标成本法、作业成本法、平衡记分卡	苹果、丰田

---

① TOC 全称是 Theory Of Constraints，即制约理论，是以色列物理学家和企业管理大师高德拉特博士发明的一套企业管理方法。其管理方法的关键词是 constraints，即制约。其理论核心在于：整个系统的绩效通常总由少数因素决定，这些因素就是系统的制约因素。

在实务中成功运用成本领先战略的企业应该是以上五种具体战略的结合。例如，苹果公司已经达到了第三层次的成本领先战略，但在材料节约上公司通过回收客户手上的旧机，并将旧机上的合格零件修复后用于新产品的生产并出售，一样达到了材料节约与环保。对于第二层次的成本领先，苹果公司在其手机产品Ipone5系统中有高端的Ipone5s、有亲民的Ipone5c，二者只是所用的手机面板材料不同，成功应用了简化产品型成本领先战略。

但对大多数企业，特别是中国企业来说，首先，应该是从第一层次的材料节约型、人工费用降低型做起。正确运用标准成本法、TOC法等成本管控方法达到美国航空公司的成本管控水平，要改正在成本降低中的误区，平衡好降低成本与风险的关系，让中国制造成为高质量产品的保证。其次，企业成本领先战略上应该是向第二层次的简化产品型、改进设计型成本领先战略进行转型升级。要加大对企业产品研发的投入，从中国制造增加中国设计附加值，当然第二层次的成本领先的基础在第一层次就如同金字塔一样，只有企业对标准成本法运用达到一流水平了，才能使用目标成本法等更加适合研发和设计的成本管控方法。目前在第二层次比较成功的中国企业有华为——中国企业学习的标杆。最后，第三层次的生产创新及自动化型成本领先战略，无论是对于资本、技术人才，还是专利的积累等都有很高的要求。成功的案例有苹果公司，但背后一样有倒下的诺基亚、摩托罗拉等巨型跨国企业。金字塔的塔尖不是一成不变的，只有在第一、第二层次的成本领先都在管理达到很完美后，通过企业的技术积累，特别是不断失败的投入后，相信有一天中国企业会走到第三层次的。第三层次的成本管理方法有目标成本法、作业成本法、平衡记分卡。当然，成本管理方法不是一成不变的，如果哪一天中国企业达到了第三层次的成本领先，相信就有了中国企业自己创造的新的成本管控方法，就如同日本当年学习吸收美国等西方国家的标准成本和作业成本等方法后，自己发明了目标成本法一样。

2. 中国互联网企业成本方法的创新——"反化成本法"

小米成功在香港上市后高调宣布，与四川长虹集团合作以优惠的价格杀入家用空调行业。小米对小米路由器的购买用户抽奖返现金，小米成功在香港上市后可能会杀入智能手表行业等新闻不断传出，还有拼多多，提出"拼得多，省得多"。

2016 年，拼多多向美国申请上市的财报中自营销售毛利率为 −14.16%，毛利率是负数您没看错！用财务的眼光看，这是不可理解的事？从小米的价格公道到拼多多的亏本抛售，以传统的财务成本理论是无法解释此现象的。

不论是起源于美国的汽车工业的标准成本法的思想（通过标准化流水线制造产生用户可以购买的标准工业品，并赚取提高销售量后的总利润，催成了福特、通用等美国企业的崛起，并迅速占领了全球市场），还是以日本丰田为代表的日本企业运用目标成本法带来的后续问题，说明所有先进的成本方法都是有其需要控制的风险。

让我们来看看最新崛起的以小米公司等为代表的中国互联网新物种企业的成本方法是如何进行创新的。第一，以低价，或低于成本价，更过分的是免费以最快的速度占领原来的市场，并让原来购买力低于购买价的消费者成为公司的用户。可以总结为不计一切代价获取新用户，并战胜一切原市场中的竞争对手。案例可以看看打车或者共享单车行业的疯狂补贴大战以及后续的一系列合并、倒闭等。第二，通过预存款或者预出售等方式从客户手中先获得资金以补充流动资金以及资本金的不足或者巨额的获客亏损。第三，利用羊毛出在猪身上的商业模式，通过出售用户数据、加关注等卖出广告的方式获得收入，还有最高级的如 BAT 从用户的每一笔收付流水中向用户或者供应商"收税"。当然，早期可能是通过风险资本等投入巨额资本，获得资金来取得行业的绝对垄断权以换取平台模式的"收税"权。有成功者当然就是人们常说的互联网行业中细分行业，只有老大可以生存，就是为了争取以上未来行业的"收税"权。

有了以上的认识后，我们才能从成本的角度看懂新互联网企业的成本，我理解所有的低于成本价的销售都应该是需要考虑潜在利益后进行成本核算，实际上需要对新的成本进行更新的计量方法，包括所有费用的全成本计算，对于互联网企业需要先算清"收税"权的投入成本，并将补贴、低于成本出售产品、免费等不符合商业的出售还原为同行业公允的毛利进行计量。后续对"收税"权产生的广告等物质反化的收入进行分配前期投入的成本，按一定的估计数进行未来收入和成本的配比。从会计视角看羊毛出在猪身上，实际上还是需要将平台前期补贴等总投入用合理的方法，在后续取得高毛利的收入时，比如从广告、佣金等中估计出合理的单位定价成本，作为未来的定价依据。这样才可能在新的互联网模式下，产生新的成本核算方法，并解决企业正确的定价，最终要产生盈余。从本质上看，只是将投入与产出之间关系"反化"，原来工业时代直接投入占了大头，并且产品与成本之间有直接的物理关系。但在互联网模式下，投入到线上用户的平台支出，与产生的收入，比如广告和线上销售之间的关系变为间接的关系，如何找出平台收税权的定价成本就成为新的问题，需要将与收入无直接关系的投入"反化"为有直接关系的投入。

总之，以上互联网企业的成本核算方法为"反化成本法"。

▶▶ 财务的八种武器之二：会计核算

核算是财务的基石，借贷记账法的发明产生了会计核算。会计核算可以比作"长生剑"。无论是会计政策的选择，还是会计估计的筹划都是无形的利刃。

1. 负油价的会计核算问题

中国银行的"原油宝事件"持续成为热点新闻，背后是石油期货出现了惊人的负油价，引发多头买入，普通人抄底石油投资出现巨额亏损，并且还出现了让所有人不能理解的事：亏完本金后，还需要补上负油价损失的金额给银行，让所有参与理财产品的普通买家，成为负油价真实的买单者，送出了石油还要送上巨额的资金补贴，让买入者有地方存储石油。

当然，在事件发生时，就有会计圈的朋友提出，如果公司买入负油价的石油，并提了石油现货，如何进行存货的会计处理呢？因为按会计的原理来看，存货科目是资产科目，一般都记在借方，现在出现了负价格，如何进行会计处理呢？

例如公司用 −30 元的价格购入了 1 桶石油，我提出了一个会计处理的思路：

用名义价格 1 来计量石油存货，进行存货的数量管理，出售石油时，将记入合同负债以及存货中的金额结平，具体购入石油会计分录如下：

借：存货——石油	1
银行存款	30
贷：合同负债	31

负油价引发了对现有会计记账规则的挑战。有人说：可以记入存货，按负存货记账，也有人认为可以按负油价的金融本质记入金融资产，还有人认为可以参考投资性房地产进行核算。

按现有《企业会计准则》的规定，在石油期货交货时，还是应记入存货中比较合理，并且存货是按历史成本进行计量，在后续进行了减值测试。

最关键的问题是存货负价值引发可变现净值小于零时，是否还需要计提存货减值损益？存货可变现净值小于零时，可变现净值是否应为零，还是可以小于零的问题。

按现行《企业会计准则》的规定：在资产负债表日，存货应当按照成本与可变现净值孰低计量。所以负油价下的减值是不需要考虑可变现净值与零的问题，可以按负数的可变现净值计提减值准备。

《企业会计准则》在存货跌价准备转回中规定：当符合存货跌价准备转回的条件时，应在原已计提的存货跌价准备的金额内转回。转回的存货跌价准备与计提该准备的存货项目或类别应当存在直接的对应关系，但转回的金额以将存货跌价准备余额冲减至零为限。因此，在负油价引发的存货后续计量上存在问题。

同时，会计期末进行减值测试产生的问题，有两种可能。

第一种，石油的可变现净值小于成本的处理。

假设会计期末石油的可变现成本为 −50 元。（前期购入石油为 −30 元），计提存货跌价准备 20 元。

借：资产减值损失　　　　　　　　　　　　　　　　　　　　20

　　贷：存货跌价准备　　　　　　　　　　　　　　　　　　　20

（−50 元比 −30 元相比，公允价值下跌 20 元，从经济上看还是很好理解的，现在卖出石油要支付 50 元的现金和石油，从账面看会损失 20 元的现金）

会计期末，存货跌价转回时石油的可变现成本为 10 元。

借：存货跌价准备　　　　　　　　　　　　　　　　　　　　20

　　贷：资产减值损失　　　　　　　　　　　　　　　　　　　20

第二种，石油的可变现净值等于成本或者上升的处理。

按现有会计准则不进行会计处理。当然，以上会计处理都是基于以名义价格入账。

最后再来谈谈石油是否可按金融资产入账，我认为具体要看石油的持有目的，由公司的管理层进行判断。比如，记入存货是为出售石油为目的，金融资产一般会存在基于石油的合同，如果因为负油价之下公司先交割石油，同时还存在远期的看空石油的合同，可以将石油和合同结合在一起进行计量，适用金融工具准则。但如果不存在合同，只是实物的交割就应当记入存货中。

2. 实务中的会计核算工作

核算报告主要由企业记账部门负责，在大中型企业或者上市公司中还会进行细分：有应收应付、成本、现金、总账、会计报告岗位，这些岗位人员主要解决企业财务报告信息的披露要求，特别是上市公司需要在满足一些企业财务信息提供的基础上，按照证监会的要求披露公司的季报、中期报告、年度报告等，以及金融或者有行业监管的公司需要定期提供监管报告。一般此类企业将对企业的财务信息进行更加细化的核算，主要有两方面的要求：一是及时性；二是准确性。上市公司和金融机构，财务信息的错报或者晚报都会引起处罚等严重的后果。另外，此类公司还需要披露非财务信息。所以对于优秀的财务报告从业者需要出色的内外部的沟通能力，无论是与企业内部的业务部门、董事会，还是外部的审计师、监管部门都需要平衡好关系。要求比较熟练地掌握会计准则实务，特别可以系统建立符合企业的业务特点的会计核算系统，并按会计准则的修订以及企业实务的变化进行及时的更新迭代。

3. 会计准则背后的三种力量

瑞幸咖啡被浑水调研公司①做空后，自爆收入舞弊引发股价雪崩。这中间有浑水调研公司等做空机构指出瑞幸使用会计准则不当的问题，一样是引发雪崩的一个主要的原因。会计准则只是专业技术层面，从纯技术来看有争议是很正常的，影响因素还在于以下三种力量：

第一，会计师的职业判断。在瑞幸咖啡的案例中，就是四大会计师事务所之一的安永，一定是发挥了重要的作用，会计师可以运用出具不同会计意见的审计

① 浑水调研公司（Muddy Waters Research）是一家注册在美国的研究公司，成立于 2010 年 7 月，创始人为卡森·布洛克。浑水调研公司自 2010 年创立以来，共做空超过 16 家中概股上市公司，包括分众传媒、新东方、辉山乳业、安踏体育，以及芝华仕沙发的母公司敏华控股等，其中 9 家目前已经退市。2020 年 1 月底，浑水公司发布沽空报告，指出瑞幸咖啡在经营数据上存在做假和欺诈行为。

报告的最后权力，来影响公司的会计处理的结果，并可以用脚投票向投资人等利益各方揭示风险。

第二，公司管理层的判断。公司的账务实际上是由公司的财务在管理层的领导下进行处理的，一般都会按会计准则的规定尽力选择对公司有利的会计处理。比如会计折旧的处理，实际上还是可以在不同的折旧方法上进行选择。

第三，同行业的实务案例对准则的影响。比如，在"新收入准则"实施前对实务的影响，我的预测还是有比较悲观，但真正看到上市公司的实施案例后，基本都是对公司财务报告有正面影响的。例如，华为2018年的年报就披露了"新收入准则"实施前后的影响，结果是对华为的收入和利润有正面影响，相信背后是公司财务人和管理层的努力付出（2018年贡献了42.46亿元人民币的综合收益，增加74.11亿元人民币收入详细资料见下表）。华为的处理对同行业的中兴通讯等都会产生影响，最终会在执行"新收入准则"下产生新的行业案例。

对概要合并综合收益表的影响

	应用 IFRS15 后 （人民币百万元）	调整金额 （人民币百万元）	假设不应用 IFRS15 （人民币百万元）
收入	721 202	(7 411)	713 791
销售成本	(443 031)	2 794	(440 237)
销售及管理费用	(105 199)	(359)	(105 558)
其他	(99 326)	—	(99 326)
所得税	(14 301)	764	(13 537)
净利润	59 345	(4 212)	55 133
其他综合收益	430	(34)	396
综合收益总额	59 775	(4 246)	55 529

（摘自华为《2018年年度报告》第67页）

4. 账的"三重门"

账的"三重门"是指毛利率、周转率、回报率。

第一重门：化妆门。

只要符合会计准则，管理层可以通过对会计政策选择和进行会计估计选择权进行企业会计报表的化妆。审计报告可以作为保证，专业上称为盈余管理。对于很多优秀的国内外上市公司，会计水平的高低可以通过阅读他们的财报了解，美国通用电气公司的会计是化妆高手，可以说已经达到了随心所欲的境界。好处是财务管理目标——股东价值最大化达到了最优化。当然，所谓门是有一条无形或有形的线，化妆也是如此，超过了这条线就成为另外二重门了。

第二重门：整容门。

大家都知道整容要付出金钱和身体的代价。大多数人都认为整容后很美。在专业财务人员看来就如同假账，可以通过财务分析等方法，查出整容的痕迹，会计专业称为会计包装。对于会计包装的公司来说需要付出代价：第一，包装是要支付高昂的包装费用的。有很多拟上市公司就为此付出了天价的有形和无形的成本。第二，包装的风险自负，就如同为了变美整容的女性一样，在整容前其实是先进行毁容的，并且实质上医生是不对整容的结果负责。如同中介机构一样，对于公司未来业务的包装成功与否是未知的，有可能是先对公司现有业务的一次重大的高风险的重组。但只要是在未来上市时可以获取高溢价，中介机构会建议公司按资本市场的喜好进行业务的包装。第三，包装是会上瘾的。特别是因为包装上市成功后，会因为有过赌赢的经历，特别自信，会加大赌注。

第三重门：易容门。

这是真正的假账了。花很小的代价通过易容让大多数人认为自己很美，并且骗取利益。从专业角度来说就是会计丑闻。易容对于账务来说，就是很直白的造假。国外有安然、世通等造假的案例。国内有银广夏、胜景山河、天能科技、新大地等事件，不胜枚举。

5. 企业支付宝、微信等会计入账科目

企业支付宝、微信是互联网公司或者零售公司等主要的收款渠道。如何对企业支付宝、微信等第三方支付公司开户的账户进行会计科目处理？目前有两种会计处理的意见，第一种记"其他货币资金"科目，第二种记"其他应收款"科目。

第一种的理由：其他货币资金。

问题：公司在第三方支付平台账户中的款项如何列报？

背景：A公司与支付宝等第三方平台签订协议，第三方支付平台收付款。两者约定：

A公司对于自己开立的支付宝账户，可以设置密码等安全措施；24小时即时在线查询；可以要求"提现"至指定账户；可以要求第三方平台冻结账户；因支付宝账户、密码等遗失、泄密等导致的损失，由A公司自行承担等。另外，A公司在会计上确认收入可能与第三方平台收款、第三方平台收款后转入A公司银行账号之间存在时间差。

解答：根据上文背景资料，A公司对于自己开立的支付宝账户，可以设置密码等安全措施；24小时即时在线查询；可以要求"提现"至指定账户；可以要求第三方平台冻结账户；因支付宝账户、密码等遗失、泄密等导致的损失，由A公司自行承担等。根据这些条款，在支付宝账户的余额实际是由A公司拥有控制权，因此对A公司来说，支付宝账户内的资金余额应在报表中确认为一项"其他货币资金"。

第二种的理由：其他应收款。

按《企业会计准则》中对于银行存款与其他货币资金的定义：

1002 银行存款

一、本科目核算企业存入银行或其他金融机构的各种款项。银行汇票存款、银行本票存款、信用卡存款、信用证保证金存款、存出投资款、外埠存款等，在"其他货币资金"科目核算。

1012 其他货币资金

一、本科目核算企业的银行汇票存款、银行本票存款、信用卡存款、信用证保证金存款、存出投资款、外埠存款等其他货币资金。

二、企业增加其他货币资金，借记本科目，贷记"银行存款"科目；减少其他货币资金，借记有关科目，贷记本科目。

三、本科目可按银行汇票或本票、信用证的收款单位，外埠存款的开户银行，分别"银行汇票""银行本票""信用卡""信用证保证金""存出投资款""外埠存款"等进行明细核算。

四、本科目期末借方余额，反映企业持有的其他货币资金。

按支付宝等第三方支付公司的经营范围来说没有合规的存款业务的范围，所以从法律形式上看与银行等金融机构还是存在差异，无法运用其他货币资金进行会计核算。

以上两种会计处理你选哪一种？实际上从不同角度出发，结果是不同的。从企业角度看，记入"其他货币资金"比记入"其他应收款"要更加有优势，可以让报表更加好看；那么是否可以记入现金流量表中的现金及现金等价物，相信实务中有不同的理解和处理。希望准则制定机构可以明确会计科目并进行会计处理。

6. 一千个会计编制出一千种会计报表

会计能真实公允地反映公司的财务状况吗？相信同一企业一千个会计编制的会计报表会有一千种结果。会计公式如下。

会计 = 经济真相 + 计量差错 + 偏见

会计分期会产生计量差错。会计是一项精确到角分的货币计量工具，并且运用"有借必有贷"的会计平衡公式进行核算，出具的三张主表——资产负债表、利润表、现金流量表都有严格的勾稽关系来证明表与表之间的平衡。最后还有具有"经济警察"之称的会计师对会计报表出具的审计报告进行保证。通过以上这一步步的会计结账程序，以及审计程序后的会计报告应该是精确的。为什么上市公司会产生大量前期的会计报表更正或者追溯调整？我认为有以下几个因素产生了会计计量的偏差或者说会计噪声。

因素一：计量成本因素限制了经济真相

会计报表一定是有计量成本的，经济真相的计量是需要企业投入必要的人力、系统等有形成本以及管理层重视企业文化等无形成本，并且计量经济真相限于会计报表的及时性的要求，对经济业务复杂的大中型企业来说，计量经济真相的精确性可能需要按百万元或者千万元为单位。

因素二：会计政策和会计估计滞后与经济真相产生的计量差错

会计政策与会计估计无法真实地反映经济真相，后果就是按会计政策与会计估计进行的会计计量的会计报告产生的巨大的计量差错。对投资者等利益相关方提供了不能正确反映企业财务状况的会计信息。实务中会计折旧年限方法等一系列的会计估计实质上都是企业财务人员的人为判断，自然会产生计量的差错。比如，一般企业电脑折旧期限为3年，但实际上的电脑使用寿命与3年的会计估计寿命是不同的，如果需要准确计量，就需要在每个会计结账时点对单个电脑的使用寿命进行准确估计，需要电脑专家对此出具专业的寿命报告，会计才能对电脑进行会计折旧的核算。

因素三：会计报告的利益各方产生了会计偏见。

在会计实务中，对于会计偏见运用得好叫作盈余管理或者市值管理，在各会计学院或者 MBA 学院都有专门的课程，向学生传授相关的内容。实务中有很多成功的上市公司或者资本市场上的新贵们运用会计偏见的技术来达成各方利益，并借助此项技术成为风口上的成功企业，为利益各方创造实实在在的经济利益。比如 360 成功回到 A 股，虎牙等中国互联网企业成功在美国或者中国香港上市的案例都可以看到会计的应用。如果对此有兴趣的读者可以去看看相关文章或者直接研究上市招股说明书就可以看清企业的运用情况。

会计造假一般都是通过会计骗术或者编造会计报表。乐视就是会计造假的典型，产生的巨大的财务黑洞，给投资者、股东、银行、员工等各利益方带来的巨大的财务损失，由于乐视巨额投入后产出无法与投入匹配，特别是造车梦想的巨额持续的投入，最终导致企业现金流的断裂，让接手的融创中国控股有限公司董事会主席孙宏斌投入百亿元资金都无力回天。

从会计的最终产品——财务报表的视角，让读者体验会计核算武器的强大。会计核算只能无限接近经济真相，只有理解这层本质，才能读懂财报，用好财务核算的武器，来解决会计核算的难题。

7. 微信公众号的会计计量——互联网企业虚拟资产的会计处理

从微博上看以下信息"瀚叶股份拟 38 亿元收购量子云，让这 981 个公众号粉丝的身价涨了 6 倍！"。在流量经济之下，当你关注一个微信公众号后，你也就成了公众号背后运营公司的资产之一。那么，作为一个公众号粉丝，你的价值是几块钱呢？瀚叶股份拟作价 38 亿元收购量子云 100% 股权，量子云主要运营微信公众号，旗下运营的公众号数量 981 个，累计粉丝 2.4 亿个。2016 年，量子云资产股权转让时，曾明确一个粉丝价值 2 元。本次收购虽是以未来收益法评估，而不是直接按粉丝数计价。但若以 38 亿元的初定价格平均下来，981 个公众号粉丝的平均身价可说涨到了 15.83 元（38÷2.4），增加了近 6 倍。有兴趣的网友可以按每个粉丝公允价值 15.83 元计算你的微信公众号的估值是多少？

（1）虚拟资产目前的会计处理以及局限性。

出于职业的习惯，想到微信公众号如何进行会计计量呢？对于微信公众号等互联网企业的虚拟经济下的虚拟资产限于目前会计计量中的货币计量以及历史成本原则，一般都被计入了企业的利润表中费用化，或者像以上案例中收购后被计入企业商誉中。互联网企业的虚拟资产无法资本化问题是一个经济中的悖论：一方面互联网企业高估值因为虚拟资产的增加获取高于一般企业的高估值并且有部分未上市成本；另一方面互联网企业的会计报告向投资人或者报告使用者描述巨额亏损和资不抵债的财务状况，二者反差巨大。到底是资本市场的投资者错了还是会计计量出现了问题？小米优先股的会计处理已经引发了会计界的巨大反思和争论。

（2）虚拟资产会计处理的改进建议。

从以上案例来看会计虚拟资产有两个极端的处理方式：一种是全部费用化，另一种在收购后按公允价值记入商誉。对虚拟经济下的虚拟资产可以借鉴研发费用的会计处理，并单独披露在互联网企业的财务会计报告中。虚拟资产可以分成两个阶段进行处理：一个阶段为虚拟资产的投产创造期；另一个阶段为虚拟资产的成熟期。二者的关键区别是在于是否可以为企业产生正向的现金流，并且是否有虚拟资产的公开市场资产价格可以参考。对成熟期的虚拟资产可以给予限定条件，虚拟资产产生未来收入相对应的成本资本化，并在未来记入虚拟资产产生的广告、虚拟月费、游戏等产品的成本中，主要会计处理参考"新收入准则"中的增量成本的规定。另外，对虚拟资产有公开市场并可变现的可以按一定方法进行公允价值的计量。

综上所述，《企业会计准则》一般都会落后于实务的发展，随着新商业模式的不断出现，相信《企业会计准则》一样会日新月异，更好地反映经济的实质。

▶▶ 财务的八种武器之三：财务内控

财务是为控制风险而生，内控就是控制风险的"箱子"。让企业的风险控制在合理范围内，同时产生价值，减少舞弊。

1. 现金管理的命门

2020年5月1日，长沙市公安局召开新闻通报会，通报了湖南历史上金额最大的一起电信网络诈骗案，金额高达1919万元。2019年7月，林女士从国外留学回到长沙，成为湖南某大型企业财务管理人员。2019年12月21日，林女士接到自称来自福建公安机关的电话，称其涉嫌一桩特大洗钱案，已被公安机关列为通缉对象，并向其出示了一张网络逮捕令。在对方的诱导下，林女士按要求进入其提供的一个"最高人民检察院"的虚假网站，下载了网站中的"资金清算软件"。随后，林女士在该软件页面对应位置输入了公司账户账号和支付密码，并按对方要求将公司对公账户的U盾插入电脑。对方以资金清算需保密为由，要求其关闭电脑屏幕，刘女士照做后，短短两个小时，对方就分45次将公司账上的1919万元全部转走。经查，该犯罪团伙诱导林女士下载的所谓资金清算软件实则是一款名叫Teamviewer的远程控制软件，骗子正是通过这个软件远程操控了刘女士的办公电脑直接实施转账。

（摘自《钱江晚报》，网址为 https://mp.weixin.qq.com/s/VUGYb6wrJzMCP4vy3_Cq3g）

理论和现实就是两条鸿沟。第一眼看到此条新闻时，还以为是女海归自己被骗了1919万元，没想到是她任职的单位被骗了1919万元；另一个没想到的是，她一个人可以操作从支付申请到审批支付的网银U盾，并且她还是一家大型企业财务管理人员。现实就是如此荒唐，让基本的财务管理工作中的出纳和审核分离的铁律都没能在一家大型企业落地？最没想通的是骗子通过45次的操作支付将公司账上的1919万元转走，平均每次42.64万元，我猜测是企业资金网银设置了50万元的限额发挥了作用。但能在两小时之内操作45次没有通过公司内部OA授权的支付，并且还没有通知企业的财务负责人，只需要一个人操作就能完成，我只能说企业对林女士太信任了。

让我们看看如何在企业实务中管住现金，让此类由人引发的操作性风险降低，让企业的现金保证安全。第一，网银支付U盾和审批U盾必须由两人保管，并且由本人亲自操作。本案例就是此项最关键的措施出了问题，记得我以前任职的一家企业发生过一起利用OA软件的漏洞，骗子假冒领导，要求出纳进行一次违反支付流程的紧急支付，就是因为授权U盾由出纳以外的财务同事负责，并要求一定先有领导的OA审批才能支付，从而在流程上堵住资金违规操作，后来出纳发现对方是骗子，才没有被骗。第二，所有支付必须按公司规定的支付审批流程进行，必须先有审批后有支付。本案例中，林女士就是忘记了一名财务人员的基本职业素养，所有事项都需要先取得合法的批准后才能进行支付操作。第三，对于财务人员必须进行定期换岗。由于财务岗位的特殊性，特别是出纳等可以接触到资金，流程合规尤为重要。

总之，现金管理的命门还在于事前招到合格的会计人员；事中进行职位的分离、培训、定期换岗；事后还需要进行资金的日清月结的管理，特别是每日的资金报表核对工作以及月度的资金对账工作。

现金一直是最有可能出现状况的内控领域，可以说是企业内控的基本功。对于所有企业内控的实战评价，可以从现金的控制入手，基本上就能搞清企业内控的基本情况了。

2. 中美企业不同的内审思路与解决方式

我经历过中美不同企业集团对公司的内部审计，就如同中美不同的美食一样，中美企业内审一样有不同的风味可以品评。

先来说说美国内审的思路和审计重点，美国内审是从近期（一个月）以及会计年度结束到出具年度报表前，所有资金收付作为主线，通过金额重要性进行随机抽样开始审计的。重点审核以下几点：一是内部现金个人报销合规性；二是供应商支付以及建立合规性；三是客户收款以及发货的合规性。审计过程非常强势，基本上找出一笔会计收付款，都会要求马上提供支付水单、审批文件、发票合同，以及 ERP 系统记录，用于全流程的审计，并对照相应的制度进行合规性的检查，发现资料不全或者不合规问题，会马上写邮件指出疑点，并要求解释。从一例小细节可以看出内审的思路，对于报销中的中文单据上的文字中有一些不合规的描述，作为不懂中文的内审一样马上指出问题，并报批集团的老板，提出质问。

再说说我在中国大集团内审经历，审计是基于已发现的问题进行跟进式的处理。基于有罪假设，要求被审计者担责。比如，当时就基于一个内部关联交易优化问题，要求公司财务提出整改，并开会讨论现有问题、提高措施、改进时间表。开会基本就是要求公司财务承认现有内控问题，以及跟进处理和处罚。基本上不看财务凭证，只是追究当事人的责任，显然已经脱离了财务内控的审计。

综合对比这两者，我认为美式内审与中式内审不同点有三个：

一是美式内审重点在事前，中式内审重点在事后。

我猜测可能与两国文化有关，美式内审基于形式且重证据；中式内审基于查案，重结果。

二是美式内审从资金收付入手，从点及面审核全内控，中式内审从案件入手，查责任人以及优化和改进。

三是美式内审地位高，独立性强；中式内审基于查案为主，地位只在查案时较高。

总之，中美企业不同的内审实务应该是不同内审文化的体现，一样是经济发展水平以及企业现实业务的需要。

▶▶ 财务的八种武器之四：财务分析

财务分析在企业内提供预警信息并创造价值。

1. 企业内部财务分析经验

厦门国家会计学院的微信公众号"云顶财说"发表了黄世忠教授《横看成岭侧成峰——评小米令人困惑的财务报告》的文章，主要讨论优先股在 IFRS 下会计准则产生的实务处理困境以及各方的观点，成为网上的热门文章。这篇短文用小米案例就讲清了一个复杂的会计政策问题，让我们看到财务分析的魅力。

小米的优先股认定为负债，反映了小米在优先股未上市前对优先股股东的债务。实务中的解决方案：上策还是在优先股合同的条款上优化；中策是与审计师沟通，下策是披露非公认会计净利润。我回想起自己的财务分析入门之路。曾经有一段时间对财务分析比较入迷，在"中国会计视野"上学习所有财务分析的文章，对飞草老师的财务分析文章是每篇必读，并有幸参与具体会计实务问题讨论中，还购买了市面上大多数财务分析的知名书籍进行学习，特别是黄世忠教授的《财务报表分析：理论、框架、方法与案例》一书，百看不厌。对薛云奎教授的财务分析文章入迷，并第一时间购买《穿透财报发现企业的秘密》，认真研读。当然，还向上海国家会计学院的教授、价值投资的早期认同者、实践者等交流，最后还自己动笔写了一些上市公司或拟上市公司的财务分析文章，在一些报纸和期刊上发表。在工作中运用了一些财务分析的工具并获得了不错的工作成果。

2. 财务分析实战的三种方法

财务分析具体有哪几种方法？估计从事财务分析工作同行大都只出于惯性地

沿用公司财务分析的历史模板，并没有想过为什么需要按模板的指标或者方法进行财务分析。当然，实务中厉害一点的财务人员会向同行学习或者进行经验的交流等。但到底财务分析有多少种方法呢？我总结有三种常见的财务分析方法或者说体系。

第一种，杜邦分析式指标分析体系法。

美国杜邦分析法应该是企业内部视角下最为经典实用的财务分析法，到目前还是制造业运用比较好的实践方法。当然，需要按企业的实际情况进行调整相关的指标，并加入预算指标对比基本上就是一个完整的财务分析体系了。此方法发源于美国，通过通用汽车等公司的管理实践让美国企业快速成为世界一流的工厂。最厉害的地方在于它的逻辑思想的力量，它让你可以一步步地查到问题的关键所在，让企业的财务数据变成一片片叶子，通过树干的最高指标指出问题所在，最后查到叶子，再给出解决方案，让企业之树健康成长。此方法体系让财务分析变身为啄木鸟，通过运用杜邦分析法可以找到树在哪出了问题，需要进行改进。当然，还有很多其他如比例分析法、比较分析法、因素分析法等经典的财务分析法，实际都是运用在我们的财务分析的实践中，并发挥重要的作用。

第二种，财务报表体检式分析法。

这种方法主要运用于企业外部的投资或者银行等对企业进行分析。投资或者债权人银行可以通过取得内外部的资料对企业进行全面的体检式分析。一般以实务中的投资尽调式的财务分析为主，通过对企业历史业绩查实分析、未来业绩预测分析、商业模式调查分析为基础。以现场访谈、资料获取、进场尽调的手法，对企业的财务数据进行核实。以及中国证监会对拟上市公司的穿透式核查以及监管。

第三种，财务报表与非财务信息结合式分析法。

长江商学院薛云奎教授的四维财务分析法（参考《穿透财报发现企业的秘密》，薛云奎著），通过经营层面分析（销售和研发）、管理层面分析（运营和投入产出效率）、财务层面分析（资本结构和财务风险）、业绩层面分析（产出分析股东回报）的四个维度对企业的投资价格进行分析。运用的基础是需要企业有长期的稳定的经营，一般需要企业具有上市有 5 到 10 年的稳定经营的历史。

厦门国家会计学院黄世忠教授的战略分析、会计分析、财务分析、前景分析，一样是四个维度的分析，但与四维财务分析法的差异在于：战略分析主要是对企业非财务信息的战略与财务中的数据进行比较分析；会计分析主要是对企业的会计政策与同行业进行对比分析，前景分析是对企业未来的业绩进行预测分析。此方法比较全面和系统，但难度比较大，需要取得企业以及同行业大数据并且基本运用的还是基于外部视角的财务分析，以公开数据为主。

总之，财务分析的方法运用层出不穷，但基本的理论体系已经成熟，万变不离其宗，最后还是会回到为企业创造价值的主线上来。

▶▶ 财务的八种武器之五：资金管理

资金管理，一般来说企业的资金管理实务并不是我们在财务教科书上所学的理论：按现金流量表的口径分为经营活动、投资活动、筹资活动。实际上资金管理很简单，只分两种：现金的流入和流出。但在看上去简单，背后却是最大的难题，如何管理资金的流入和流出？实际上应该还没有最佳的答案。无论是通过科技创新成为首富的美国微软或者是苹果公司，还是通过保险资金投资成为股神的巴菲特，抑或是通过占有销售渠道成为行业中的"现金奶牛"的亚马逊以及中国的阿里巴巴等，都是利用企业综合的竞争力，让手中的现金结存最大化。

1. 实务中的资金管理

实际上，所有成功的商业帝国背后现金管理的逻辑都十分简单，无非是多收少支。实务中大中型企业都会有专门的现金管理部门对企业的现金进行管理，具体的原则一般是"收支两条线"：对企业资金的内控进行严格的管理，打通企业内部的资金融通，建立现金池，包括外部的可用融资额度分为债权性和资本性融资。成熟企业都用自己的司库软件系统，可以达到与外部银行的直联，让企业收入的资金从不同的银行自动快速地汇入自己的银行，并按预设规则每天自动归集到集中的账户，按支付的预算实时下划企业支付所需资金到统一的支出账户等，完成系统的资金收支动作。

2. 资金管控要点

管钱是财务管控的基石，分为两个方面：第一，资金的流入；第二，资金的流出。流入中最重要的是客户资金的流入，它是企业的源头之水。其他的流入资金，比如，企业初创期或者股东后续一轮轮的资本金的注入，或者是债权人放贷给企业，以及供应商给予企业账期等都是认同或者预期未来客户资金会源源不断地注入企业，并产生企业的现金流利润池。资金流出，主要是供应商的货款、员工的工资福利等，还有固定资产等长期企业经营生产所需要的资产的购置。

如何管理好资金的流入和流出呢？需要从企业现金流的流入和流出入手，最重要的是管理好客户现金流入的周期，最好是每个客户的现金流循环上都是现金流入早于现金流出，并产生自己的蓄水池。所以，管控好客户的应收账款以及账期是最基础的一环；其次是要管控好现金流出中应付账款。但应收账款与应付账款具有先天优势，即对所有企业来说都会存在短期的现金需要，要通过融资来解决。无论是银行等债权人的资金，还是股东的资金都是需要付出利息或者回报股息为代价，对企业的经营会产生巨大的压力。

3. 融资创新：吉利收购沃尔沃

吉利控股集团有限公司（以下简称"吉利"）蛇吞象的故事找到了财务融资角度的答案。大庆市政府通过30亿元、5年期借款换取了吉利收购后在大庆建设沃尔沃工厂的投资，用吉利的投资收购沃尔沃的股权进行质押。2016年后大庆市政府国资顺利退出，并取得了很好税收等预计的政府收益。上海市嘉定区国资委一样运用了此种先入股吉利融资平台，吉利建厂后一定时间退出的模式。成都和张家口运用了政府担保贷款的模式为吉利收购沃尔沃提供了资金的支持。

（资料来源 https://www.yicai.com/news/5422747.html）

在此无意对此事进行全面的评论，以下仅仅从此案例看企业融资的创新工作。它至少给企业融资工作带来以下三点启示：

启示一，看清企业未来业务的路径和价值。

从此案例中可以看到，吉利对收购后沃尔沃品牌加中国制造并出口的未来价值是十分清楚的。看到了其他投资者没有看清的沃尔沃加上中国制造后所产生的品牌溢价，包括大庆等政府十分看好这种商业模式，并给予巨大的支持。

启示二，要善于发挥各利益相关方的优势，并找对各方利益的平衡点。

各地政府在当年能为吉利收购提供资金支持，实质上还是对未来沃尔沃品牌价值的认同，并看清了投入大于产出的前景。此项合作可以给当地带来巨大的未来持续的财政收入以及就业等一系列的发展，解决政府未来就业和发展的问题，特别是大庆从资源性城市向汽车制造型城市的转型。当时的吉利财务融资团队一定是看清了各地方政府的实际利益并很好地找对了平衡点。

启示三，需要有开拓性的思维模式。

融资创新还是需要开拓性的思维。吉利作为一家资金实力一般的民营汽车企业，创造了一个又一个成功的融资案例。开拓性的思维模式让财务融资团队打破了原来企业融资的惯性思维，完成融资。

▶▶ **财务的八种武器之六：财务预算**

预算是可以全流程、全生命周期让财务参与到公司的管理工作中，并发挥主动性的工作。预算通过刚性控制可以短期达成降费目标。预算柔性可以让资金投向新项目。如何在刚柔之间达到平衡是一门艺术，关键还在于人，预算估计是未来人工智能时代中需要增加岗位的工作。

1. 预算管理的三阶段

在会计实务工作中，预算管理实际的运用主要局限在"卡报销（找理由不给报销）"或者说是"降本"上，比如某会计师事务所爆出在内部严查出租车费的报销的事。基本反映我国的会计实务中的预算管理水平。目前实务中预算主要以砍费用和成本为主，推动力来源于企业的竞争。预算管理需要经历三个阶段：

第一个阶段，砍预算阶段，主要是通过管理层的权力自上而下达成降本目标，包括被员工吐槽最多的"卡报销"等不合理的手段达成降低成本和费用的目标。财务基本上还处于被动执行阶段，比较普遍存在于企业报销费用的严格管控，比如定额报销、出租车费定时报销、业务招待费定额人数标准等，以期通过限制业务活动的报销标准达到费用的下降。对成本的控制，通过采购合同约定让供应商参加活动单方要求返利，还有通过复杂的对账和结算要求供应商提供原始的签收单原件等加大结算的难度，达到减慢结算或者少结算的目标。

第二个阶段，全面预算硬化阶段。企业发展到一定阶段并达到一定规模后，为上市等目标在股东与管理层分离的企业中比较常见，主要用于对管理层的短期考核与管理层的奖金挂钩。主要手法是由董事会与管理层每年对企业经营业绩目标达成一致后，按企业经营业绩的 KPI [①]，就企业需要投入的财务资源和企业产生的财务业绩达成一致。核心目标一般为收入和净利润，会以业务口径和财务口径进行约定，并按此进行预算的编制，进行数次的自下而上或者自上而下的反复平衡，最后达成一致后，一般由财务部进行事中的管理和控制，大中型企业还会通过专门的预算系统对此进行管控，并按预算进行分解到企业各业务单元和部门管控。从华为、平安等大中型企业的预算管理经验的一些报道可以看出，企业已进行全面预算的硬化管理，特别是货款或者报销等支付的刚性很强，预算管控深入业务细节谈判的阶段，每项业务支出都需要事前申请审批才能启动。强调的是投入产出比，要求所有投入都需要有产出，并且产出达到预算目标，战胜自己的历史和同行业的水平。

第三阶段，预算业财融合超越阶段。在企业完成第二阶段硬化预算阶段后，预算的刚性加上考核利益让经营短期化现象比较流行，管理层通过各种手法为达成企业的短期经营目标牺牲企业的长期利益，这引起了预算刚性还是柔性的争议，为平衡预算的刚性出现了以美国通用电气公司的传奇 CEO 杰克·韦尔奇为代表的超越预算的实践者，强调的是通过发挥人的主动性并雇佣最优秀的人来一起创造最卓越的企业。当然，美国通用电气公司有过很成功阶段，现在看正在跌下神坛。日本有稻盛和夫的阿米巴引入中国后变成了比较常见和流行的合伙人制，不论是阿里等新经济的企业，还是万科等地产公司，从财务管理角度看，实际上还是超越预算的阶段，让企业员工的利益与股东的利益融合，让预算能真正地成为帮助企业创造价值的工具，并达成企业经营业绩的最大化。当然，还有华为式的工会模式或者说是集体持股等中国式的创新，通过员工自愿加班等取得企业的一定利润的分享权或者是比较常见的企业的期权等，发挥企业全员的预算超越的阶段。

总之，目前企业会计实务中的预算都会存在三个阶段的管理中，不能说哪个阶段是最优的，只能说企业最适合的才是最好的。比如，华为的工会持股式的预

[①] KPI 指的是关键绩效指标，是 Key Performance Indicator 的缩写。KPI 通常在企业管理中使用，表示一种指标，这种指标往往是部门主管要求完成、衡量员工业绩的证明，是把企业的战略目标分解为可操作的工作目标的工具，是企业绩效管理的基础。

算管控就不是所有企业能使用的，因为他需要一个预算的管理环境，需要一批企业的管理层和员工的认同和投入，不是独立通过企业财务管理人员达成的。预算是一门技术，更是一门艺术，管理的艺术。预算最终会为所有的企业管控绽出美丽之花，让各利益方分享。

2. 预算审批的手段与标准

预算管理是财务武器库中的利器。预算的审批工作是预算管理的核心。如何审批预算是对企业财务工作水平的一次全面检验。可以从以下几方面对预算审批工作进行衡量。

第一，预算审批的范围。

企业预算管理的范围一般只涉及资金的收付活动，但随着我国经济的发展，企业经济活动复杂性的提升以及《企业会计准则》对于经济计量确认标准的提高，特别是金融工具、商业模式的创新层出不穷，企业要管理好财务预算工作，已经不能再局限于传统的全面预算管理的资金收付行为的管控上，要扩大到一切可以影响企业价值行为的管控上。要将所有企业对外的合同审批、向外部公开承诺的需要未来企业流出经济利益的活动的审批都需要纳入的企业的预算管理中。例如，在实务中比较常见的客户积分计划等，现在不会产生经济利益流出，但在未来会产生经济利益的流出。

第二，预算审批的管理手段和标准。

预算审批的管理手段是什么呢？随着技术的进步，现在大中型企业都有了专门的内部专用的流程审批工具，通俗地讲就是办公自动化（Office Automation，简称 OA）审批软件，最佳的预算管理工具应该是企业的 OA 审批软件与财务预算管理软件的联结。通过专门的软件加上一系统列完整的预算管理制度以及最关键的全员预算管理文化，特别是最高管理层对于预算文化的理解和支持才能有一个完整的预算管控体系。我认为业内杠杆企业是中国平安和华为。这两家企业都有完整的预算管理文化、先进的预算管理系统和制度，以及高水平的预算管理人员，三者形成预算管理的"铁三角"，为企业创造预算管理所产生的价值，并不断在预算管理领域进行创新，主动为企业的发展创新价值。

对于预算事项的审批，事前至少需要提供以下资料。

一是未来投入产出需要动用的预算支出的总额；二是投入此项预算的产出是什么，要用销售额增长的详细测算以及带来的品牌曝光等无形资产的估算；三是是否有其他优化方案？并与历史或者行业先进方案进行比较。

取得以上资料后，再组织相关部门（销售部、市场宣传推广部等）一起讨论产生优化的预算草案。建议可以按乐观、正常、悲观进行预算以及投入和产出的方案模型制作。并同步对后续企业的财务、税务处理进行估算，计算出税负成本，以及对公司未来报表短期和长期的影响，并记录财务与业务部门达成的一致的情况，将有争议的部分提交管理层决策，并财务部门的意见。

第三，预算审批人员的水平。

预算管控人员是预算铁三角就最为关键的一环。主动、专业、高效的预算管控团队是预算管控的铁锁，才能通过预算为企业创造或者带来价值。预算管控人员可以通过项目预算审批产生以下价值：①管控投入费用的总预算；②通过财务、税务事前筹划降低或者优化财税成本；③通过事前的预算管控模式去进行事中和事后的全流程的预算投入产出管控，优化或降低预算成本。

3. "两把尺子"走天下

（1）预算的"两把尺子"是什么？

预算管控工作是通过什么工具来衡量和执行的呢？我总结为"两把尺子"，就如同隋唐名将程咬金的三板斧，学会了这三招就可以打天下了。

"第一把尺子"叫总预算成本费用盘子刚性控制（简称"预算总盘子"），即在预算收入和利润同步完成的情况下按收入和利润完成进度控制成本费用的预算总额的审批，可以在成本费用的明细预算科目进行调剂，超过明细预算科目的进度需要额外调剂的前提是保证未来的收入、利润完成或者产出指标的超额完成。

"第二把尺子"叫单位预算成本刚性优化控制（简称"单位成本优化"）是指对应单位产出目标的成本要优于历史单位成本，并且不断地进行单位成本的优化，提高单位成本的投入产出比。

（2）具体实务管控思路。

第一，运用收入成本模型控制：对收入、成本、费用进行控制运用两把尺子，细化到单个产品单项成本费用控制达成产品预算，保证产品预算毛利额的完成。

第二，对应无收入产出但有 KPI 指标的战略性产出目标，按战略性资产预算运用两把尺子进行管控。

第三，对于固定经营费用无法与产出挂钩的，按全年批准预算下发并控制，但可按关键变量如人头数等级进行控制和下发。

（3）具体实务管控方法。

事前按月申请月预总额设定产出目标；事中按周或日进行财务预算执行预警分析；事后按月或专项进行财务分析后与管理层进行沟通并提出预算管控建议方案。

4. 超标报销事大还是事小

看到一则新闻说某企业被审计时，审计人员对各项报销的审查尤为严格，例如一顿金额不到 100 元的商务餐，在审计人员眼中已有严重超标的问题。一般午餐 20 多元的标准就可以了，为什么要那么贵？在财务工作中报销超标实际上是很常见的。

第一，超标报销是"破窗"。

相信很多人都知道破窗理论，超标报销的实质就是打破公司财务内控制度的窗户。当有人成功破开第一扇窗户后，相信公司的所有内控制度会被破坏。在金融性企业，实际上是已经是非常危险了，金融企业都是高杠杠、高风险的行业，当员工超标报销时选择去破窗，实际上员工个人的道德底线是存在问题的。在报销时无论报销人是谁，应该都是要按公司财务报销制度的标准进行报销的，不应该发生超标报销事项。

第二，报销标准是内控底线。

（1）报销标准普遍定得低原因：对于业务招待等与个人消费相关的报销，实际上是很难进行划分和界定：多少是为企业发生，多少是员工个人消费的。所以，实务中会考虑此因素，将报销标准定得低于实际消费水平。

（2）报销标准提高是解决不了超标报销问题的。比如将案例中的报销标准从 20 元提高到 80 元，实务中还是会产生 20 元的超标报销问题。相信很快会从 100 元上涨 100 000 元。实际上报销标准只是一条财务制度的底线，当底线被突破后，公司的财务内控就如被破窗的建筑物一样了。

第三，超标报销是内部舞弊的预警信号。

如同泰坦尼克号撞上冰山一样，超标报销是浮出水面的水下巨大冰山一角。内审或者外审可以像船上的瞭望员一样通过望远镜发现冰山，并通知船长等进行相应的处理。实务中，应该已经发生或正在发生的很多内部舞弊的案件都是从超标报销开始的。

那么，在工作中如何应对超标报销呢？

第一，实务中如何应对超标报销。

事前需要进行全员的财务报销标准以及制度的宣导工作；事中需要通过财务报销系统的设置让超标报销刚性核减；事后需要对报销进行定期和不定期的内审，对于违规行为通过全员通报，或者部门排名等进行处罚。

第二，按业务实际优化报销制度。

事物都有两面性：一是对实际业务需要发生的超标报销等行为，需要在财务制度中给予一定的柔性处理，通过特别权限审批等处理；二是财务标准滞后于实际的物价等情况，就需要财务按公司流程的规定及时修改相关报销的标准。

►► 财务的八种武器之七：财务系统

从财务电算化到 ERP 系统，再到财务 BI，最后是财务机器人的智能财务时代。财务系统应该是财务的终极武器，它将会将财务的所有武器合为一体。高度智能化的财务系统需要高度的业务与财务的融合以及资源的投入。在现实中越先进的财务系统实际上需要因为业务先行、投入不足等原因存在大量需要解决的故障。

1. 财务系统的成与败

现代财务已进入智能互联时代，财务的工具从手工账时代的算盘、计算器到电算化时代的财务软件，现在已进入移动互联网时代业务、财务一体化的财务系统。

在实务工作中，选择和实施一套好的财务系统对于企业财务工作是至关重要的一环。如何评价财务系统个人认为系统至少应该可从三个方面的标准努力：

第一，高效灵活可定制的会计核算系统。

会计核算是财务的基石。财务系统最重要的作用还是会计核算，无论到哪个时代基于所有者与经营权的分离，会计报告的需求还是会存在。在我们这个高速度发展的时代，对于会计核算准确性、及时性的要求提出了更加高的标准，会计核算系统是财务系统的核心。通过与业务系统的分离，财务核算系统可以校对业务系统的数据，通过会计语言转化为可以符合通用会计准则的商业语言会计报表。按不断更新的会计准则以及企业业务进行定制化的会计系统是可以为企业创造价值的，相信是未来会计核算系统的发展方向。

第二，标准化可与业务系统通过接口打通。

通过标准化的数据接口与业务系统定制接口，打通财务系统与业务系统，由系统按通用会计准则出具报表，将是未来的一个财务系统化工作的重点。企业的财务系统岗位将在当下和未来产生大量的需求，即懂财务又懂系统的复合型人才是企业需要加大培养的。

第三，用户可自定义的财务预算管理等灵活的数据分析控制系统。

预算管理系统已经在大中型企业集团中应用，相信未来会出现标准化的预算和分析系统运用的中小企业中。发挥财务预算和分析的巨大作用。

2. 税务系统化还是系统税务化

"金三系统"的上线让纳税人和税务局都看到了系统的威力，至少需要在武器上对等才能让征纳双方取得平等的税务信息，并在事前控制税务风险。但面对一个问题就是税务系统化还是系统税务化的选择？税务系统化是指独立开发与"金三"一样的企业税务系统，不以现有的财务系统为基础，就是说完全领先性的开发一套与"金三"或"金四"为对标内容的系统。系统税务化是指按目前面对的问题或者财务系统的现状，面对金三系统的挑战，先以财务系统为主体解决目前企业税务面对的问题的系统化解决方案为主，基本还是依附在财务系统之上的一部分或者全部的系统化操作以应对税务局的系统优势。

我认为两者无所谓好坏。短期来看系统税务化是一个比较好的选择。中长期来看税务系统化是大势所趋。从投入产出角度看，系统税务化目前的投入产出比较税务系统化税化，原因是"金三"或者"金四"未来税务政策还是会出现变化，另外，通用的税务系统化软件将会出现，将在成本等方面优于定制的软件。最后，在税务系统化和系统税务化的实施难度上看，还是解决系统税务化更加接地气，可以让现有的税务团队以及开发团队等利益相关方更加有动力去完成，并且需求比较确定，开发团队是可以快速在短期内达成的。

总之，还是需要结合企业的实际情况选择适合自己的方案，并要争取到最大的资源，团结一切可以团结的力量，去完成企业的税务系统化或者系统税务化。

▶▶ 财务的八种武器之八：税务筹划

税收不可避免，税务筹划的三重门：第一重门，提升自己；第二重门，与税务局沟通；第三重门，研习税法，遵行筹划 3L 原则：即最少（least）、最晚（latest)、合法（legal)。

企业实务中的税务筹划真实情况到底如何呢？我从事财税工作二十多年，结合个人的一些实践经验总结税务筹划"三重门"。

1. 税务筹划第一重门：提升自己

第一层，税务基本功。

（1）目标。按税法的规定正确、及时地完成所有税务事项，包括但不限于增值税、企业所得税、个人所得税等税种的计算、申报、缴纳、清算的全流程税务事项的管理。

（2）资源。合格的专职或兼职税务专业人员，掌握最新的税法相关专业实务知识，并不断更新学习。

房地产行业是我省地方税收的主要来源之一，其涉税环节多，交易税种范围广，征管难度较大。海南某房地产开发有限公司纳税人对税收法律法规及会计核算制度掌握不够熟练、对法定纳税期限不重视，核算随意，造成财务上的严重损失，滞纳金比应补缴的税款还多了约 60 万元。

2014 年 2 月，省地方税务局第二稽查局对海南某房地产开发有限公司 2011 年度至 2012 年度地方税种缴纳情况进行了立案检查，因在检查过程中发现该公司的税收违法行为涉及以前年度，故检查期间延伸至以前年度。

经查，海南某房地产开发有限公司存在如下违法事实，一是取得房屋销售收入，未按规定足额申报缴纳营业税及附加；二是取得房屋销售收入，未按规定足额预缴土地增值税；三是签订的各类合同，未按规定足额申报缴纳印花税；四是占用土地，虽多缴土地使用税，但未按规定的纳税期限申报缴纳土地使用税，属逾期缴纳；五是发放工资薪金、劳务报酬，未按规定足额代扣代缴个人所得税；六是支付土地出让金，未按规定申报缴纳契税。

第二稽查局依法对海南某房地产开发有限公司作出税务处理及处罚决定，补缴税款 129.76 万元（已于检查阶段补缴），多缴的土地使用税 38.22 万元按有关规定处理，另加收滞纳金 192.47 万元，处罚款 13.31 万元。

（摘自 2015 年 2 月 15 日《海南日报》，作者：杨勇 陈怡 唐小添）

以上就是企业税务人员的基本功不扎实的案例。正确及时缴纳税款在实务中还是需要企业税务人员不断学习才能达到的。

第二层，税务业务功。

（1）目标。将税务事项融入业务中，并为业务提供及时的税务咨询意见。

（2）资源。需要公司管理层的全力支持以及各业务部门的支持。

固定资产纳入抵扣政策出台后，我所在的企业就按财务部提出的方案选择，管理层和业务部门决策提前进行公司的设备更新项目，并取得了预期的收益。

第三层，税务系统功。

（1）目标。将所有的税务事项系统化，创建和定制企业自己的税务系统。

（2）资源。专业税务系统开发人员和实施人员。公司管理层的支持。

在外地出差的中国航空油料集团（以下简称"中国航油"）税务总监叶钢打开电脑，登录中国航油税务管理系统，浏览、点击、发送……短短两分钟的简单操作，就整理好了集团的所有税务数据。叶钢告诉记者，利用税务管理智能化信息系统，他不仅可以远程办公，而且可以随时查询、整理集团税务数据，原来至少两天的工作，现在两分钟就能搞定，工作效率大大提高了。

这一幕，只是叶钢日常工作的一个小小的缩影。目前，中国航油的税务管理信息化水平已经达到了比较成熟的阶段——建立了全税种、全流程的税务管理信息系统，并且该系统在发展和应用过程中，已经积累了丰富的经验。据叶钢介绍，该系统通过与企业 OA 办公系统集成，实现了用户统一管理和单点登录。通过与企业 ERP 系统、资金支付管理系统、合同管理系统、资产管理系统和邮件系统等无缝集成，系统实现了集团税务相关业务的事项审批、税款支付审批、涉税会计凭证记账和通知提醒等环节的有效衔接，形成了完整的业务闭环。此外，该系统还将全部成员企业涉及的所有税种都纳入系统管理中，对所有税种的计算、申报都实现了信息化、流程化。

除了中国航油，中国平安、TCL 和华润等大型企业，在税务管理的智能化应用领域也做出了不同程度的探索，取得了一定成果。如中国平安建立了一套区别于股权架构及财务架构的税务管理组织架构，利用自主设计、研发的 iTax 智能税务平台，汇集全集团纳税申报、税收优惠、税务局稽查和税务档案等信息，大大提升了企业全流程税务管理水平。

比较有趣的是，一些科技型的独角兽企业，似乎比传统行业的企业更具有税务管理上的后发优势。北京旷视科技有限公司（以下简称"旷视科技"）作为人工智能企业，将人工智能与税务管理有机地结合起来。旷视科技高级财务经理王蕾介绍，在企业内部流程的管理中，旷视科技的技术人员充分利用自身优势，研发了开票申请小程序，初步实现了内部开票流程的自动化。

从大型企业集团中航油等的税务系统可以看出税务系统化应该是未来企业税务的发展方向。企业税务系统功应该是应对税务局先进的金三系统的一下可以尝试的方向，金三系统的出现已经让企业税务在系统工具上落后于税务局，就如同矛盾之争中税务局手中出现了无敌之盾，企业必会去研发解决之矛。

2. 税务筹划第二重门：与税务局沟通

在冲出了第一重门后，需要面对的就是主管税务局。税务筹划的一切方案都需要取得主管税务局认可。与税务局沟通要有法律法规为依据，根据方法不同，分为以下几种流派：如四大会计师事务所运用税务政策合规性研究，并运用税务政策的可选择性和主管税务局的自由裁量权进行筹划为主的国际派；有国企以及大型企业为主以法律条文为筹划重点并辅助以争议诉讼的法律派；有税务局出身的专业人士运用自身税务知识以及对税务系统认识的税务派；有专用运用税法盲点进行税务漏洞筹划的冒险派。

3. 税务筹划第三重门：研习税法，依法办事

此重门不是所有人可以接触或者突破的。税务依据就是税法，一切的源头都在税法上。影响或者参与税法的制定是所有税务人的最高筹划。

纳税筹划 3L 原则：即最少（least）、最晚（latest）、合法（legal）。

如何实现最少、最晚、合法的税务筹划，并让纳税筹划方案落地是企业财务管理者关键的能力之一。

3L 原则的前提是合法。如何来达到合法呢？首先，需要对企业业务的商业模式非常了解；其次，对业务所涉及的税法知识有很深入的研究；最后，需要与公司的管理层以及主管税务局有很强的沟通能力。有了以上前提条件后，就可以按最少、最晚的原则来进行公司业务的税务筹划方案的选择。

最少是在合法的前提下，采用税负最低的方案。如何设计税负最低的方案，相信还是需要创造力的。在合法的前提下，发挥人的创造力是应该可以不断优化的。

"最晚"是税法规定的最晚交税时间，为企业在现金流上创造时间价值。另一种理解可以是无法避免税款的发生，但运用法律等手段让税款总额不发生变化的前提下，在与税务局对税务事项有争议的情况下，让税款晚交。当然"最晚"是存在风险的，可能对企业产生不利影响。

参 考 文 献

[1] 乔元芳 . 美国重新考量商誉后续会计处理：商誉减值与摊销论争总汇 [J]. 中国资产评估杂志，2020(8).

[2] 中国注册会计师协会 . 2020 年度注册会计师全国统一考试辅导教材会计 [M]. 北京：中国财政经济出版社，2020.

[3] 托马斯 . 会计简史 [M]. 周华，吴晶晶，译 . 北京：中国人民大学出版社，2018.

[4] 薛云奎 . 穿透财报发现企业的秘密 [M]. 北京：机械工业出版社，2018.

[5] 罗伯特 . 全球经济史 [M] . 上海：译林出版社，2015.

[6] 霍华德，杰里米 . 财务诡计 [M]. 3 版 . 北京：机械工业出版社，2012.

[7] 弗洛伊德 . 高级会计学 [M]. 10 版 . 储一昀，译 . 北京：中国人民大学出版社，2011.

[8] 加里，巴巴拉 . 美国会计史：会计的文化意义 [M]. 杜兴强，于竹丽，译 . 北京：中国人民大学出版社，2006.

[9] 黄世忠 . 财务报表分析理论·框架·方法与案例 [M]. 北京：中国财政经济出版社，2007.